零距离上岗 高职高专市场营销专

GUANGGAO
LILUN YU SHIWU

广告理论与实务

（第2版）

段广建 主编

电子工业出版社
Publishing House of Electronics Industry
北京·BEIJING

未经许可,不得以任何方式复制或抄袭本书之部分或全部内容。
版权所有,侵权必究。

图书在版编目(CIP)数据

广告理论与实务 / 段广建主编. —2 版. —北京:电子工业出版社,2010.8
(零距离上岗·高职高专市场营销专业系列规划教材)
ISBN 978-7-121-11429-8

Ⅰ. ①广… Ⅱ. ①段… Ⅲ. ①广告学-高等学校:技术学校-教材 Ⅳ. ①F713.80

中国版本图书馆 CIP 数据核字(2010)第 140900 号

策划编辑:晋 晶
责任编辑:刘淑敏
印　　刷:北京盛通商印快线网络科技有限公司
装　　订:北京盛通商印快线网络科技有限公司
出版发行:电子工业出版社
　　　　　北京市海淀区万寿路 173 信箱　邮编 100036
开　　本:787×980　1/16　印张:17.25　字数:366 千字
版　　次:2006 年 11 月第 1 版
　　　　　2010 年 8 月第 2 版
印　　次:2023 年 1 月第 13 次印刷
定　　价:28.00 元

凡所购买电子工业出版社图书有缺损问题,请向购买书店调换。若书店售缺,请与本社发行部联系,联系及邮购电话:(010)88254888,88258888。
质量投诉请发邮件至 zlts@phei.com.cn,盗版侵权举报请发邮件至 dbqq@phei.com.cn。
本书咨询联系方式:(010)88254199,sjb@phei.com.cn。

高职高专市场营销专业系列规划教材
编 委 会

特约顾问　方光罗（安徽商贸职业技术学院）

　　　　　万　融（中国人民大学）

主　　任　杜明汉（山西财贸职业技术学院）

编　　委　汪永太　郑承志　秦宗槐　段广建

　　　　　孙金霞　张卫东　刘厚钧　李留法

　　　　　申纲领　付春雨　刘　宝　韩宝森

　　　　　白爱莉

出版说明

作为现代高等教育的重要组成部分的高职高专教育可以说是与经济建设、劳动就业联系最紧密、最直接的。它承担着为高新技术转化和传统产业升级提供智力支持的重任，承担着提高劳动者的就业能力和创业能力、促进劳动就业的责任。近年来，我国高职高专教育有了很大的发展，为生产、建设、管理、服务第一线培养了大批技术型和应用型专门人才，为我国经济发展和社会进步起到了重要的推动作用。

高职高专教育以培养高技能人才作为教学目标，因此，与普通本科教育相比，有自己鲜明的特点：① 理论知识以"必需"、"够用"为度；② 以服务为宗旨，以就业为导向，以产学研结合为途径，以培养实际操作能力为核心；③ 实践教学在教学计划中占较大比重，注重学生职业能力的培养，实现"零距离上岗"，即学生毕业进入企业后，不再需要专门的上岗培训，直接就可以上岗，从而实现人才培养与上岗就业的零距离。

为了真正实现高职高专教育与上岗就业零距离的目标，许多高职高专院校正在逐步深化教学改革，改革方案里提出要适当规模地控制基础理论课程教学的深度与广度，加强校内模拟实训室和校外实习基地建设，强化技能培训，熟悉岗位要求，增强学生择业就业能力，增加学生的就业机会。

教学改革，教材先行。为了推动我国高职高专教育教学改革向"以培养职业能力为中心，理论和实践并重"的方向发展，在国家教育部的指导下，电子工业出版社在全国范围内组织并成立了"全国高职高专教学研究与教材出版编委会"（以下简称"教学研究与教材出版编委会"），旨在研究高职高专教学目标、教学规律，以及与教学改革配套的教材建设、规划教材出版工作。教学研究与教材出版编委会的成员单位皆为教学改革成效较大、办学特色鲜明和办学实力强的普通高校、高等专科学校、高等职业学校、成人高等学校及本科院校主办的二级职业技术学院，而教材的编者和审定者则均来自从事高职高专和成人高等

出版说明

教育教学与研究工作第一线的优秀教师和专家。

教学研究与教材出版编委会根据《国务院关于大力发展职业教育的决定》和《教育部关于加强高职高专教育人才培养工作的意见》的文件精神，以及上岗就业零距离的教学目标，规划了这套"零距离上岗·高职高专系列规划教材"，力求能够反映高职高专课程和教学内容体系改革方向，按照突出应用性、实践性的原则优化系列教材结构；力求教材能够体现新知识、新技术、新工艺、新方法，突出教材内容的新颖性、基础理论知识的应用性和实践技能的培养。教材中的基础理论以"必需"、"够用"为度，专业知识加强针对性和实用性，同时注重实训和实习的环节，以利于学生综合素质的提高和创新能力、实践能力及操作能力的培养，以实现与实际岗位的无缝对接。教材还科学设置了一些实际案例及延伸阅读等功能性栏目，并将主要的专业核心课程设计成教材和模拟实训二合一的教学包，电子工业出版社华信教育资源网上还提供教学课件及习题答案免费下载等增值服务。这不仅方便学生课下学习，拓宽知识面，还有利于调动学生学习的积极性。规划教材覆盖了人力资源管理、财务会计、国际经济与贸易（国际商务）、物流管理、市场营销、金融保险、工程造价、商务英语等专业的基础课程和专业的主干课程，已在"十一五"期间陆续推出。上述规划教材适合各类高等专科学校、高等职业学校、成人高等学校及本科院校主办的二级职业技术学院使用。

编写高职高专教材是一个新课题，希望全国高职高专和成人高等教育院校的师生在教学实践中积极提出意见与建议，并及时反馈给我们，以便我们对已出版的教材不断修订、完善，与大家共同探索我国高职高专教育的特点和发展道路，不断提高教材质量，完善教材体系，为社会奉献更多更新与高职高专教学配套的高质量的教材。

全国高职高专教学研究与教材出版编委会

第 2 版前言

近年来,伴随着中国经济的高速发展,广告业呈快速发展态势,在整个国民经济中的比例迅速提升,影响日益显现,企业对广告的依赖程度逐渐加深。但随着信息技术的发展和普及,尤其是三网融合的发展趋势,使得广告业本身也面临着新的挑战,信息技术和媒体多元化突破了传统广告的固有局限,广告边际效益递减已成为一个不可改变的事实,一个多元广告时代已悄然来临。

中国特色社会主义市场经济建设为人们的聪明才智发挥提供了广阔的平台,脍炙人口的经典案例层出不穷,为教学提供了广泛的选择空间。

本书第 1 版已面世 3 年有余,经 7 次印刷,对广告理论与实务教学起到了很好的作用。本次修订适应信息技术的发展,特别是三网融合发展的趋势,对网络广告部分进行了充实,选用中国市场上有影响的营销事件,对部分案例进行了调整,以求把握发展脉络,围绕培养营销岗位第一线需要、能够直接上岗的营销专门人才这一目标,提高学生实际认知能力。

本书由山西财贸职业技术学院段广建副教授编写,在编写过程中参考了其他专家学者的大量图书资料,吸纳了来自一线师生的建议意见,得到了山西财贸职业技术学院经贸系孙金霞主任的帮助和电子工业出版社的大力支持,在此一并表示感谢。

编 者

第1版前言

"假若你的产品够好,即使你住在渺无人迹的深山里,消费者也会开一条路通向你家。但是,假若你希望这些消费者超过某一数量,则需要自己建造一条高速公路,而这个高速公路就是广告"。现代广告是市场经济的先导产业,在经济全球化、市场一体化中具有重要的拉动作用。改革开放以来,广告的发展速度已成为经济增长的一个晴雨表。

为适应高职高专人才培养的需要,特别是培养高职学生职业技能的需要,本书力求将广告理论和实务融为一体,运用广告基本理论,紧密结合广告运作实务,系统地阐述现代广告的基本规律和运作技巧。

本书由山西财贸职业技术学院段广建副教授担任主编,由安徽商贸职业技术学院汪永太副教授担任主审。在编写过程中我们参考了其他专家学者的大量图书资料,在此表示衷心的感谢。山西财贸职业技术学院杜明汉院长、策划编辑晋晶同志也给予了指导和帮助,在此也致以诚挚的谢意。山西财贸职业技术学院刘妍芳为本书付出了大量劳动,在此一并表示感谢。

由于编者的水平有限,书中难免存在疏漏和不足之处,恳请同行专家和广大读者批评指正。

编　者
2006 年 9 月

课时分配表

	内　　容	授课课时	合　　计
一、	第1章　广告概述	4	40
	第2章　广告心理	4	
	第3章　广告调查	4	
	第4章　广告创意与策划	6	
	第5章　广告制作	4	
	第6章　广告媒体	4	
	第7章　广告策略	6	
	第8章　广告效果测评	4	
	第9章　广告的组织与管理	4	
二、	案例训练	4×3次=12	20
	广告实训	8×1次=8	
三、	考试	8	8
	合　　计		68

目 录

第1章 广告概述 1
- 1.1 广告基本知识 2
- 1.2 广告的历史与发展 5
- 1.3 广告的分类 10
- 1.4 广告的要素 14
- 本章小结 16
- 复习思考题 17
- 实训题 18

第2章 广告心理 21
- 2.1 广告心理概述 22
- 2.2 广告设计与公众心理 28
- 2.3 广告心理策略 34
- 本章小结 42
- 复习思考题 42
- 实训题 44

第3章 广告调查 46
- 3.1 广告调查的作用和内容 47
- 3.2 广告调查的程序和方法 50
- 3.3 广告计划的制定 54
- 3.4 广告费用的预算 57
- 本章小结 64
- 复习思考题 65
- 实训题 66

第4章 广告创意与策划 68
- 4.1 广告创意 69
- 4.2 广告创意思维及操作技巧 76
- 4.3 广告策划 84
- 4.4 广告策划书的撰写 90
- 本章小结 93
- 复习思考题 94
- 实训题 95

第5章 广告制作 98
- 5.1 广告文案 99
- 5.2 电波型广告制作 114
- 5.3 印刷广告制作 131
- 5.4 其他类型广告制作 137
- 本章小结 142
- 复习思考题 143
- 实训题 145

第6章 广告媒体 147
- 6.1 广告媒体概述 148

6.2	广告媒体的选择	158	8.2 广告效果的测定原理	207
6.3	广告媒体组合运用	164	8.3 广告效果的测评方法	220
6.4	媒体购买与广告发布	167	本章小结	229
	本章小结	169	复习思考题	230
	复习思考题	170	实训题	231
	实训题	172		

第7章 广告策略 …………… 174

7.1	广告策略概述	175
7.2	广告产品策略	181
7.3	广告市场策略	187
7.4	广告实施策略	193
	本章小结	197
	复习思考题	198
	实训题	200

第8章 广告效果测评 …………… 202

8.1	广告效果概述	203

第9章 广告的组织与管理 …………… 234

9.1	广告组织	235
9.2	广告管理	244
9.3	广告管理法律	249
	本章小结	256
	复习思考题	257
	实训题	258

附录A 中外部分广告节介绍 …………… 260

参考文献 …………… 263

第 1 章

广告概述

◇ **本章学习目标** ◇

1. 了解广告是商品经济的伴生物,是人类有目的的信息交流的必然产物。
2. 掌握广告的概念、广告的构成要素。
3. 熟悉广告的历史与发展及广告的种类。

引导案例

超级女生　想唱就唱

你见过"海选"的壮观吗?你了解"待定"的残酷吗?你知道"PK"的意义吗?你听过"玉米"、"凉粉"的新解吗?经过2005年超级女生精彩的演绎,这些词语已经变成最时尚的词语。超级女生的宣传海报,黄色的背景与红色的主色调既和谐又构成对比,画面的左上方是一个大大的"超女"LOGO,右侧是一个活泼的女孩子,旁边是几个等待被填空的牌子,画着可爱的女娃娃形象,分别写着数字"1,2,3,4,5,6",充满想象的张力,而最下方则用蓝色的底子,上面写着"超级女生,正在进行……",点明这则广告的目的,希望有更多的女生加入这场选秀的活动。

"超级女生"自开办以来,以不拘外形、不论唱法、不管年龄的"无门槛"的参与方式,吸引了包括80岁的老太太在内的许多人的热情参与,所以广告上的代言人就只是一个普普通通的爱唱爱跳的女孩子,体现"超级女生"无门槛的栏目个性,而旁边那些画着可爱的女娃娃形象的牌子,正在等待着被前来比赛的"女生"们填空,给整个平常的画面增添了一些可爱,使整个广告不至于单调。

这则广告成为"超级女生"栏目推广的利器，取得了良好的传播效果，"超级女生"成为2005年参与人数最多、收益最大的品牌栏目。

"超级女生"是由湖南卫视和天娱公司合力打造的品牌栏目，湖南卫视希望得到火暴的节目，天娱公司希望打造大众支持的明星，再加上喜欢事件营销的蒙牛集团，一个打造中国大众明星的节目便问世了。

"超级女生"的火暴景象，不仅使湖南卫视、天娱公司、蒙牛集团、各类"超女们"及"超女"评委们各有所获，而且让其他一切与"超女"有关的东西都火了起来，"超级女生"的延伸产品更是赚得盆满钵满。

蒙牛集团不仅2005年向市场计划投放20亿袋印有"2005蒙牛酸酸乳超级女生"的产品如期销售20亿元，甚至在销售终端严重供不应求，到处断货。

在"超级女生"大赛谢幕后，蒙牛倾力打造"超女训练营"，在蒙牛酸酸乳的外包装上同期更换内容，并配以"有酸就有甜，有梦就能圆"的新口号，又掀起了一场轰轰烈烈的活动，为希望体验"超女"的女生们提供梦想之梯。凡购买蒙牛酸酸乳的女生就有机会亲赴"超女训练营"，并特别请来音乐、舞蹈、形体名师对她们进行培训指导，她们不仅可以亲身感悟"超女"训练时的甘苦，更有机会走上夺目的舞台，炫耀激扬的青春，成为万人瞩目的焦点。作为"超级女生"赛事的一次完善延续，蒙牛酸酸乳与"超级女生"的再次完美结合，让蒙牛与"超级女生"再一次获得了双赢。

广告是一门沟通的艺术，广告的终极目的是实现销售，优秀的广告作品不仅能够建立良好的品牌形象，而且能够有效地实现营销目标。"超级女生"不仅强化了湖南卫视的娱乐优势，而且使其全程赞助商蒙牛集团获得了不菲的市场收益，充分显示了广告就是销售的实效追求。

1.1 广告基本知识

广告是商品经济的伴生物，是人类有目的的信息交流的必然产物。作为一种独具功能的文化现象，广告已有数千年的历史。随着经济的不断发展，科学技术的进步和社会文化的日益丰富，广告已渗透到现代社会经济的各个角落，并深刻影响着人们的日常生活和思想观念。人们每天通过各种媒体接触大量广告，耳濡目染，感受着广告的神秘、刺激和丰富多彩。作为一门独立的学科，广告有其完整的理论体系、运作程序和操作技巧。

1.1.1 广告的概念

"广告"一词，据考证是一个外来语。首先源于拉丁文"Adverture"，其意思是吸引人们的注意。中古英语时代（约公元 1300—1475 年），演变为"Advertise"，其含义演变为"使某人注意到某件事"，或者"通知他人某件事，以引起他人的注意"。直到 17 世纪末，英国开始大规模的商业活动时，"广告"一词才广泛地流行并使用起来。此时的"广告"已不单指一则广告，而是指一系列的广告活动，静止的物的概念名词"Advertise"，被赋予现代意义，转化为"Advertising"。

在我国古代汉语中，《康熙字典》和《辞源》都没有"广告"这个词。约在 20 世纪初到 20 年代，"广告"一词才被翻译、引入我国，所以说它是"舶来品"。

广告有广义广告和狭义广告之分。广义广告的内容和对象都比较广泛，广义广告包括不以赢利为目的的广告。这类广告主要包括政府公告，政党、文化教育团体、宗教团体等的启事、声明，以及防止空气污染、美化公共环境、促进公共福利等方面的社会公益性广告。狭义广告则是指以赢利为目的，以非人员的商品推销为特点的广告，或者称经济广告或商业广告。本书仅讨论狭义广告。

《中华人民共和国广告法》对广告做了如下定义："广告是指商品经营者或服务提供者承担费用，通过一定媒体和形式直接或间接地介绍自己所推销商品或者所提供的服务的商业广告。"这个定义包括四层含义。

（1）广告是一种付费的信息传播活动。传播内容既可以是商品、服务信息，也可以是观念信息。

（2）广告的传播方式是社会化、群体化的传播，而不是个体传播。

（3）广告的传播对象是人数众多、分布广泛的社会大众，而不是个人。

（4）广告的目的是有效地影响公众，促成整体营销。

1.1.2 广告的特征

1. 广告必须要有明确的广告主

所谓广告主，是指广告的发布者。广告主不仅指工商企业，还包括政府部门、事业单位、慈善机构、社会团体及个人。只要开展广告宣传，就是广告主。广告必须要有明确的广告主有以下两个原因。

（1）广告主是广告活动的出资者，付出费用必须得到回报。只有明确了广告主是谁，才能提高广告主的知名度、美誉度和认可度，才有可能使广告所产生的效益服务于广告主。

（2）能够明确广告责任。广告是一种责任承诺性的宣传活动，明确了广告主一方面可防止欺骗性广告的出现，另一方面消费者一旦造成损失，就能够寻找到广告主，要求其承担相应的经济责任和社会责任。

2. 广告是一种营销宣传

"营销"突出体现了广告有偿的特性，表明了广告的商业性、经营性和营利性。它追求以最小的投入获得最大的收益。

3. 广告是一种劝导说服艺术

广告的最终目的，是要消费者接受广告信息，从而有效地影响公众的态度、观念、认知和行为，促进商品销售。因此，广告就必须通过其广告方式、手段、技巧去影响、打动顾客，即根据不同传播对象的需求和特点，迎合其兴趣和欲望，采取不同的劝导说服方式，使广告传播具有说服力和感染力。

4. 广告宣传的信息内容日益广泛

现代广告传播的内容，不仅包括商品和服务方面的信息，而且涉及形象和观念信息等，内容日益广泛。商品信息是广告中最常见的宣传内容和形式。广告通过宣传商品的质量、外观、性能、材料、特点、价格、用途等方面的信息，让消费者全面了解商品，产生购买欲望，采取购买行为，从而达到商品促销目的。服务信息是广告中层次较高的宣传内容和形式，主要在广告中介绍企业为公众提供的各种服务项目。形象信息和观念信息，是广告中较为深刻的宣传内容。形象信息是企业把握消费者的消费心理和行为，把握消费需求与商业契机的联系，赋予企业形象和商品形象特定的美学气质和文化色彩的活动。观念信息是指企业在广告中通过积极推广某种消费观念、道德观念、价值观念，引导公众养成良好的消费方式和社会行为方式，从而达到改善经营环境，树立企业整体形象的目的。

5. 广告是一种非人际传播活动

现代广告借助传播媒体的辐射力和影响力，向广大公众进行宣传，从而达到树立形象、促进销售的目的。广告宣传既可以借助大众传播媒体和其他传播媒体，如报纸、电视、杂志、广播、图书、网络、电影、户外媒体、POP广告、邮寄广告等，又可以借助面向社会大众的信息发布和促销等宣传活动。

6. 广告是向特定的目标市场进行信息传播

一般广告活动并不以所有的消费者为传播对象，而向特定的目标市场进行信息传播。目标市场的消费者即为传播对象，以此为中心展开广告创作工作，可以提高针对性，减少企业的成本开支，提高广告效益。

7. 广告需要支付广告费用

整个广告活动由多个环节构成，既要管理策划，又要制作播出。因此，既需要自身管理的经费，又需要购买媒体的经费。对广告主来讲，购买媒体的费用是最主要的费用。

1.2 广告的历史与发展

自从出现了商品生产和商品交换，广告就随之诞生，并且一直伴随着人类社会的发展。广告的发展和信息供求与其社会形式的演变密不可分。社会经济的发展，带动和促进了广告业的发展。考察不同历史时期人类进行广告宣传所依赖的主要媒体，可以看出广告和广告业的发展大致经历了三个基本发展阶段，即以口头叫卖、实物展示和商标牌号为主要形式的古代广告时期，以报纸杂志等印刷媒体为主体的近代广告时期，以广播电视等现代电子技术为主体的现代广告时期。

1.2.1 古代广告时期

广告是商品经济的产物，在世界各国的产生和发展都有着共同的规律，即它们都是随着商品的产生而产生，随着科技的发展而发展的。

在语言和文字产生之前，人类活动中就出现了类似广告的行为和现象。人们为了联络、交流所产生的喊声、标记、石刻、岩画等，都带有广告的性质，可以算做人类历史上最原始的广告。原始社会末期，随着生产力的提高，出现了剩余产品。在奴隶社会初期，又出现了人类社会的第三次社会大分工，从而产生了专门从事商品买卖的商人和商业。从此，为了互通信息、突出商品，用吆喝、叫喊、实物展示等手段招徕顾客的广告也应运而生。

人类最早的广告形式应该是叫卖广告、实物陈列广告和招牌广告。现代集贸市场的吆喝声和摆放的货物便是这种广告形式的遗存。

古代商人为了交换商品，他们会把叫卖的内容编成歌曲、小调，并配上各种声响，或者把贩卖的物品刻画在贸易场地两旁的山岩上，以引起注意，招徕买主。据历史记载，几千年前，世界文明古国埃及、巴比伦、希腊、罗马等大街上就有一路吆喝着叫卖的商贩和奴隶贩，他们边吆喝边拍卖奴隶和牲畜。这种叫卖声还常伴有韵律及各种不同的声响。

自从文字发明后，便开始有了文字广告。现存于英国博物馆里的一张写在羊皮纸上的广告，是古埃及一名奴隶主悬赏缉拿逃跑奴隶的广告。其内容为"奴隶谢姆从织布店主人哈布家逃走，善良的市民们，请按广告所说协助将其带回，有赏。他身高5英尺2英寸（约1.57米），面红目褐。有告知其下落者，赏半个金币，将其带回店者，赏一个金币——能按您的愿望织出最好布料的织布师哈布"。

在2000年前被火山爆发所掩埋的意大利古城庞贝，考古学家发现在街边建筑物的墙壁和柱子上，刻满了各种广告文字和图画。在官方规定的广告栏内，还发现有候选人的竞选广告。

中国是文明古国，几乎所有的现代事物都可以找到中国渊源，广告也是如此。早在远古时代，就出现了"日中为市，致天下之民，聚天下之货，交易而退，各得其所"的情况。春秋战国时期，各种口头、实物、标记性的广告已大量出现。唐宋时期经济繁荣，商业往来更加频繁，广告形式更进一步发展。行商走街串巷，音响广告应运而生。坐商则利用幌子、招牌、包装纸等广告形式，介绍商店出售的商品或提供的服务，于是招牌广告开始盛行，并延续到现代。从宋代张择端的名画《清明上河图》中，可以看出当时繁华的市景和众多店铺树立的广告招牌。

据历史记载，在宋代开始出现了印刷品广告，现存于中国历史博物馆的北宋时期（公元900—1127年）的济南刘家功夫针铺的雕刻铜版，是现今所见的最早的印刷广告实物。这块宽12厘米、高13厘米的印刷铜版上不但有"济南刘家功夫针铺"的标题，而且中间还刻有"白兔捣药"的图案，图案的左右各有一行文字标注"认门前白兔儿为记"，下方刻有说明商品质地和销售办法的广告文字"收买上等钢条，造功夫细针，不误宅院使用，客转为贩，别有加饶。请记白"。

这则广告图文并茂，生动形象，在内容上不但对产品原料、制造质量、使用效果着意宣传，而且提出让利销售的优惠条件，是非常成功的。

在山西长治发现的一方尘封500多年的潞酒广告，纸质暗黄的广告边框长11厘米，宽5厘米，其中的文字为楷体，内容从上自下，从右向左共印刷57字"潞府，永隆升记，铺在潞安府大街路西开设酒局，自造鲜红碧绿潞酒，发行不误主顾，价钱随时，货真价实，永不哄人，凡赐顾者，须记印票为记，永记"。

这一时期广告具有以下特点：① 能用手工抄写或口头传播；② 传播范围小而且速度快；③ 广告的表现形式简单。

1.2.2 近代广告时期

印刷术的发明为广告业的发展提供了前提条件。我国的印刷术传入西方后，极大地促进了西方印刷广告的发展。活字印刷术促进了大众媒体的诞生。

1. 印刷广告的出现

英国人威廉·尤克斯顿在英国办了一个印刷所，印出了第一本英文书和推销该书的广告。此后，印刷业逐渐在欧洲大陆的其他国家得以发展，并陆续刊登了其他产品的广告。

2. 报纸广告媒体的发展

1609年，德国出现了世界上最早的报纸。1622年，第一份英文油印报纸《每周新闻》在伦敦出版。在同年的报纸上，刊登了一则书籍广告。1650年，英国的一份报纸《新闻周刊》上刊出了一则寻马悬赏启事。有人认为，这是世界上第一篇名副其实的报纸广告。1666

年《伦敦报》正式开辟报纸广告专栏。这是第一个报纸广告专栏，此后各报竞相仿效，报纸广告随之发展起来。到 1837 年，英国已有报纸 400 多种，刊出广告 8 万余条。1704 年美国创办发行了第一份报纸《波士顿新闻通信》，并发布了一则广告。到 1830 年，美国已有报纸 1200 多种，且大多数都刊登广告。

19 世纪的报纸媒体发展十分惊人。1850—1911 年期间，世界上有影响的报纸相继创刊，如英国的《泰晤士报》、《每月邮报》，美国的《纽约时报》，日本的《读卖新闻》、《朝日新闻》，法国的《镜报》。由于这些报纸售价低廉，故发行量逐年递增。

这一时期广告具有如下特点：① 广告的制作手段、质量有了较大的改善和提高；② 广告初步具有一定的创意；③ 广告的传播速度有了较大的提高，而且影响面较大；④ 杂志及其他媒体广告的出现与新技术的应用。

1645 年，名为 The Weekly Account 的杂志第一次使用了广告栏，专门刊登广告。1706 年，德国人阿洛依斯·望菲尔德发明了石印技术，开创了印刷五彩缤纷的招贴广告的历史。1853 年，美国纽约的《每日论坛》第一次用照片为一家帽子店做广告，从此广告开始使用摄影技术作为重要的表现手段。1891 年，可口可乐公司在投产 5 年后，开始使用挂历做广告，这是世界上最早的挂历广告。1910 年，在巴黎举办的一次国际汽车展览会上，首次采用了霓虹灯做广告。一年后，巴黎马特林荫大道首次成功地安装霓虹灯广告招牌。

这一时期的广告具有如下特点：① 广告传播的覆盖面广；② 广告的制作水平和质量有了较大提高；③ 广告代理业的形成和发展。

17 世纪在英国出现了广告代理店，这是当时社会对广告需求不断增加的结果。1610 年，英王詹姆士一世让两个骑士建立第一家广告代理店。1612 年，在法国创立了"高格德尔"广告代理店。1729 年，美国广告之父富兰克林在美国创办了《宾夕法尼亚时报》，并把广告栏安放在报头和社论之间，向广告客户出售报纸版面。他既是出版商和编辑，又是广告作家和广告经理人。1841 年，帕尔默在费城开办了世界上最早的广告公司，通过向客户收取服务费的方式，在报纸上承包版面卖给客户。1869 年，美国"艾尔父子广告公司"成立，其经营重点从单纯为报纸推销版面，转到为客户策划、设计、制作广告、建议和安排适当的媒体等全面的服务。1876 年开始，又采取了公开合同的制度，加强同企业的联系，使该公司成为第一家具有当今广告公司运作特点的广告代理公司。到 19 世纪末，美国成立的广告代理公司约有 1200 家，广告代理业正走向成熟。

19 世纪末期，由于消费者在经济萧条时期抵制推销，广告业把注意力转向广告理论的研究，以提高广告的效率。1898 年美国人路易斯提出了 AIDA 法则，即一个广告要引人注目，并取得预期效果，在广告程序中必须达到引起注意（Attention）、产生兴趣（Interest）、培养欲望（Desire）和促成行为（Action）这样四个目的。此后，又有人补充增加了可信

（Conviction）、记忆（Memory）和满意（Satisfaction）等。因此，广告学已成为一门独立的综合性学科。

中国近代广告发展的标志是报纸广告的出现。鸦片战争前后，外国传教士在中国创办了一批教会报纸。1872年由英国人美查在上海创办的中文报纸《申报》，是我国历史上最悠久、影响最大的商业性报纸，广告版面一般占50%以上。

这一时期广告具有如下特点：① 具备了初步的广告理论；② 形成了专门的广告代理机构——广告公司。

1.2.3 现代广告时期

20世纪初是世界经济空前活跃的时期。资本主义从自由竞争走向垄断，使海外市场的开辟成为现实。这刺激了经济发展，也刺激了对新的科学技术的需要。科学技术的发展，新发明、新创造不断涌现，使资本主义经济走向现代化。广告业由于广播、电视、电影、计算机等电子广告的问世，广告媒体日益多样化，各种广告行业组织相继成立，广告理论研究不断深入，广告代理公司成倍地发展壮大，标志着人类进入蓬勃发展的现代广告业时期。

1. 广播电视广告的兴起与发展

世界上最早开办广告电台的是美国。1902年，第一家领取营业执照的广播电台——匹兹堡西屋电器公司的商业电台开始播音。

1921年，法国邮电部建立了第一座广播电台，其他国家也相继建立了广播电台，这些电台都设有商业节目，主要播放广告。到1928年，美国通过无线电广播的广告费已达1 050万美元。

20世纪30年代，英国广播公司在伦敦设立了第一座电视台。美国1941年才有商业电视播出，并接受广告。第二次世界大战后，尤其是在20世纪50年代美国首创彩色电视之后，电视得以迅速发展。由于电视广告集语言、音乐、画面于一体，使得它一跃成为最大的广告媒体。

2. 广告经营逐步走向现代化和规范化

广告公司的专业水平和经营管理水平有了提高，企业在广告活动中注重广告策略的运用。代理佣金制的确定加速了广告业的发展，使广告业从媒体的依附地位，发展成为独立的能创造巨大价值的新兴产业。

政府通过立法管理等形式规范和约束广告公司的行为，同时政府还设立专职的管理机构从事广告管理。各种行业性的广告组织也纷纷成立。这一切都使广告业保持着健康良好的发展势头。

3. 广告理论研究逐步深入

广告事业的发展也表现在广告理论的研究上。由于广告发展的需要，广告理论的研究工作得以深入开展，出现了一批学术专著，并在一些大学开设广告学方面的课程，从而使广告学成为一门独立的具有完整体系的综合性学科。

1.2.4 中国广告业的发展

1. 中国广告业的历史

中国的现代广告业，始于 20 世纪 20 年代。到 1922 年，有中外文报刊 1 100 多种，并造就了一个新的行业——广告代理商。20 世纪 30 年代，专业性的广告公司也应运而生。广告的主要媒体是报纸。此外其他一些广告也陆续出现。20 世纪 20 年代路牌广告已很盛行，1925 年上海出现了橱窗广告，1926 年出现霓虹灯广告，1927 年中国人自己创办了广播电台，交通广告、样品广告等形式也相继出现。

1927 年，上海 6 家广告社组织成立了"中华广告公会"，这是我国最早的广告同业组织。

抗战期间，我国的广告业开始跌入低谷。抗战结束后，由于连年内战，经济崩溃，广告业仍无长足的进步。

新中国成立后，人民政府加强了对广告业的管理并采取了有力的措施，颁布了一些新的广告管理法规，成立了广告管理机构和同业公会，使广告业在一定程度上得到恢复和发展。但"文革"期间广告逐步失去了存在意义。

2. 改革开放后的中国广告业

进入 20 世纪 80 年代，中国广告业得到了前所未有的发展：恢复和建立管理机构，建立健全广告管理法规，形成了以广告法为核心的法律体系，同时成立了各种全国性及地方性的广告协会。

广告科学理论研究和广告教育进步较快，出版、翻译了大批外国广告学著作，国内也出版了一批有价值的专著、教材。全国很多高校开设了广告学专业，形成了从博士、硕士到学士，从正规教育到多种教育、培训的全方位、多层次、多类别的广告人才培养格局。

广告业呈快速发展态势。1981 年我国广告经营单位共 1 160 个，从业人员为 16 160 人，营业额达 1.18 亿元，占国内生产总值的比重为 0.024%。到 2000 年广告经营单位达 70 747 个，从业人员为 641 116 人，营业额达 712.6 亿元，占国内生产总值比重 0.797%。2003 年虽然遭受"非典"疫情，但广告经营单位仍然达到 10.18 万个，从业人员是 87.143 万人，营业额为 1 078.68 亿元，占国内生产总值比重达 0.924%。2007 年广告经营单位 17.26 万户，从业人员 111.25 万人，营业额 1 740.96 亿元，2008 年为 1 899.56 亿元。

全球网民数量2002年超过5亿人，2006年超过10亿人，2009年超过16亿人。

广告业朝专业化方向发展，广告公司业务能力逐步加强，经营重点转向提供广告策划、进行市场调查、开展咨询等全面的综合性服务。竞争迫使广告公司正确定位，公司特色逐渐凸现出来，出现了营销策划型、客户代理型、媒体代理型、专业制作型、技术服务型、信息咨询型、综合服务型等专业广告公司。

新技术被广泛采用，广告设计制作和发布的质量明显提高。先进的桌面系统和印刷设备的使用，使印刷品广告更加精美；影视制作尤其是后期特技制作的一流设备和技术的应用，大大改变了影视广告的落后面貌；户外广告采用电子喷绘、静电仿真技术等使户外广告更加亮丽，这都为传递广告信息提供了良好的前提条件。

1.3 广告的分类

广告的分类是指为了适应广告策划的需要，按照不同的目的与要求将广告划分为不同的类型。广告分类适当与否，直接关系到广告目标能否实现。只有适当合理的分类才能为广告策划提供基础，为广告设计与制作提供依据，从而使整个广告活动正常运转，取得最佳效益。依据不同标准，可以有不同的广告分类方法。

1.3.1 按广告地区分类

有的广告媒体传播的地区很广，有的则有一定的地区限制。按广告范围大小和观众、听众人数的多少，广告可分为以下几种。

（1）国际性广告，即超越国界的广告。它一般选择具有国际性影响的广告媒体，如国际性报纸、国际性卫星电视等媒体来传递信息。这类广告的产品多是通用性强、销售量大、选择性小的具有国际影响的产品。随着全球经济一体化进程的加快和全球贸易的快速发展，国际性广告越来越重要。

（2）全国性广告，指在全国性媒体上发布的广告。其目的是引起国内消费者反响，产生对其商品的需求，占领国内市场，塑造畅销全国的名牌产品。这类广告所宣传的也多是通用性强、销售量大、选择性小的商品，或者是那些专业性强、使用区域分散的商品。

（3）区域性广告，即在某一区域的大众传播媒体上发布的广告。它的传播面在一定的区域范围内。此类广告多是为了配合差异性市场营销策略而进行的，广告的商品也多是一些带地方性消费习惯的、销售量有限、选择性较强的商品，如防冻剂和夏季游泳器材，多适宜中小企业采用。

（4）地方性广告，即运用地方媒体所做的广告。它既可运用市、县、乡镇的地方性传播媒体做广告，如地方性电台、电视台、报纸，也可利用户外广告、售卖广告、海报、招贴等小范围广告。这类广告传播范围更狭窄，所宣传商品的市场范围也更小，多是为了配合密集型市场营销策略的实施而展开的，广告主主要是商业管理企业和地方性工业企业，其宣传的重点是促进公众使用地方性商品或认店购买。

1.3.2 按广告宣传的对象分类

不同的广告媒体，有不同的观众和听众。

（1）工业用户广告，又称产业广告。其诉求对象为商品的集体用户，如企业、社会团体、政府机关等，这些用户构成一个产业或组织市场。广告的内容以生产资料和办公用品为主，广告的形式多采用报道式，对商品的介绍较为详细。

（2）商业批发广告。其诉求对象为批发商和零售商。一般是生产企业向商业批发企业、批发商之间或批发商向零售商推销其所生产或经营的商品，其诉求方式多采用报道式。

（3）媒体性广告，也称中间用户广告。这类广告的诉求对象是对社会消费习惯具有影响力的职业团体或专业人员，广告发布者是要通过他们来影响最终消费者。如医生是药品的生产者与消费者的中间用户，他们充当着媒体的作用，因此药品广告的受众往往是医生甚至医院。此类广告的内容就是使他们了解药品的有关特点和性能，以便由他们根据患者的病症，向患者推荐或指定他们购买药品。

（4）消费者广告，又称商业零售广告。其诉求对象为直接消费者。这类广告在整个广告活动中占绝大部分，广告主多是生产和销售日常及耐用消费品的企业和零售业。

1.3.3 按广告的目的分类

经济广告的最终目的是推销商品，取得利润。但广告的直接目的是不同的，即达到最终目的的广告手段有所不同。

1. 以销售商品为目的的广告

广告主运用媒体宣传自己生产或经营的产品。目前，各类广告中有80%是以销售商品为目的的广告。此类广告又可分为三种。

（1）报道式广告或称开拓式广告。它只说明有某种类型的产品、产品性能、企业名称，并不强调品牌或与其他品牌产品比较的特点，目的在于使消费者产生初步需求和接受使用。这种广告常用于产品生命周期的引入期。

（2）劝导式广告也称竞争性广告。产品进入市场后，企业为扩大销售，以增强和巩固市场地位，其广告通常以说服为目标。这类广告往往强调特定品牌的产品与竞争产品的差异，突出该产品的优点，目的在于使消费者产生偏爱，并试图改变他们对竞争商品特性的重视程度，从而不断争取顾客。这种广告常用在产品生命周期的成长期和成熟期。如美国两大饮料公司——可口可乐和百事可乐公司竞争了几十年，彼此所做的广告宣传几乎都是劝导式广告。

（3）提醒式广告也称备忘性广告。这种广告一般是产品已在市场上树立了一定形象后，为了使消费者不遗忘这种产品，继续产生重复购买行为而做的广告。它在一定间隔时间内一般只介绍产品名称或企业名称，而很少宣传产品或企业的其他方面，适用于落后或进入产品生命周期衰退期的产品。

2．以树立企业形象为目的的广告

此类广告不直接介绍商品或劳务，而是着重宣传企业的一贯宗旨和信誉、企业的历史和成就，其目的是加强企业自身的形象，沟通企业与消费者大众之间的关系，从而达到推销商品的目的，如上海第一百货商店40周年店庆广告"不惑之年，赤诚之心"。

3．以建立观念为目的的广告

此类广告不直接介绍商品，也不直接宣传企业的信誉，而是通过宣传把广告主所推崇的某种观念向大众传播。观念广告一般表现为企业精神、口号、奋斗目标或对大众的希望等。

由于向消费者推销一种观念，使之认可、接受，需要较长的时间，而且人的心理状态各不相同，所以进行这种广告宣传是最深刻也是最困难的。

1.3.4 按广告的内容分类

按广告的内容可以将广告分为商品广告、劳务广告、文娱广告、公务广告、社会广告和公益广告等。

几乎社会生活的各个层面都可以成为广告的内容，但绝大多数都属于商品广告和劳务广告。

（1）商品广告是以销售为导向，介绍商品的质量、功能、价格、品牌、生产厂家、销售地点、该商品的独特之处，以及能给消费者带来何种利益等有关商品本身的一切信息，追求近期效益和经济效益。

（2）劳务广告又称服务广告，是随着服务性行业的发展而出现的，具有与商品广告相同的特性。它是服务性企业所做的，以提供劳务服务为内容的广告，如介绍银行、保险、旅游、饭店、车辆出租、家电维修等内容的广告。

此外，也有影视戏剧、演艺活动等文娱广告，政府有关部门将有关信息传递给公众的公务广告，公民个人有关婚丧嫁娶、祝贺、声明、遗失等社会广告，以及社会组织为倡导公德而发布的公益广告。

1.3.5 按广告的传播媒体分类

"传播媒体"一词是在1943年美国图书馆协会的《战后公共图书馆的准则》一书中首次使用的术语。现在已成为各种传播工具的总称，如电影、电视、广播、印刷品（书籍、杂志、报纸）、计算机网络等均属于媒体。按照传播媒体的不同，可将广告分为以下几种。

（1）大众传播媒体。所谓大众传播媒体，是指独立于企业外向整个社会进行新闻、影视传播的物质，主要有报纸、杂志、广播、电视，这些拥有大量受众，能大批复制传播内容规模庞大的传播机构。大众媒体广告就是我们通常在各类公开性的媒体上所看到或听到的广告，是现代广告中最为普遍的传播媒体，能够同时影响数以万计的受众，它传播范围广、信誉度高、影响大、接受人数较多，广告效果好。

（2）小众传播媒体。小众传播媒体也称另类媒体、反主流媒体、替代性媒介。相对于大众传播媒体，有很多用来传播广告信息的媒体，传播范围小些，受众群体少些，故称为小众传播媒体。这些媒体往往可以直接影响消费者的购买行为，进行促销，能够弥补和配合大众传播媒介的传播活动，满足消费者的整体需要，有时也可统称为促销媒体。小众媒体广告主要包括：户外广告、促销点广告（简称POP广告）、直邮广告（也称邮政广告和函件广告）、黄页广告（定向媒体）、产品陈列广告等。

（3）新媒体的两大领域：户外视频类和网络媒体类。新媒体具体来说包括公交车视频、地铁视频、楼宇视频、卖场视频、医院视频、高校视频、博客广告、论坛广告、即时通信工具MSN广告、游戏植入式广告等。

（4）第五媒体（手机媒体或移动网络媒体）。第五媒体包括短信广告、手机彩信、手机报、手机客户端广告、来电显示广告、短信显示广告、WAP广告、二维码广告、网游植入广告、手机电视广告、定位广告、小区广播、数字电视、车载电视、楼宇网络电视（视频）等媒体形式。

1.3.6 按广告的诉求方式分类

按广告的诉求方式可将广告分为三类。

（1）感性诉求广告。采取感性的说服方式，向消费者诉之以情，使他们对产品产生好感。通过营造理想化的故事情节和画面，刺激公众的感官系统，引导公众进入一种浪漫化的境界。其表述语言充满刺激性和鼓动性，虽然没有一定的逻辑性，却能够影响公众的联想心理和梦幻心理，对青少年公众颇具影响力。这种类型广告的特点是"以境动人"。

（2）理性诉求广告。采取理性的说服方式，有理有据地传达商品与劳务的信息，引导公众理智地做出判断，进而购买使用。其表述语言颇具逻辑性和条理性，广告内容往往侧重于商品和服务的功能、价值、质量及商品能给消费者带来的实际利益等,对中老年人比较有效。这种类型的广告特点是"以理服人"。

（3）情感诉求广告。主要利用公众的情感生活来施加影响,广告通过对爱情、亲情、乡情、同情、情趣、怀旧感、满足感、成就感、自豪感、归属感、恐惧感的诉求,刺激公众的情感心理,引导公众产生情感向往和满足感,从而对商品留下美好印象,进而采取购买行动。这种类型广告的特点是"以情感人"。

1.3.7 按广告的时间分类

（1）均衡广告。均衡广告是指有计划、有步骤地针对目标市场进行反复宣传,以加深消费者的印象。在时间上均衡分布,如一年做365次广告,每天安排一次。做均衡广告时,应注意尽量设计多个文体,交替播放,或者隔一段时间换一个文本,以消除消费者的厌倦情绪。

（2）时机广告。时机广告是指非均衡广告,指抓住某一个销售时机,突击进行广告活动。时机广告包括：季节性广告,即在销售旺季前和季中大量宣传,进行直接促销活动,淡季则减少广告量,如夏季到来前加大做空调、冰箱广告的力度；节假日广告,即在节日到来之前或期间大做广告,节日一过便减少或停止,如八月十五做月饼广告,正月十五做元宵广告等；集中时间广告,即在短时间内对目标市场进行突击性的广告攻势,以便制造声势,迅速提高知名度,如新产品上市、新行业开张、新促销手段运行、新服务出台等,都可以在事前加强广告攻势,以达到先声夺人的目的。

1.3.8 按广告产生效果的快慢分类

这种分类方法是指广告发布后,按引起顾客马上购买还是持久性的购买进行分类。

（1）速效性广告。速效性广告又称直接行动或直接反映广告,是指广告刊播后希望立即引起受众行为反应的一种广告,如商品降价广告、有奖销售广告等。

（2）迟效性广告。迟效性广告又称间接行动或间接反映广告,是指广告刊播后并不急于要求立即引起受众的行为反应,只是希望消费者对广告推广的商品和劳务产生认识,留下美好的印象,以便日后需要时再购买使用,如新婚家具广告、汽车广告等。

1.4 广告的要素

1.4.1 广告作品的要素

所谓广告作品的要素,是指构成一个完整广告作品所具备的因素。了解广告的要素,对广告策划、设计十分必要。一个完整的、全面的广告由以下三个部分组成。

（1）广告标题。广告标题也称广告主题，是广告信息中最基本的内容，它一般用简短、精练的语言表达。广告标题提示了整个广告的主体内容。设立广告标题的目的主要是方便消费者加深印象，留下记忆。广告标题应设计在广告中最主要的位置，并且字体突出。

（2）广告正文。广告正文也称广告内文，即补充说明广告标题的文字部分。广告正文起到较为全面地介绍产品、提高顾客对产品认识度的作用。新产品、技术性较强的产品、医疗保健用品、竞争性强的产品或需要突出宣传特点的产品等做广告时一般都应设计广告正文部分。电视广告可以不设计正文部分。其他各种媒体广告，最好设计广告正文。

（3）广告画面。广告画面运用美术、摄影、摄像等方式来展示商品的模型、照片及图画等。除广播广告外，其他大多数媒体都可以设计画面。整个广告文本中配以画面，图文并茂，更显生动形象，易引起消费者兴趣。

1.4.2 广告活动的要素

广告活动的要素，即广告主在从事某项广告活动时所开展的主要活动内容，就是做广告时主要干些什么。

（1）广告调查。广告调查是在开展广告活动前后对广告目标市场情况所做的调查。广告调查是整个广告活动的前奏。广告调查的内容较广泛，但主要是围绕广告主所选择的目标市场进行的。

（2）广告计划。广告计划是在广告调查的基础上，对广告活动进行具体的安排。广告计划是广告活动的具体操作工具，是广告活动的开始。广告计划主要包括广告目标和广告内容的确定，广告对象及媒体的选择，广告费用的分配，广告的调查、设计、实施等。

（3）广告预算。广告预算是对一定时期内广告支出费用的确定。广告预算是广告活动的资金后盾，是广告主控制广告活动的手段。广告预算包含广告总投资的确定、广告总投资的分配。

（4）媒体选择。做广告必须要选择媒体，选择媒体的好坏直接关系到广告传播效果的优劣、传播范围的大小和成本的高低等。

（5）效果测定。广告主都希望广告能获得良好效果，达到企业广告目标。了解广告效果就必须在广告传播后对广告的活动进行反馈、测定，或者在广告发布之前进行试验测评。

1.4.3 广告活动的参与者

所谓广告活动的参与者，是指参与广告活动全过程的主要成员。

（1）广告主。广告主又称广告客户，是出资做广告的单位或个人。广告主是整个广告活动中的主体，广告公司、媒体单位的广告收入主要来自广告主的业务。

大多数的广告主都委托广告机构代理广告业务。但广告主必须控制两个决策：广告目的和广告预算。控制了这两项决策就基本控制了整个广告活动。

（2）媒体单位。广告主的大多数作品必须通过媒体单位进行刊登或播出；广告公司的许多作品必须通过媒体单位传播；至于广告受众，也是直接从媒体单位那里获得广告信息的。因此，媒体单位在整个广告活动中的地位举足轻重，是广告活动的主要参与者之一。

媒体单位是指大众传播媒体单位，包括报社、杂志社、出版社、新闻社、电台、电视台等。在选择媒体单位传播广告时，一定要仔细了解、认真研究、择优选用。要注意考察媒体单位以下各方面的情况：传播范围、覆盖阶层与人数、实力与能力、在广告受众中的影响、信誉度、合作态度及收费高低等。

（3）广告公司。广告公司也叫广告业务代理公司，广告公司是一个独立的商业机构，它接受广告主的委托，代理广告主的各类广告业务。按其代理的业务，广告公司又可分为广告调查公司、广告咨询公司、广告制作公司、广告策划公司等。按代理的程度看，又可分为全权代理、部分代理或专业代理。

广告主选择广告公司代理广告业务时，应当考虑广告公司以下情况：是否拥有最先进的制作设备和最优秀的创作人才，是否创作过具有轰动效应的广告，能否创作和制作出一流水平的广告，是否讲求信誉，在社会上的知名度如何，是否具有良好的合作态度及真诚的服务精神，收费是否合理。

（4）广告受众。广告受众是指广告的接受者，即广告的对象。任何广告都是针对一定广告受众进行的。对广告主、广告公司和媒体单位来说，要使受众认同其策划、制作、发布的广告，必须首先重视对受众的研究，调查了解受众的生理、心理要求，掌握其需要的共同特征，投其所好，才能创作优秀广告，收到良好效果。

（5）广告管理者。广告活动属于一种企业行为，在任何社会条件下，企业行为都必须遵循一定的行为规范，这种行为规范既可以是道德的，也可以是法律的。我国广告管理工作的承担者主要是工商行政管理部门。

广告管理者在广告活动中不是广告业务的直接参与者，但它是广告活动的合理、合法性的直接约束者。广告管理者通过制定各种措施或法规，对广告活动全过程进行有效的控制和管理。

本章小结

广告是指商品经营者或服务提供者承担费用，通过一定媒体和形式直接或间接地介绍自己所推销的商品或者所提供的服务的商业广告。广告的特征如下：广告必须有明确的广告主，广告是一种营销宣传，广告是一种劝导说服艺术，广告宣传的信息内容日益广泛，广告是一种非人际传播活动，广告是向特定的目标市场进行信息传播，广告需要支付广告费用。

广告的发展历史可分为：以口头叫卖、实物展示和商标牌号为主要形式的古代广告时期，以报纸杂志等印刷媒体为主体的近代广告时期，以广播、电视等现代电子技术为主体的现代广告时期。

商业广告分类方法有：按广告地区分类、按广告宣传对象分类、按广告的目的分类、按广告内容分类、按广告的传播媒体分类、按广告的诉求方式分类、按广告的时间分类，以及按广告产生效果的快慢分类。

广告作品的要素有：广告标题、广告正文、广告画面。

广告活动的要素有：广告调查、广告计划、广告预算、媒体选择、效果测定。

广告活动的参与者有：广告主、媒体单位、广告公司、广告受众、广告管理者。

复习思考题

1. 概念

广告　　广告作品的要素　　广告分类　　广告主　　广告受众

2. 选择题

（1）广告主是广告活动的_____，付出费用必须得到回报。

　　A. 出资者　　　　　B. 监督者　　　　　C. 参与者

（2）整个广告活动由多个环节构成，需要各种费用。一般讲，广告主_____的费用是最主要的费用。

　　A. 购买媒体　　　　B. 员工工资　　　　C. 制作

（3）以销售商品为目的的广告形式是_____。

　　A. 报道式、劝导式、提醒式

　　B. 报道式、劝导式、劳务广告

　　C. 报道式、提醒式、感性诉求

（4）广告作品的要素是由_____构成的。

　　A. 广告标题、正文、画面

　　B. 广告调查、广告计划、广告预算

　　C. 广告主、媒体单位、广告公司

（5）企业广告行为必须遵循一定的行为规范，可以是_____的。
  A．道德和法律   B．道德和纪律   C．纪律和法律

3．判断题

（1）广告是一种劝导说服艺术，要迎合受众的兴趣和欲望。（　　）

（2）广告是一种人际传播活动。（　　）

（3）按广告宣传的对象分类可将广告划分为国际性广告、全国性广告、区域性广告。（　　）

（4）利用公众的情感生活来施加影响，进而产生好感和购买行为的是感性诉求广告。（　　）

（5）广告媒体选择的好坏，直接关系到传播效果的优劣和成本的高低。（　　）

4．填空题

（1）广告是一种付费的信息传播活动，传播内容可以是_____、_____和_____。

（2）按广告的目的可将广告分为_____、_____、_____。

（3）广告作品的要素是由_____、_____、_____构成的。

（4）按广告的诉求方式可将广告分为_____、_____、_____。

（5）广告活动参与者包括_____、_____、_____、_____、_____。

5．思考题

（1）如何理解广告？广告有什么特征？

（2）如果广告做得好，劣质产品就会取得成功吗？

（3）广告的发展经过了哪些阶段？能给我们什么启发？

（4）广告活动的要素有哪些？

（5）按不同分类标准广告有哪些类型？

实训题

从可口可乐看现代广告的基本问题

（1）现代广告的定义。什么是广告？多年来从事可口可乐广告活动的代理商麦肯（Mccann-Erickson）的司徽图案，就是这样一句隽永的标语："Truth Well Told"（善诠含义，巧传真实）。麦肯对这一标语的具体解释是"以震撼人心的方式表现出来的销售点子"。这一哲学在30年前就被可口可乐公司的管理层在其年度报告中予以回应，并延续至今：（可口可乐的广告）应当是一种令人愉快的经验，看得振奋，听得愉快。它必须以存在的质量

来反映质量。它会让你说:"我希望我在那儿,我希望和这些人一起喝可口可乐。"

麦肯的哲学揭示了广告策划的两个最基本的方面:销售点子(Selling Idea)和震撼人心的表现(Compelling Expression),简单地说就是策略和创意,合在一起叫做"创意策略"(Creative Strategy)或"策略性创意"(Strategic Creativity)。从麦肯所坚持的信念中可看出,"真实性"永远要放在第一位,而"创意"则是广告的生命力和灵魂。麦肯的创意人员都遵循这样的信念:我们在此创造,而非复制;用全新的眼光看这个世界,用不同的角度来诠释所看到的事物;用原创的声音去叙述,找出别人看不到的关键点;创造消费者去消费的广告,戏剧化客户品牌的真实面,把这个真实面诠释得如此之好,使消费者因此而动容。

可口可乐的经营者始终念念不忘做广告。从1886年到现在,可口可乐用过的代表性广告语达100条。下面节录其中一部分。

1886年:请喝可口可乐。

1904年:美味又清新。

1911年:享受一杯欢乐饮品。

1923年:享受渴望。

1932年:阳光下的冰凉。

1942年:喜爱可口可乐只因为可口可乐本身。

1957年:好味道的象征。

1965年:享受可口可乐。

1972年:可口可乐……好时光。

1982年:这就是可口可乐。

1993年:永远的可口可乐。

从中可以看出可口可乐的广告策略,从理性上始终强调它的美味和清新,从感性上抓住享受、欢乐、渴望的满足,诉求给人们的生活带来的美好时光。

(2)现代广告的功能和作用。对任何一家销售商品的企业而言,广告都发挥着作用,它对组织的影响是巨大的。

可口可乐公司在创建初期,彭伯顿博士和他的合伙人F·M·鲁滨逊(Robinson)就用一种独特的方式来书写他们的产品名称。后来,这个名称及图形在美国专利事务所进行了注册,以确保可口可乐公司在广告和包装上的专用权。这说明了广告最基本的营销功能之一是识别产品,并与其他产品区别开来。

彭伯顿和鲁滨逊将产品命名之后,马上就刊登了一条广告,告诉人们有关该产品的信息,以及在哪里可以买到这种产品。在一年之内,随着越来越多的冷饮机开始出售该产品,印有手绘的"Coca-Cola"的油布标志开始出现在商店的遮阳篷上,其中"Drink"(喝)一词进一步向过路人说明这种产品是一种冷饮机的饮料。这里我们可以看出广告的另一个基本功能：传播关于产品的信息、产品的特征及产品的销售点。

1888年彭伯顿病危，坎德勒（Candler）花了2 300美元买下了可口可乐的专有权。坎德勒是一个对广告和促销坚定不移的忠实者，他印发了成千上万的免费券，每券提供一瓶免费的可口可乐。凡收到免费券的人都可以试用该产品，之后又重复使用。这是广告的另一个功能：吸引消费者试用新产品，并建议再次使用。

在越来越多的人使用并喜欢这种饮料，对它产生需求之后，越来越多的商店竞相零售这种产品。刺激产品的分销又成为广告的另一项功能。

那时，可口可乐只在冷饮机上出售。1899年，第一家可口可乐瓶装工厂在田纳西州成立，次年亚特兰大设立了第二家可口可乐瓶装工厂。现在人们能够买到瓶装的可口可乐，既可以随身携带，也可以在家里享用。这说明增加产品的使用也是广告的意图之一。

像其他流行产品一样，可口可乐的模仿者马上出现了，一场反竞争的商业战役从那时一直持续到现在。广告的另一个功能是建立价值、品牌偏好及忠诚度，坎德勒不断发展的、坚持不懈的促销运动就是要达到这个目的。

1916年，可口可乐为自己的包装瓶引入一种具有显著特征的轮廓外形，这种外形有助于将可口可乐同其他竞争者的产品区分开来，因此可口可乐将该瓶的外形在美国专利事务所进行了商标注册。与此同时，这种瓶子强化了可口可乐公司在其他方面的促销努力，并且向公众保证了可口可乐的标准化质量。

100多年来，可口可乐一直利用传播媒体向大量观众传播广告信息，其目的是更好地发挥广告最重要的功能：降低销售成本。

从可口可乐公司的简史中，我们可以看出广告发挥着许多作用，广告可以对许多商业产生重大的影响。除了营销外，广告在经济和社会中起着一些其他的作用，它可以在影响公司（产品价值、价格）的同时，影响竞争、消费者的需求和选择及经济周期，这是一种连锁反应。

实训要点：以麦肯的哲学"Truth Well Told"为例，谈谈创意在现代广告中的地位和作用。

第 2 章

广告心理

◇ 本章学习目标 ◇

1. 了解广告的有效传播和诉求的实现,都必须在重视公众的心理特征和心理需要基础上,而且必须制定合适的心理策略。
2. 掌握有关广告心理的基本原理及其应用法则。
3. 熟悉相关的广告心理策略。

引导案例

可口可乐"风车篇"电视广告

可口可乐的"风车篇"广告片,以中国东北地区村民庆祝农历新年为题材摄制,并供全球播放(见图2-1)。片中欢笑的孩子及迎风转动的风车寓意吉祥,象征新年的好景象,表达向全世界华人恭贺新年的一片心意。它向人们传达了这样一个信息:农历新年不仅是展望未来的时候,也是家人团聚、温馨喜悦的日子。

你看那传统中国红色系的朱红色纸风车,在雪原上接引东风,穿着棉袄的小孩那一副东方脸孔笑逐颜开。然而,随着传统乐器吹奏的旋律、飘飞的雪花、随风摇曳的红缨穗、驾驭马车赶集的人们等熟悉的中国文化元素的使用和出现,宛如小时候听来的遥远故事,让人既陌生又备感温暖,令全世界的华人陷入乡愁之中。

可口可乐公司"风车篇"通过具有鲜明中国文化元素的红色、纸风车、瑞雪、民族乐器及小孩欢笑的东方面孔,向全球华人展示了公司产品本土化战略的强烈愿望,用迎合华人团聚、团圆的心理需求,引起人们的好感和情感共鸣,在市场上产生了良好的效果。

图 2-1 可口可乐"风车篇"广告片

2.1 广告心理概述

广告的目的在于通过各种媒体传递信息，促使消费者购买商品。因此，要加强广告的效果，就必须了解消费者的各种心理现象及其活动规律，这样才能采取相应策略。而消费者是否会对广告感兴趣，取决于消费者的心理活动。与广告密切相关的消费者心理活动要素主要有感觉、知觉、记忆、思维、注意、想象、情绪和情感等。

2.1.1 广告与消费者的感觉和知觉

1. 感觉

感觉就是当外界事物作用于感觉器官时，大脑对特定对象个别属性的直接反映。感觉是消费者认识的最初来源，是认识所必需的第一步。没有感觉就没有知觉，没有知觉也就不能形成一系列复杂的心理过程。人类对客观世界的反映，都是从具体事物的个别属性开始的，如看见色彩、听到声音、嗅到气味等。广告受众的感觉过程，是指商品直接或间接作用于其感觉器官并加以刺激而引起的过程。在这一过程中，广告受众一般是借助视觉、触觉、听觉、嗅觉和味觉五种感觉器官来接受各种信息的，这些信息通过人的神经系统，从感觉器官传递到大脑中，由此产生对商品表面的、个别的、孤立的心理反应。所以在购买活动中，感觉对消费者的购买行为具有很大作用。在设计、制作广告作品时要注重对商品特性的表现，以强化对受众的感官刺激，获取良好的宣传效果。

2. 知觉

知觉是人脑对直接作用于感觉器官的客观事物的整体反映。当受众对商品产生心理印象，即对商品产生感觉之后，其意识还会随着对感觉资料的综合处理，把商品所包含的许多不同特征和组成部分加以解释，在头脑中形成进一步反映商品的整体印象。这一过程就是知觉。消费者对商品知觉的速度、正确性、清晰度和知觉内容的充实程度都受到本人的需要、兴趣、情绪和个性倾向等因素的影响。

消费者的知觉是各种人各种心理活动的基础，它能有力地刺激消费者的需求，促进其购物活动。随着对广告知觉程度的提高，消费者就会形成对广告的主观态度。

3. 广告感觉

在策划、设计和宣传广告商品时，感觉可分为外部感觉和内部感觉。内部感觉接受人体的刺激，反映身体的位置、运动和内脏器官的不同状态；外部感觉则接受外部刺激，反映外界事物。人类对感觉的需求，以视觉为最高，约占80%，听觉、触觉、味觉、嗅觉次之。广告主要对人的外部感觉产生影响，尤其是对视觉产生影响。视觉是人类对外部世界的主要感觉器官，尤以颜色视觉对广告心理作用更具意义，因此广告策划、设计应遵循受众对色彩的心理反应规律。

（1）色彩物理感觉心理。人根据色彩的物理性能，形成直觉性的反应，即色彩本身能够给人以冷暖的感觉。由暖至冷的顺序是：暖色调←红色>橙色>黄色>绿色>紫色>黑色>蓝色→冷色调。

一般来说，药品业、交通业宜选用暖色系列，而高科技密集行业如电子业，则宜选用冷色系列。

（2）色彩轻重感觉心理。由于色彩光波性质的差异，使广告受众在心理上觉得色彩有轻重的差别（见图2-2）。

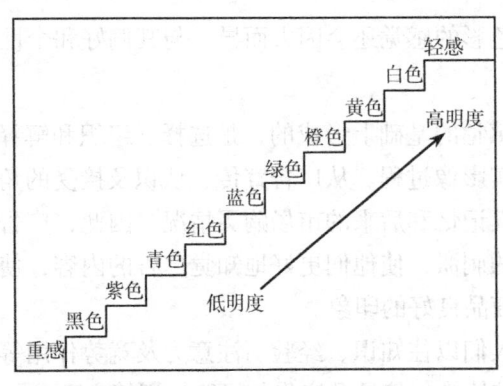

图2-2 色彩轻重感觉心理

设计广告宣传作品时，要注意让公众在色彩暗示作用下产生相应的心理判断，得出对企业有益的消费结论。

（3）色彩距离感觉心理。色彩光波在传递速度上的差异，使人对色彩产生心理性的距离感。红色易使人产生近距离感，而蓝色则产生远距离感。色彩距离的远近表现为：近距离感←红＞橙＞紫＞绿＞蓝→远距离感。

（4）色彩序位心理。受众群体由于种种原因，形成了相对稳定的用色习惯，在色彩爱好上有一定的序位性（见表2-1）。

表2-1 受众色彩偏好序位

受众分类		色彩爱好序位
国际性序位		青、赤、绿、白、粉红、淡紫、橙、黄
按人种分类	黄种人	赤、黄、金
	白种人	青、赤、绿、紫、橙、黄
	黑种人	赤、青、绿、紫、橙、黄
按民族分类	中华民族	赤、黄、青、白
	日本民族	蓝、赤、淡黄、紫
	印度民族	赤、黑、黄、金
	斯拉夫民族	赤、褐
	拉丁民族	橙、黄、赤、黑、灰
	日耳曼民族	青、赤、绿、白
	非洲民族	赤、黄、青

设计时若选择他们强烈喜欢的色彩作为主色，可以有效地提高广告宣传作品的吸引力，引起受众的强烈关注。

需要注意的是，对色彩的感觉还会因人而异，与其偏好和个性特征有关。

4. 广告知觉

广告知觉是在广告感觉的基础上形成的，是选择、组织和解释感觉刺激，使之成为一个有意义的和连贯的现实影像过程。从广告宣传、认识及接受的角度看，受众对广告的知觉决定着广告的效果及其记忆和后来的市场购买情况。因此，广告宣传要通过对广告受众视觉、听觉及其他感官的刺激，使他们更好地知觉广告的内容，使之对广告的认识和理解推向深入，形成对广告商品良好的印象。

广告知觉的形成受人们以往知识、经验、注意力及竞势作用等心理因素的影响，体现在广告知觉的选择性、整体性、偏见及广告与风险知识等方面。

2.1.2 广告与消费者的记忆和思维

1. 广告与记忆

记忆是一个人过去经验、感受在其头脑中的反映。感觉和知觉都是人脑对当前直接作用于感官的客观事物的反映。如果消费者没有对商品个别属性的记忆，就不会对商品产生感觉印象；没有对商品整体的记忆，就不会产生对商品的感觉；没有对商品及其事物之间相互联系及其规律的记忆，就不能进行思维；没有对以往商品知识和购买经验的认识，他们的情感过程和意志过程也不会发生。记忆一般分为识记、保持、回忆或再认等过程。人对广告的记忆过程也与此相一致。

（1）广告识记。这是识别和记住广告的过程，可分为无意识记和有意识记、机械识记和意义识记。

1）广告无意识记是事先没有自觉的、明确目的，不用任何有助于识记的手法，也没有经过特殊的意志努力的识记，具有很大的选择性。那些在个人生活中具有重要意义，在活动中占有重要地位，适合人的兴趣、需要、活动目的和任务，能激起人们情绪活动的广告对人影响很深，容易被无意识注意。

2）广告有意识记是明确识记广告目的，运用一定方法，经过一定的意志努力的识记，要求有积极的思维活动和意志努力，在广告宣传中有重要意义。如那些有明确消费目的的消费者和专业的推销采购人员对广告的识记常是有意识记。

3）广告机械识记是对广告内容、意义没有理解的情况下，依据广告的某些外部联系机械重复所进行的广告识记。

4）广告意义识记是在对广告内容、意义理解的情况下，依靠广告的内在联系所进行的识记。这样广告内容易于记住，保持的时间也长，并且容易提取。当然要让消费者充分理解广告的内容与意义，广告文案创作必须针对目标对象的特点进行适当的诉求。

（2）广告保持。广告保持是指过去识记的广告影像在头脑中得到巩固的过程。广告保持是巩固广告识记所必需的，也是实现广告再认、回忆的重要保证。

记忆是经验的保持，但是会发生变化，即数量上呈不断减少之势，质量上会改变原有的印象。

（3）广告回忆。回忆是把对过去事物的反映重新呈现出来的过程。消费者在选购某类商品时，往往在头脑中把曾经使用过的或在别的商店感知的同类商品重现出来，这就是广告回忆的过程。广告的回忆有直接性和间接性之分。前者指由当前的广告直接唤起对过去广告的回忆；后者指通过一些中介性联想而唤起对旧广告的回忆。直接回忆有时比较容易，不需要太多的努力就可以实现；而间接回忆有时就需要较大的努力，费一番思索才能回忆起来。

（4）广告再认。广告再认是对过去经历过的广告宣传再度出现时能够将其识别出来的过程。实现广告再认，要依靠各种线索来进行，如广告的某一部分或特点等，故在广告设计、制作时，要注意为受众实现广告再认提供必要的线索，如企业标志、商品商标、广告语等。尤其是系列广告，统一的设计风格、统一的字体等，都能对广告再认产生积极的作用。

2．广告与思维

思维是在表象、概念的基础上进行分析、综合、判断、推理等认识活动的过程，是认识活动的高级阶段，是依靠语言来进行的。语言对思维具有储存、指示、感应等作用。在商业活动中，销售现场的广告宣传、营业员的语言都对消费者有一定的刺激影响，引起他们的思维活动。

思维活动主要是在解决问题的过程中进行的。在购买活动中引起消费者积极思维的原因一般是需要克服某种困难去实现预期购买目标。消费者解决问题的程序一般分为发现问题、明确问题、提出假设和检验假设四个阶段。通过对消费者思维程序的把握，可以很好地运用广告手段达到预期目的。

（1）发现问题，是解决问题的开始。能否发现购物实践中的新问题，这主要取决于消费者的需求程度与知识经验。一个消费者对购物活动的态度越积极，就越容易发现问题。

（2）明确问题，就是找出购物生活中的主要矛盾，弄清问题的内外联系，明确问题的复杂性和特殊性。

（3）提出假设，是根据已有知识来推测，从而确定解决问题的方法。过去的经验越丰富，从中找到同新的问题类似东西的可能性就越大；过去掌握的解决问题的方法越多，从中找到解决当前问题的方法的可能性越大。

（4）检验假设，就是确定所提出的解决办法是否能解决问题。任何方法的正确与否，最后都必须通过实践来检验。

2.1.3　广告与消费者的注意和想象

1．广告与注意

注意是受众的心理活动对特定对象的指向和集中，不是一个独立的心理过程，是各种心理活动所具有的共同属性。吸引受众的注意是广告产生效果的基础，成功的广告能吸引受众的注意，引起兴趣，激发购买欲望，使之最终采取购买行动，注意是广告发挥影响的前提。正如广告界流传的一句话："使人们注意到你的广告，就等于你的产品推销出去一半。"

指向性和集中性是注意的两个特性。注意的指向性显示出人们的认识活动具有选择性。

消费者在接受商品信息时，其心理活动总是有选择地指向某一特定的商品信息，同时离开其他商品信息。注意的集中性就是把心理活动贯注于某事物，抑制与之相争的其他事物，以全部精力来支持这一事物，去获得鲜明而清晰的反映。在选购商品时，消费者的心理活动总是全神贯注于这一商品，为决定是否购买，必须对这种商品有一个清晰准确的了解。

注意在心理活动上具有三种重要功能，即选择的功能、保持的功能、调节和监督功能。它能使人的心理活动处于一种积极状态之中，对心理活动的进行具有组织和维持的作用。它保证人能够及时地集中自己的心理活动，正确地反映客观事物，使人能够更好地适应环境，从而改造环境。

2. 广告与想象

想象是人脑中改造记忆中的表象而创造新形象的过程，是对过去经验中已经形成的那种暂时联系进行新的组合的过程。因而，想象是与其他心理活动密切地、有机地联系在一起的。它在感觉、知觉的基础上进行，与记忆活动交织在一起，又参与思维过程，还会引起情绪的产生和发展等。

想象是人所特有的心理活动，是在人的实践活动中产生和发展起来的。同时，想象也是人类实践活动的必要条件。通过想象，人们才能扩大知识、理解事物、创造发明和预见活动的结果。消费者在评价商品信息时，经常发挥他们的想象能力。想象是消费者意志行动和购买动力的内部推动力，对消费者的购买动机和购买决策具有很大的作用。

成功的广告，总是经过细致的素材加工和形象塑造，利用事物之间的内在联系，用明晰、巧妙的象征和比拟手法，激发有益的想象，丰富广告的内容，加强刺激的深度和广度。因此，在商业广告中，有意识地增强广告激发想象的效果是不可缺少的心理方法。

2.1.4 广告与消费者的情绪和情感

1. 广告与情绪

情绪通常是由于自然需要是否获得满足而产生的。在满足基本需要的活动中，与人的需要相关联的事物，在人的反映中都带有各种各样的感情色彩。当人们生理上的需要得到满足时，产生积极的情绪体验；反之，可能产生消极的情绪体验。同样，消费者在购买商品时，由于商品在数量、种类、质量、价格、款式等方面的不同，他们常产生出各种不同形态的情绪体验。这些情绪体验就是消费者对商品的主观态度。

2. 广告与情感

情感是与人的社会需要紧紧联系在一起的。情感具有较大的稳定性和深刻性，它反映着人们的社会关系和社会生活状况，对人的社会行为起着积极或消极的作用。如富有创意的广告作品，以及橱窗布置、商品陈列、服务态度、商业信誉等，都能满足消费者的物质和文化生活的需要，使之产生愉快、赞赏、幸福等肯定的情感，从而促进经常性的购买行为。

由于情绪和情感对消费者行为有直接的、重要的影响。当消费者处于快乐、兴奋情感状态时，能积极地提高消费者的活动能力，促使他们积极参与购物活动，反之会抑制他们的购物活动。广告如果能唤起消费者强烈的、积极的情绪和情感，就能推动消费者积极地进行各种购物活动。广告人员研究人的情绪和情感，会有助于广告宣传过程中情绪的激发和利用，有助于加强广告的宣传效果，有助于消费者的购物倾向并抑制他们的消极情绪，并且有利于促进消费者的购买行为。

2.2 广告设计与公众心理

广告设计是通过影响公众心理而发挥作用的，它在适应公众心理基础上，满足公众相应的心理需要，并引导公众的心理走势，从而创造出更大范围的公众需求心理现象，使企业的某种信息符号成为公众的消费偶像、时髦象征。

公众心理是一个具有内在联系的整体，而不仅是某一个方面。从广告作品设计角度来看，公众心理涉及的内容主要有需要心理、审美心理、色彩心理、线条心理和图案心理等。在设计广告宣传作品时要加以注意。

2.2.1 广告设计与公众需要心理

广告作品设计的根本价值在于通过营造色彩化的氛围，有效地刺激、创造和满足公众的需要心理。需要是产生相应消费行为的根源。

在广告作品设计中，应该根据公众消费某类商品所特有的需要心理，来确定广告作品设计的目的，选择基本色调、构图、线条的组合，以此来影响公众的心理活动，而且不同行业、不同商品应有所区别（见表2-2）。

表2-2　公众需要心理与色调运用举例

产品类型	公众需要心理	宜用色调	广告作品设计目的
仪器	技术先进 性能稳定	纯色尤其是高纯度的黑色、蓝色、红色、白色、灰色	强化技术领先形象 强化性能稳定形象
食品	营养丰富 新鲜可口 强身健体	突出亮度，红色、绿色或植物色调	刺激公众消费欲望 强化商品保健形象

续表

产品类型	公众需要心理	宜用色调	广告作品设计目的
交通工具	性能安全 操作简便 显示身份	突出纯色，红色、灰色、黑色	强化商品安全形象 强化商品快捷形象 强化商品地位形象

2.2.2 广告设计与公众审美心理

广告宣传作品必须满足公众的审美需要，给公众以高雅、有品位之感，使公众在接触企业宣传作品的瞬间，就能获得视觉美感享受，并从中产生美好的联想。这种纯艺术化的满足，对现代公众来说，是一种极其重要的享受，所以在市场上对公众具有强大的影响力。

人类审美心理有理性化审美和感性化审美两种。现代公众的审美心理感性色彩较浓。所以在广告作品设计中，要突出设计主题思想的美学效果，满足公众的理性化审美要求，同时还要强调三方面的感性美。

（1）图案美。图案美是指广告宣传作品中的图案构思具有美学效果，给公众以美的享受。

（2）风格美。以清新独特、富含韵律的作品风格满足公众的审美需要。

（3）形式美。形式美是指在表现手法、作品布局及色彩组合上体现出美学规则，展现出美学规律，通过美学韵律和视觉影响公众的审美情趣，提高广告作品的感染力。

2.2.3 广告设计与公众色彩心理

在广告作品的各种组成要素中，色彩的影响作用最大，视觉效果最强，更能引起公众的注意，更能引导公众的联想心理。因此，根据色彩原理和公众的色彩心理来进行广告宣传作品的色彩组合和对比，就成为广告作品设计的关键。

1．色彩物理感觉心理的运用

人根据色彩的物理性能，会形成直觉性的反应。如红色让人想到太阳、火，与黄色一样，给人以温暖的感觉，蓝色给人寒冷的感觉，而白色给人以冷清的感觉。可见，色彩本身能够给人以冷暖的感觉（见表2-3）。

表2-3 主要色彩的物理感觉心理

色彩类别	物理感觉心理	色彩类别	物理感觉心理
红	热，刺激性强烈	青	较冷，较刺激
橙	暖，较刺激	紫青	较冷，较刺激

续表

色彩类别	物理感觉心理	色彩类别	物理感觉心理
黄绿	中性，较安静	紫	中性，少刺激
绿	凉，安静	紫红	稍暖，较刺激
青绿	冷，很安静		

在各种色相中，红色、黄红色、红紫色、黄色属于暖色系列，绿黄色属于中性色，绿色、紫蓝色、蓝色属于冷色系列。一般而言，药品业、交通业宜选用暖色系列，而高科技密集行业如电子业，则宜选用冷色系列。

2. 色彩爱好心理的运用

由于生活习惯和传统文化的影响，加上有些色彩能给人良好的机能感觉和体验联想，公众会出现群体性，甚至民族性、国家性的色彩爱好现象，即在一定范围内的人都喜爱某几种色彩，具体如表 2-4 和表 2-5 所示。色彩爱好心理如果运用不当，有时会直接引发产品的市场销售危机。

表 2-4　部分国家或地区的色彩爱好

国家或地区	爱好的色彩	国家或地区	爱好的色彩
中　　国	红、黄、绿	埃　　及	红、橙、绿、青绿、浅蓝、明显色
韩　　国	红、绿、黄、鲜艳色	瑞　　士	红、黄、绿
日　　本	柔和色调	爱尔兰	绿
马来西亚	红、橙、鲜艳色	意大利	鲜艳色
泰　　国	鲜艳色	加拿大	素静色
中东地区	绿、深蓝与红白相间	阿根廷	黄、绿、红

表 2-5　我国部分民族的色彩爱好

民　族	爱好的色彩	民　族	爱好的色彩
汉　族	红、黄、绿、青	朝鲜族	白、粉红、粉绿、淡黄
蒙古族	橘黄、蓝、绿、紫红	苗　族	青、深蓝、墨绿、黑、褐
回　族	黑、白、蓝、红、绿	彝　族	红、黄、蓝、黑
藏　族	以白为尊贵颜色，爱好黑、红、橘黄、紫、深褐	壮　族	天蓝
		满　族	黄、紫、红、蓝
维吾尔族	红、绿、粉红、玫瑰红、紫红、青、白	黎　族	红、褐、深蓝、黑

3. 色彩情感联想心理的运用

从心理感觉来说，颜色由于渗入了人类复杂的思想感情和生活经验，就变得富有人性和文化色彩，成为一种思想的表达。例如，红色不仅给人温暖的生理感受，还给人热情、喜庆、积极向上等方面的文化联想。在广告作品设计中，要善于从文化心理的角度选择恰当的色彩，并加以妥善处理，以激发公众基于颜色心理而做出积极的反应。所以，了解公众的颜色联想尤其是文化联想机制，对成功地运用颜色影响公众，是极其重要和有益的（见表2-6）。

表2-6 颜色的联想内容

颜　　色	正面联想	负面联想
白	纯真、清洁、洁净、朴素、洁白、明快、喜欢、神圣	致哀、讲和、投降
黑	雍容华贵、稳定、深沉、严肃、坚毅、权威感、高尚感	不幸、静寂、绝望、死亡、压抑、恐怖、凶兆、肃穆、威胁、罪恶、悲哀
蓝	清雅、深邃、宁静、幸福、力量、希望、智慧、深沉、镇定自若	过于严谨
灰	中庸、平凡、温和、谦让、中立	知识阶层专色
红	愿望强烈、精神振奋、感情奔放、热血、喜悦、热情、激动、喜庆、欢乐、幸福、爱情、革命、活力、热烈、积极	战争、流血、不安、嫉妒、危险、停止
橙	朝气、饱满、积极、热烈、运动、活泼、充足、兴奋、健康、明亮、有活力	欺诈、嫉妒
黄	忠诚、高贵、光明、醒目、希望、快活、愉快、黄金、智慧、辉煌、权威、财富、明丽、丰收	病态、低贱（欧美）、死亡（伊斯兰教）
绿	稳重、性情平静、充满希望与乐观、积极向上、安适、和平、成长、久远、自然、健康、青春活力、安全	不成熟
青	诚实、沉着、广大、悠久、沉静、智慧	沉闷、缺乏活力、消极
紫	庄重、优雅、高贵、壮丽、权力、永恒、气魄	焦虑不安、多愁善感
金银色	辉煌、珍贵、华丽、高雅、活跃、时代感	浮华

4. 色彩禁忌心理的运用

由于历史、传统文化的原因，有些色彩往往会引起公众的不良情绪体验和联想，这样就形成了色彩的禁忌心理。当然，不同的国家、民族，其色彩禁忌心理是不尽相同的，具体如表2-7和表2-8所示。

表2-7 部分国家或地区的颜色禁忌

国家或地区	禁忌颜色	说明
中国	黑、白	代表死亡
日本	黑、深灰、黑白相间、绿	不吉利
中东地区	粉红、紫、黄	不吉利
瑞典	蓝黄色组	代表国家色
法国	墨绿	纳粹军服色
德国	茶、黑、深蓝	
意大利	黑、紫	不吉利、消极
巴西	紫	悲伤
新加坡及泰国等	黑	悲观、消极、绝望、不祥、丧事

表2-8 我国部分民族的颜色禁忌

民族	禁忌的颜色
汉族	黑、白,多用于丧事
蒙古族	黑、白
回族	白,多用于丧事
藏族	淡黄、绿
维吾尔族	黄

2.2.4 广告设计与公众线条心理

法国印象派著名画家西涅克说:"表现宁静之感,一般使用平卧线;表现欢乐,宜用上升线;表现忧郁,宜用下降线。介于三者之间的线,将产生其他无限变化的感觉。"可见,线条经过人的心理思维活动后,具有重要的审美价值。

在广告宣传作品中,线条运用占据重要位置。线条运用恰当,不仅可以强化宣传作品的视觉效果和心理效果,而且可以提高广告作品的审美价值。线条本身的外形变化和粗细特点,会使公众产生不同的心理感觉和联想,富有情感意义和象征意义,这就是公众线条心理(见表2-9)。

表2-9 公众线条心理感觉

线条类型	公众心理感觉
直线	果断、坚定、刚毅、力量、有男性感
水平线	宁静、寂静、开阔、理智、大地、天空、死亡、有内在感

续表

线条类型	公众心理感觉
垂直线	挺拔、庄严、崇高、肃穆、无限、悲哀、宁静、生命、尊严、激情、永恒、权力、抗拒变化的能力
折线	根据角度产生上升、下降或前进的方向感
斜线	倾倒、危急、危险、崩溃、行动、冲动、无法控制的感情与运动
参差不齐的斜线	闪电、意外事故、毁灭
锯齿状折线	紧张、压抑、痛苦、不安
曲线、弧线	流动、轻巧、柔和、灵活、丰满、美好、优雅、优美、抒情、纤弱、犹豫、有女性感
螺旋线	欢乐、升腾、超然、脱俗感
圆形	圆满、简单、结局、给人以平衡感和控制力
椭圆形	完满、持续的运动感
等边三角形	稳定、牢固、永恒、平衡

2.2.5 广告设计与公众图案心理

由于人类生活在自然界之中，经常接触各种物体和动物，对这些物体和动物有特殊的体验心理。这种体验心理后来成为一种文化基因，传递给下一代。当现代人接触某种图案时，会自然而然地产生源于先辈体验的心理感觉。例如，看到蛇像会产生一种恐惧感，而看到猫像则容易产生亲和感。这种由图案引发的心理体验与联想，就是公众的图案心理。

广告宣传作品需要借助大量的图案来传递信息、表达内容。设计广告宣传作品时，必须理解公众的图案心理，特别是清楚地了解公众在图案方面的忌讳和偏爱，这是有效设计的前提。自觉地避免公众的禁忌性图案，同时有意识地利用其喜爱性图案，提高广告宣传作品的冲击力。不同的国家、民族或地区在图案的忌讳方面也是不尽相同的（见表2-10）。

表2-10 不同国家、民族或地区忌讳图案举例

国家、民族或地区	忌用图案	说明
汉族	乌鸦	传递凶讯
	乌龟	妻子背叛丈夫之嫌
阿拉伯国家	六角星	与以色列国旗图案相似
伊斯兰教地区	猪、熊、熊猫	
沙特阿拉伯	酒瓶、教堂、十字架	严禁在文具上印绘

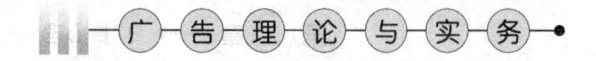

续表

国家、民族或地区	忌用图案	说　　明
北非国家	狗	
意大利	菊花	菊花盛开之时正是扫墓的时节
英国	人像	
	大象	蠢笨无用、沉重的包袱
	山羊	作风不正派的男人
印度	玫瑰花	悼念用品
美国	蝙蝠	凶神恶煞、恐怖与死亡的象征
澳大利亚	兔子	兔子吃牧草，是澳洲的公害
日本	荷花	丧花
	狐狸	贪婪
	獾	狡诈

2.3 广告心理策略

在现代消费市场上，广告作品的心理渗透力直接影响着广告宣传活动的效果。因此，进行广告策划时，在适应公众心理特征的情况下，还要讲究心理策略，运用心理影响技巧强化广告作品的心理感染力，进而提高广告宣传活动的效果。

2.3.1 吸引注意策略

吸引公众对广告的注意，是广告产生效果的基础，是策划广告最基本的心理策略之一。公众在接受广告信息中给予的注意，总体上讲无意注意多于有意注意。应科学运用以下规律。

（1）注意的强度规律。刺激强度越高的信息，越能引起公众的注意。在广告策划中，应该加大广告刺激的强度。视觉刺激是第一位的。在广告设计中，应该重视色彩、字体的设计，提高广告作品的视觉刺激强度。设计广告的听觉刺激时，既要考虑音高、响度和音色的心理作用，又要注意音高、响度和音色匹配后的听觉效果，诱发听觉刺激的愉悦效果，提高广告作品的听觉刺激强度。

（2）注意的对比规律。同一时空条件下或者同一类别中，与其他刺激物反差程度越大，越能引起注意，应加强企业广告与其他广告之间的对比强度。

（3）注意的背景规律。与社会背景、客观环境完全一致或者反差鲜明的刺激物，均能引起公众的注意。因此，在广告策划中，有两种吸引公众注意的模式：一是与背景保持完全一致，如春节期间的广告，突出春节喜庆文化的演示；二是与背景形成鲜明反差。

（4）注意的动静规律。一般而言，运动状态的物体更能引起注意。在视频广告设计中，应该尽量运用动态形式引起公众的注意。

（5）注意的需求规律。公众对于符合自身需求的刺激，给予的注意往往比较高。在广告策划中，应认真分析目标公众的需要特性，充分利用公众的潜意识，使广告作品的宣传内容与公众的关心点、兴奋点保持一致，从而吸引公众注意。

（6）注意的艺术规律。有艺术品位的刺激物，一般容易引起公众注意。在广告策划中，应该强化艺术化思维，提升广告作品的艺术品位，增强广告作品的感染力。

（7）注意的新奇规律。新奇是提升刺激物吸引力的强心剂。谋求与众不同，追求新奇独特，是吸引公众注意的基本手法。

（8）注意的社会规律。公众一般比较关注与社会热点事件相关的信息。巧用社会热点事件，使之成为广告宣传的主题或者背景，从而提高公众对广告作品的注意。

2.3.2　增强记忆策略

任何一位广告主都希望自己的广告能够被广大消费者永久地记住，起码能够暂时留存。

1．适当减少广告识记材料的数量

人们能够记住内容较少的信息，容易淡忘内容较多的信息。在广告策划中，应遵循记忆简化规律，适当减少广告识记材料的数量。广告文稿力求简明扼要，尤其是广告的标题必须短小精悍，重点突出品牌名称、标语口号等核心内容，以便受众记忆。

2．充分利用形象记忆的优势

具体、形象化的事物要比抽象概念、说教更易于记忆。例如，美国丽明顿刮脸刀有一则广告："从前每片刮10人，后来刮13人，如今刮200人。"在广告宣传中，应该充分利用形象记忆的优势，通过设置鲜明的标志，选用个性化的模特形象，创作特色化的图画，提高广告作品的视觉化程度，增强受众的记忆。

3．适当重复广告内容，拓宽宣传途径

利用信息的适度重复与变化重复，加强、巩固神经联系痕迹。广告通常采用的重复形式有三种：对广告中重要的部分加以重复；在同一媒体重复做同一广告；在不同媒体做同一广告。

4．设置鲜明特征，便于识别与回忆

在广告宣传中设置鲜明特征，采用简洁有力、通俗易懂、富于形象的语言，突出地把

广告的有关信息，包括商品形象、商品品质、经营特色和劳务特点等内容，高度浓缩、高度概括地告诉消费者，唤起其记忆中所保留的有关商品形象和使用的情景和经验，并使之易于输入和储存新的经济信息。

5. 增加感染力，强化受众的情绪记忆

在广告宣传中适当地加强广告肯定或否定的感染力，加深受众的记忆。如彼阳牦牛骨髓壮骨粉的广告中，一些老年人在一起晨练，感觉腰酸、背痛、腿脚又不好，但服用了彼阳牦牛骨髓壮骨粉，症状都消失了，还能尽情地跳舞、扭秧歌。通过这种对比，消费者就能较好地记住该产品的品牌。

6. 遵循记忆的理解规律，提高记忆程度

"先理解，后记忆"，这是基本的规律。如20世纪30年代的上海，一家出租汽车行的业务电话号码为30189。为了便于记忆，该车行通过社会征集，巧妙将电话号码谐音为"三拳一杯酒"，并以此大做广告。由于谐音用得巧妙，将抽象的号码赋予一定的含义和形象，从而便于记忆，生意因此非常兴隆。

2.3.3 需求导向策略

人的行为都是在需要心理和动机心理支配下产生的。广告宣传是激励公众心理互动和行为互动的过程，只有正确认识了公众需要心理和动机心理的特点，并给予适当的引导，才能实现既定的广告宣传目标。

1. 公众需要心理的特点

（1）多样性。公众对企业不仅有物质利益方面的要求，期望企业提供质优价廉的商品，开展良好的销售服务活动，给公众带来实惠、尊重公众的利益、开展社会公益福利活动，还有精神生活方面的要求，希望企业在市场经营、广告宣传过程中遵守广告法，做到实事求是、诚实真挚、平等待人、尊重公众意见和舆论等。

这就要求开展广告宣传活动时注意宣传内容的全面性、系统性、综合性，既不能偏重公众的精神需要而忽视公众的物质需要，又不能只关心公众的物质需要而忽略公众的精神需要。

（2）并列性。在一般的生活领域中，人的需要心理是具有层次性的。但是，在市场经营与消费活动中，公众的需要心理没有层次性规律。也就是说，公众对企业的各种需要没有明显的前后距离性，而常常是并列的，每一种需要的满足都能引起公众对企业的好感。公众需要心理的并列性，为策划广告宣传提供了多种可能性，素材增多了，有利于我们提高广告策划的艺术性。

当然，公众需要的并列性并不意味着广告宣传要面面俱到。广告宣传既要照顾到公众的各种需要，又要精选需要心理，选择公众最敏感、最关注的心理需要作为广告宣传的切入口，突出重点，使公众获得一种全方位的满足。

（3）再生性。公众对企业、商品的要求不是一次性的。企业满足了公众的某种需要后，公众又会萌发出新的需要，包括商品的更新性需要和替代性需要，表现出再生性的特点。

2．需求导向策略的技巧

所谓需求导向策略，就是企业利用广告宣传活动持续地对公众需要心理施加刺激，引导公众不断针对企业及商品产生消费欲望，做出消费行为，并转化为理想化、稳定化消费模式的策略。其策略性技巧主要有以下几种。

（1）积极诱发公众对企业、商品产生合理的需要。公众产生强烈的需要心理，需要两个前提条件的结合：一是公众感到缺乏某种东西，有不足之感；二是期望得到某种东西，有求足之欲。需要就是这两种状态共同形成的心理现象。这是一个自发的过程，不但产生需要的过程是自发的，而且需要的方向指向和强度也是自发的。如果没有外在刺激物，公众就可能感觉不到欠缺。没有缺乏之感，就不会有期望之欲，因而也就没有需要心理。

（2）引导公众把需要心理转化为行为动机。公众需要是公众消费行为的基础和根源，但它并不直接支配、驱动公众的消费行为。公众的消费活动都是由特定的动机所引起的，动机是推动公众消费的直接原因。当公众的需要有了某种特定目标时，需要才能转化为动机，关键的中间环节是确定特定目标对象。因此，在广告宣传中，把握了公众的需要心理后，要及时宣传商品的性能优势、价格优势、品牌优势等内容，为公众提供理想化的目标物品对象，把需要心理转化为消费动机。这样，公众需要才是企业的有效需求。

（3）不断刺激公众产生新的需要。公众的某种需要得到满足后，应该策划新一轮的广告宣传，使公众在新的层次上产生"不足之感"和"求足之欲"，引导公众不断进行需要的自我更新，期望得到新款式、新品种，使自己的需要登上新的台阶。对企业来说，这就是创造市场。

2.3.4 时势策略

时势就是某种社会热点问题、事件所造成的局势。只要具有典型意义或重大价值，都能够引起公众的普遍性关注，使之成为社会热点问题。应该及时抓住社会热点问题进行策划，利用社会热点问题提高广告宣传的心理影响力，增强广告宣传的客观效果。

1．时势的特点

现代社会的大众传播媒体比较发达，而且比较乐于介入社会热点问题的宣传、报道，因此社会热点问题、事件层出不穷，时势具有以下特点。

（1）社会性。时势的社会性表现是多方面的。在内容上，关系到整个社会全局的问题，事件本身具有社会性意义；在公众数量上，能够成为时势的问题说明关注它的公众比较多，具有社会普遍性；在内容上，人们往往会站在社会发展和人类进步角度来分析问题、提出对策，这就使得时势更加具有社会性了。

（2）轰动性。问题涉及公众的根本利益或社会的基本趋势，属于热点性问题。所有的社会成员都会密切关注这个问题或事件的发展动态，纷纷发表看法和意见。

（3）深刻性。时势的出现带有一定的必然性，往往是社会弊端、社会问题的总爆发，或者是涉及社会全局、需要所有社会成员共同参与才能解决的问题，影响社会的各个方面，作用比较强大。

（4）阶段性。社会热点问题出现后，引起人们的普遍性关注，得以妥善解决。问题解决后，公众就不再关心这个问题了，因此时势具有阶段性特点。

2. 时势的广告价值

时势对于策划广告、开展宣传活动具有重要意义，主要表现在以下几个方面。

（1）引起公众的注意。由于时势本身是公众普遍关注的问题，因此利用时势及时策划出来的广告宣传活动必能引起公众的广泛注意。

（2）强化心理影响力。在某一个时期内，时势是公众密切关注的事件，牵动着公众的心理。借助时势进行广告宣传，从某种意义上讲就是利用公众的普遍性时势心态进行商业性宣传，有利于加强广告宣传活动的心理渗透力。

（3）提高广告品位。时势是一种社会性问题、事件，事关社会前途，问题本身具有一定的高度。利用时势策划广告宣传活动，表明宣传者具有较强的社会责任心和爱心，热心社会事务的解决，能够自觉地履行社会义务，从而提高了广告宣传的品位感。

3. 利用时势的方式

在广告宣传中，利用时势这种特殊的社会现象来策划广告，要讲究策略性和技巧性，可选用的方式主要有以下几种。

（1）从时势中选择素材，创作与时势主题相吻合的广告作品，从主题内容上使广告作品与时势融为一体，强化广告作品的时势性色彩。

（2）根据时势需要发布相关的广告作品，配合时势，抓住机遇，及时进行相关主题的宣传，表现出参与问题解决的愿望，从发布时间上强化广告作品与时势的一致性，提高广告作品的时效性。

（3）把企业的宣传活动、主题内容融合于时势之中，使之成为解决社会热点问题的一个方面，从活动取向上提高广告宣传活动的社会性，强化企业的社会责任感，从而塑造出企业的社会形象。

（4）公开发表符合社会要求的意见，以时势的代言人身份出现在大众媒体之中，从而有效地提高企业的声望，实现广告宣传的目的。

2.3.5 从众策略

公众心理具有一定的从众性。利用公众的从众心理进行广告策划，有利于扩大广告宣传的影响范围，提高广告的促销效果。

1. 从众心理的内在因素

公众对企业、商品的看法、态度和情绪反应，具有接受社会感染、顺从群体反应的倾向。从众心理是指在社会团体的压力下，公众放弃自己个人的意见而采取与大多数人一致的行为。公众处在社会中，由于实际存在的或头脑中想象的社会压力和团体压力，使公众产生与社会要求和团体要求相一致的信念与行为，从而改变了公众原来对企业、商品的看法和态度，放弃自己对企业、商品的原有意见，并且在行动上表现出来。

与从众心理相关联，公众还存在着感染心理效应。所谓感染心理效应，是指公众在对企业、商品的态度、看法及价值观基本相近的前提下，通过语言、表情、动作等方式引起其他公众相同的情绪反应和行为取向的过程，通常主要是公众间的情绪传递。公众间的这些从众、感染心理效应可以把企业的潜在公众吸引过来，并同化为知晓公众和消费行为公众，从而扩大企业、商品的公众队伍，并强化公众消费行为。

2. 制造从众的技巧

在通常情况下，公众的从众、感染心理现象都是自发产生的，但是也可以转化为自觉的过程，为广告宣传营造良好的心理氛围。

（1）在广告作品中塑造理想化的生活模式，推广符合时代潮流的价值观念，为公众产生从众心理、感染心理制造信息模型。

（2）策划商务性演示活动和商品推介活动，重点征服一小部分公众，刻意建立一支乐意消费商品的公众队伍，使其他公众有一个顺从的基本榜样和感染源。

（3）开展多种宣传性活动和促销活动，引起众多的公众注意，扩大消费公众的活动规模和影响范围，为公众产生从众心理和感染心理创造基本的公众队伍。

（4）策划展示性、社会性商品宣传活动，配合公众间的从众、感染过程，制造出强化从众心理和感染心理的气氛，稳定和巩固公众的心理思维，从而扩大广告宣传的影响范围。

2.3.6 创造时尚策略

在公众中创造时尚，对扩大商品的消费队伍、增加商品的销量具有重要的作用。因此，在广告战略策划中，要有意识地运用创造时尚策略，直接作用于公众的群体性消费心理。

1. 时尚心理的内在因素

公众时尚是指社会上相当多的公众在某一较短的时间内，到处追求某种消费行为方式，人们相互之间发生了连续性感染。当企业在广告作品中提倡的价值观念、推荐的商品引起众多公众的注意、兴趣和模仿，并影响到社会中的其他公众，在公众中相互影响、迅速普及，形成一种具有代表性的生活方式、行为方式时，以某种商品、品牌形象为对象的时尚便形成了。

公众的时尚心理依赖舆论。舆论作为诱发时尚的心理性氛围，是指公众对某个为大家所普遍关注的企业、商品公开表达的一致性意见。公众舆论反映了多数公众对企业、商品的基本评价、一般认知和情感态度，是影响公众时尚心理的巨大力量。由于公众舆论反映了大多数公众对企业、商品的倾向性态度和评价，很容易为其他公众所接受，是企业影响公众时尚心理的重要手段，为公众产生时尚性心理活动提供参照系数，并直接引导、规范公众的消费取向。因此，巧妙地利用公众的舆论心理，就成为创造时尚心理的工作艺术。有意识地制造舆论，对公众进行舆论导向，这是企业创造时尚心理的重要途径。企业在广告活动中，宣传的内容必须符合公众的利益和心声，以引起公众的注意，产生心理共鸣，从而形成有利于时尚的舆论氛围。

2. 创造时尚的技巧

企业在广告宣传活动中，制造和利用公众的时尚心理为实现商品促销目标服务，应注意以下要求。

（1）有效刺激公众的心理。

（2）企业倡导的时尚要符合公众的经济消费水平。时尚只有以公众的经济条件为基础，才能获得公众的普遍响应。否则，公众只能望而生畏，敬而远之了。

（3）企业倡导的时尚要有社会效益，能给社会带来益处，这样才能获得公众和社会的承认和支持。否则会被政府制止或遭公众抵制，即使一时流行起来，也会倏然消失。

（4）企业倡导的时尚必须新颖，富有时代气息，能给公众以强烈的刺激，并利用各种大众传播媒体，做到"家喻户晓，人人皆知"，使之成为社会普遍性需求倾向，从而最大限度地推广时尚，扩大企业的消费公众队伍。

（5）讲究暗示、模仿和互动心理技巧的运用，扩大时尚的影响范围。在暗示影响下，经过情绪的相互感染和相互强化，公众就受到他人消费行为的刺激与影响，自觉地仿照其他公众的行为，使自己的行为与之相同或相似，这就是暗示机制。在时尚影响下，公众相互模仿，不断再现其他公众的行为，因而产生一致性的消费行为。在这种气氛下，公众的心理彼此烘托、相互强化，使情绪不断升级，消费行为日趋狂热，时尚行为便进入高峰，从而达到了广告宣传的目的。

2.3.7 标新立异策略

在现代广告中，标新立异是一种理想化的策划境界，能够有效地影响公众的心理，从而提高宣传活动的客观效果。在广告策划中，要高度重视标新立异策略的运用。

1. 标新立异策略的心理依据

标新立异策略有其科学性，其心理依据主要是喜新厌旧心理、好奇心理和创造心理。

（1）喜新厌旧心理。喜新厌旧心理是指公众厌恶使用已久物品而向往新近接触、拥有物品的心理倾向。

（2）好奇心理。好奇心理是公众对从未看见或接触过的物品怀有强烈的关注、探求欲望的心理。对新近出现或刚刚接触的事物，则比较敏感，期望了解其中的秘密，表现出强烈的探求愿望。

（3）创造心理。创造心理是指公众出于自我表现，赢得他人好评，获得社会荣誉而革新、改造旧事物的心理取向。社会条件下的公众，创造心理是比较强烈的，期望以此来展示自己的个性价值。为了创造，公众就会自觉关注新的事物，新材料、新技术、新款式都能够引起他们的密切注意。

2. 标新立异策略的运用技巧

在广告策划的整个过程中，都应该自觉运用标新立异策略，以全方位地增加广告宣传作品的新颖性和鲜明性。

（1）主题内容上的标新立异。主题内容上的标新立异是选择与其他企业的广告宣传作品截然不同的内容，作为广告创意与策划的主题，从根本上突出广告宣传作品的特色。

（2）人物符号上的标新立异。人物符号上的标新立异是选用具有个性特色的人物形象作为广告宣传的模特，借助人物形象的个性强化广告宣传作品的影响力。

（3）宣传用词上的标新立异。宣传用词上的标新立异是在不违反语言逻辑的前提下，创造与众不同的广告宣传标语和口号，以独特的语言风格增强广告作品的特色影响力。

（4）情节编排上的标新立异。设计广告表现情节时，应该突破常规思路，让作品情节的过程和表现形式完全出乎公众的预料，以独特的动感形象提高广告宣传作品的特色品位。

（5）音响技术上的标新立异。在广告策划中，应该高度重视播音语言、音乐、音响和节奏等声响要素的设计，使之既能准确表现企业形象和商品形象的意境，又具有个性色彩，从而有效地影响公众的感觉器官和心理思维，提高广告作品的辐射力。

（6）色彩设计上的标新立异。设计广告色彩时，要在充分尊重公众色彩心理、满足宣传信息表达需要的前提下，创造性地设计色彩组合，使之具有色彩艺术品位，以个性化的广告色彩系列刺激公众的视觉，加强宣传作品的影响。

（7）作品编排上的标新立异。作品编排上的标新立异是在广告作品的总体布局、编排结构上形成自己的特色风格，给公众以个性美的享受。

（8）宣传媒体上的标新立异。宣传媒体上的标新立异是指大胆选用新科技或新近出现的媒体进行广告宣传，利用媒体本身的新颖性引起公众的注意，达到宣传商品品牌和企业形象的目的。

（9）基调风格上的标新立异。基调风格上的标新立异是指从宣传样式、表现手法诸方面创造出自己特有的风格。

（10）宣传活动上的标新立异。宣传活动上的标新立异是指策划和组织有别于竞争企业的广告宣传活动、市场促销活动，来吸引公众，刺激公众的参与欲望，强化企业市场经营活动的特色，达到开拓消费市场的目的。

本章小结

广告心理包括广告与消费者的感觉和知觉、广告与消费者的记忆和思维、广告与消费者的注意和想象、广告与消费者的情绪和情感。

广告设计对公众心理的影响要通过公众需要心理、公众审美心理、公众色彩心理、公众线条心理、公众图案心理进行。

广告心理策略包括吸引注意策略、增强记忆策略、需求导向策略、时势策略、从众策略、创造时尚策略和标新立异策略。

复习思考题

1．概念

感觉　　知觉　　广告保持　　需求导向策略　　广告无意识记

2．选择题

（1）视觉是人类对外部世界的主要感觉器官，尤以_____视觉对广告心理作用更具意义。

  A．颜色　　　　　　　　B．动作　　　　　　　　C．语言

（2）色彩光波性质的差异，使广告受众在心理上觉得色彩有轻重的差别，最轻感的颜色是_____。

  A．白色　　　　　　　　B．黑色　　　　　　　　C．红色

（3）知觉的形成受人的以往_____及竞势作用等心理因素的影响。
　　A. 知识、经验、注意力
　　B. 知识、体力、注意力
　　C. 知识、经验、颜色
（4）广告作品设计的根本价值在于通过营造色彩化的氛围，有效地_____公众的重要心理。
　　A. 刺激、创造、满足
　　B. 刺激、创造、引导
　　C. 引导、创造、满足
（5）在通常情况下，公众的从众、感染心理现象都是_____产生的。
　　A. 自发　　　　　　B. 被动　　　　　　C. 引导

3．判断题
（1）人类对感觉的需求，以视觉为最高。（　　）
（2）色彩光波在传递速度上的差异，使人对色彩产生心理性的距离感，其中红色易使人产生远距离感。（　　）
（3）广告无意识记是在对广告内容、意义没有理解的情况下，依据广告的某些外部联系机械重复所进行的广告识记。（　　）
（4）需要是产生相应消费行为的根源。（　　）
（5）吸引公众对广告的注意是广告产生效果的基础，公众接受广告信息时，有意注意要多于无意注意。（　　）

4．填空题
（1）在策划、设计和宣传广告商品时，感觉可分为_____和_____。
（2）对色彩的感觉会因人而异，与其_____和_____有关。
（3）广告识记可分为_____、_____、_____。
（4）与广告设计有关的公众心理是_____、_____、_____、_____。
（5）广告心理策略主要有_____、_____、_____、_____、_____。

5．思考题
（1）简要说明消费者色彩轻重感觉的心理。
（2）广告设计中应如何协调处理好公众需要心理？请举例说明。
（3）在广告设计中应如何运用心理策略？
（4）如何根据市场消费潮流变化安排广告策略？

（5）试列举你所见到的别出心裁的广告。

实训题

爱立信企业广告片

父子篇

儿子：给您换了一个大彩电，看得清楚，又有遥控，坐哪儿都没问题。妈不在了，一个人吃饭不能随便，给您买了微波炉，又快又方便……您腰不好，有时间就用它按摩，很舒服呢。爸，我走了，有事呼我。

父：又不能在家吃饭了？

儿子：以后再说吧，哪儿不是吃饭。朋友多，天天都要应酬。爸，我走了。

儿子：我跟他们说了，今天哪里都不去。爸，我先做饭，吃完饭再陪您下两盘，很久没跟您下棋了。

字幕：沟通就是关怀。电信沟通，心意互通。

健康篇

妻：张医生来电话了没有？化验结果怎么样？

夫：你知道了？

妻：快说呀，他来电话了没有？

夫：你不见我在等吗？

妻：这么大的事也不跟我说一声。

夫：说什么，也许没什么事呢。

妻：没事，没事，要是有事怎么办？你现在什么都不跟我说，以前你不是这样的。结婚这么多年，什么事不是互相商量、互相分担？现在这么大的事情也不跟我说。

夫：有什么好说的，我自己也心烦呢。

妻：那我呢？我知道那件事情以后，我的心情你知道吗？

字幕：沟通就是分担。电信沟通，心意互通。

教师篇

女：张老师，您不用来接我。十几里山路，您身体不好，年纪又大，别来接我。

我永远忘不了家乡的小学校，永远忘不了班主任张老师。我是我们村里第一个大学生，没有张老师，就没有今天的我。工作、结婚、生孩子……越来越忙，一直没时间回去看看。后来，我为张老师装了部电话。这样，我又能经常听到张老师熟悉的声音。

孩子们：阿姨，阿姨……

字幕：沟通就是感激。电信沟通，心意互通。

爱情篇

年轻矿工：都说我们这一行很难找到对象，但我有一个非常好的女朋友……我们是通过别人介绍认识的，没见过面，她也从不寄照片给我。半年多了，我一直不知道她的样子！我的工作又脏又累，钱也赚得不多，但她说不介意，两个人之间重在了解，她注重好人品。我认定她是世界上最好的姑娘。我们终于约定见面的时间、地点，她说她穿一件红衣裳，我不停在猜，她究竟什么样子？见面时，她跟我开了个玩笑，但我立刻猜到她的意思。多少个人里我也能认出她，这就是她。

字幕：沟通就是爱。电信沟通，心意互通。

代沟篇

父：你留在里面，想想你的错，想不好别出来。

母：吵什么？有话慢慢讲。

父：有什么好讲的，他根本就不听，都是被你宠坏的。

母：这有什么关系，儿子长大了，有自己的思想，小时候他很喜欢跟你在一起，但现在他一看见你就跑。你了解他吗？你知道他想什么吗？一天到晚就是忙，你关心过孩子吗？你小时候不是也希望爸爸能多抽点时间跟你说话吗？你在外面不是很会交际吗？为什么回家就不懂跟儿子谈话？

字幕：沟通就是理解。电信沟通，心意互通。

实训要点：（1）爱立信为什么要这样做广告？谈谈你的看法。

（2）广告是针对哪些公众心理进行宣传的？

第 3 章

广告调查

◇ 本章学习目标 ◇

1. 了解广告调查是围绕广告活动而组织开展的调查研究活动,是整个广告活动的起点和基础。
2. 掌握广告调查的程序和方法。
3. 熟悉广告计划的制定及广告费用的预算。

引导案例

速溶咖啡在中国市场的开拓

中国人最早是喝茶的,但是在雀巢咖啡、麦氏咖啡的广告影响下,相当多的人也有了喝咖啡和用咖啡待客的习惯,且消费量日增。麦氏在西方是高品位的,其对象是有身份、有文化的知识分子,其销量不低于雀巢。可广告照搬到中国后,却因中国知识分子的消费能力偏低,影响了消费,而"滴滴香浓、意犹未尽"的广告语又太过文雅,且其早期用的是繁体字,不受青年人喜欢,因而影响了销路。在这种情况下,麦氏又做了调查,发现在中国有不少人出差,且大多喝茶。麦氏灵机一动,推出融合了糖、咖啡、奶粉的三合一咖啡,于是出差的人也能轻松地喝上咖啡。麦氏以此扩大了市场,培养了新的消费观念,除了知识分子,出差人员也可以喝咖啡而不一定喝茶了。麦氏咖啡通过改变诉求目标创造了需求,有了新的消费群体,使麦氏销量很快赶了上去。

没有调查就没有发言权,市场中有找不准的需求,没有卖不出去的产品。速溶咖啡改变诉求目标而获得市场这一事例生动地告诉了我们市场调查的重要性。

3.1 广告调查的作用和内容

3.1.1 广告调查的作用

广告调查是广告活动中一项最基础的工作,在广告宣传中扮演着极其重要的角色。企业的广告活动,都是从广告调查开始的。所谓广告调查,是指运用科学的方法有计划、有目的、系统而客观地收集、记录、整理与分析和广告活动有关的信息资料的过程。有人比喻,做生意而不做广告,等于"夜送秋波",但是做广告而不做广告调查则犹如"盲人骑瞎马"一样。

1. 为广告策划提供所需资料

广告调查主要是围绕广告目的系统地收集产品从生产到消费全过程的资料,最大限度地为广告决策提供各种信息,使广告策划人员对广告活动所处的环境有一个全面而深入的了解,对确定广告目标、制定广告战略、进行广告定位、明确广告传播对象、确定广告的诉求重点等各方面做到心中有数,使策划更有针对性,以取得较好的广告宣传效果。

2. 为广告创意和设计提供依据

广告活动是种创作性很强的活动,但由于它是一种目的性、功能性很强的商业活动,其创作不能随意加入创作者的主观爱好,必须围绕广告主的商业目的而展开,这就要求广告创意和设计必须建立在对产品、消费者和市场状况深入了解的基础上。可见,广告调查是创作有效广告的基础。

3. 为测定广告效果、评估广告活动提供手段

发布广告的最终目的在于良好的宣传效果,广告效果是广告主最关心的问题。要检验广告作用大小、测定广告效果的好坏,更好地改进和完善以后的广告活动,必须进行广告效果调查,这要在广告实施的各个阶段及广告活动结束之后多次进行。

在广告实施之前检验广告效果,可以反馈广告策划的适应性和精确度;在广告实施过程中,更离不开对广告效果的检验,以便及时修正广告策略;在广告活动结束后对广告效果的检验,则是评估整个广告活动的可靠依据。

3.1.2 广告调查的内容

1. 市场环境调查

市场环境调查是以一定的地区为对象,有计划地收集有关人口、政治、经济、文化和风土人情等情况。其目的是为广告主制定广告计划提供基础资料。

调查包括以下内容。

（1）人口统计。人口统计主要包括目标市场人口总数、性别、年龄构成、职业分布、收入情况，以及家庭户数、人口和婚姻状况等。通过这些数据的统计分析，可以为细分市场提供依据，从而为确定广告的诉求对象和诉求重点提供依据。

（2）社会文化与风土人情。社会文化与风土人情主要包括民族、文化特点、风俗习惯、民间禁忌、生活方式、流行风尚、民间节日和宗教信仰等内容。对这些内容进行分析，可以为确定广告创作的表现方式提供依据。

（3）政治经济。政治经济主要包括国家的政策、地方性政策法规、重大政治活动、政府机构情况、社会经济发展水平、工农业发展现状、商品布局等内容。通过对这些内容进行分析，可以为制定产品策略、市场销售策略和进行广告决策提供依据。

2．广告主经营情况调查

对广告主的经营情况进行调查，其目的是有的放矢地实施广告策略，强化广告诉求。调查的内容主要有以下五个方面。

（1）企业的历史。企业的历史主要包括企业成立时间的长短、成绩、社会地位和声誉等。

（2）企业设施和技术水平。企业设施和技术水平主要包括设备情况、操作技术等。

（3）企业人员概况。企业人员概况主要包括人员知识构成、素质技术构成、年龄构成、人员规模、科技成果和业务水平等。

（4）经营状况和管理水平。经营状况和管理水平主要包括工作机构、工作秩序、市场分布区域、流通渠道和公关业务等。

（5）经营管理措施。经营管理措施主要包括生产和销售目标、广告目标与措施、经营方式等。

3．产品情况调查

产品情况调查的目的是确定广告的诉求重点。产品情况调查主要包括以下内容。

（1）生产。生产主要包括生产历史、生产过程、生产设备、制造技术和原材料等。

（2）外观。外观主要包括外形特色、规格、花色、款式、质感和装潢等。

（3）类别。类别是指属于哪一类产品，如生产资料或消费品。

（4）功能。功能是指能给消费者带来哪些好处。

（5）生命周期。生命周期是指引入、成长、成熟、饱和、衰退几个时期。

（6）配套。配套是指与哪些产品配套使用。

（7）服务。服务是指销售（代办运输、送货上门、代为安装调试、培训）服务、售后（维修、保养）服务。

4．市场竞争性调查

市场竞争性调查的目的是为制定广告策略提供依据。调查的重点是产品的供求历史和现状，以及同类产品的销售情况。产品的市场竞争性调查内容有：广告产品与同类产品的市场容量及占有率、销售渠道、市场潜力、促销手段和广告策略等。

5．消费者（工商企业用户和社会个体消费者）调查

消费者调查的目的是为确定广告目标、广告对象、广告表现手法、广告策略、合理地选择媒体等，并为广告的发布时机提供依据。调查的内容有以下几个方面。

（1）消费者物质需求的调查。消费者物质需求的调查是调查消费者对广告产品需求的占有率。

（2）购买方式的调查。购买方式的调查是指调查消费者购买商品的行动（分散、零星、次数、数量）。

（3）购买决策的调查。购买决策的调查是指调查由谁决定购买、何时何处购买等。

6．企业形象调查

企业形象调查内容较多，如品牌形象、技术形象、市场形象、未来形象、企业风气、视觉识别、经营者形象等。在调查时往往从企业的广告接触度、企业认知度、企业评价度、企业印象度等方面入手，然后转化为具体的指数即企业的知名度和美誉度，得出具体的结论。

需要注意的是，企业的知名度和美誉度并不一定是成正比的。在塑造形象时，应当把美誉度放在重要的位置。

通过形象调查得到公众对形象认识的真实情况，再与企业自身设定的形象比较找出差距，这就是企业开展公共关系活动、企业广告活动的着重点，以便弥补差距，让理想形象与实际形象一致。

7．广告媒体调查

广告媒体调查是要了解各种广告媒体的经营情况、工作效能、覆盖范围，以及在预订目标市场的受众覆盖情况、媒体特征等内容，以便正确实施广告媒体策略，取得预期的广告效果。

广告媒体调查的内容包括以下几个方面。

（1）印刷类媒体的调查。重点放在报纸杂志和邮寄广告等媒体。

1）调查其性质。是日报还是晚报，是机关报还是行业报，是专业性还是知识性、趣味性，是邮寄送达还是零售、直接送达等。

2）调查其准确的发行量。发行量越大覆盖范围就越大，其广告费用就低。同时要调查在预订目标市场内的发行数量，以便了解在该区域内对广告的接触效果。

3）调查读者层次。如年龄、性别、职业、收入、是否读多种报刊及其所花的时间等。

4）调查发行周期。发行周期又称发行频率，指报刊发行日期的间隔数，如日报、周报、周刊、旬刊、月刊、季刊等。

（2）电子类媒体调查。重点放在广播、电视（包括有线电视）等媒体上。

1）调查其覆盖区域。即传播范围。

2）调查其节目的编排与组成。如哪些节目最有特色，其节目的质量和播送质量如何等。

3）调查收听、收视率。要精确到每个节目的收听、收视率，这是加强广告针对性的重要一环。

（3）其他媒体调查。除了大众传播媒体之外，户外广告、交通广告、特制品广告、POP广告等均归入这一类。主要调查它们的功能、特点、影响范围、广告费用等，对特制品广告还要注意与国家政策法规相结合。对POP广告、路牌广告、霓虹灯广告、交通广告的接触率，一般是通过进出商店的人流数、交通人流数、乘客人数等来测算的。

8．广告效果调查

广告效果调查分事前调查和事后调查。事后调查将在第8章中另行讨论。事前调查又称广告试查，是指广告在实施前对广告的目标对象做一次小范围的调查，了解消费者对该广告的反映，以此改进广告文案，加强广告效果。其调查对象应选自该产品的目标消费者。常用的方法是提供几种设计方案或同类商品不同的广告稿，询问其意见，逐一评论比较，以此检验哪个广告最有趣味、最令人喜爱、广告的意图更正确。

3.2 广告调查的程序和方法

3.2.1 广告调查的基本程序

由于某种原因广告调查的范围和内容十分广泛，对象与形式多种多样，目的与要求各不相同，因而各自的调查程序和步骤也不相同，但都要遵循广告调查的一般程序和步骤。

1．调查准备阶段

调查准备阶段是广告调查工作的开端，准备是否充分周到，对随后的实际调查工作的开展和调查质量影响很大，应引起足够的重视。具体分为以下三个步骤。

（1）确定调查的基本目的及必要的调查内容。在拟订正式广告调查计划前，先要对调查的问题进行初步分析。初步分析依据的资料是现有的基础资料、企业运转的实际情况、生产经营活动和产品的现状，或者是临时收集的有关外部资料。提出几个假设目标，然后缩小范围，选出最主要的目标，也就是明确广告调查的目的。

（2）拟订详细的调查计划及安排相关人员培训。把要调查的目标按主次排列以确定调查顺序；详细列出各种可能使用的资料及调查来源；详细列出各类协助调查人员须具备的学识和能力。

调查计划的主要内容有：调查目的要求、调查项目、调查对象、调查方法、调查费用、调查时间安排、调查人员组成及其分工等。与此同时，对参加调查活动的人员进行相应的培训。

（3）设计调查问卷。设计调查问卷是一项科学性、操作性十分强的活动，一般要注意：提问内容要简单；使用概念要清楚、明确，不要模棱两可；避免向被调查对象提出不合理要求，询问语言不应有任何暗示或引导。

2．调查实施阶段

这一阶段主要是组织调查人员深入实际，按照调查方案或调查提纲的要求，系统地收集各种可靠的资料和数据，听取被调查者的意见。它是广告调查活动的关键一环。

调查实施阶段一般分为两步走：一是采用文献调查法，收集企业内部相关档案资料和企业外部资料，包括以往调查报告、政府公告、新闻报道等第二手资料；二是采用实施调查法，由调查人员运用各种调查方法、技术，收集第一手资料，为草拟调查报告准备充足的证据资料。

3．分析和总结阶段

（1）整理分析调查资料。编辑、整理、汇总所收集的资料，必要时可对所收集的资料、问卷进行抽样核查、复检，然后把各种数字计算成绝对数、相对数、列表、制图等，以归纳和演绎等方法对资料予以综合分析研究，提出意见。

（2）提出调查报告。调查报告可以分成两种：一种是给广告业务的最高主管人的汇报，内容应尽可能简明扼要；另一种是给广告设计制作部门的技术资料报告，资料要尽可能详细完整。

调查报告由以下内容构成。

1）题目。它包括广告调查题目、报告日期、为谁制作、撰写人。

2）前言。它包括内容简介、提出背景、调查要点及所要解决的问题。

3）正文。它是调查报告的中心部分，包括详细资料、关键图表和数据以及调查方法等。

4）结论。它包括对调查目的、调查问题的解答和可行性建议。

5）附录。它包括资料来源、使用的统计方法、重要原始资料等。

4．评估反馈阶段

广告调查全面结束后，应对广告调查的各个阶段、各个步骤进行总的评估，包括调查方案、计划、方法等,以便改进、提高今后的调查工作及其质量。

3.2.2 广告调查的方法

广告调查的方法是指广告人员围绕广告活动,收集各种相关信息资料进而采用的具体方法。广告调查的方法很多,而且会随着科学技术的进步而不断发展。

1. 全面调查

全面调查是一种一次性的普查。它主要用于收集那些不能或不易通过其他调查方法取得的比较全面而精确的统计资料,要对与广告调查内容有关的应调查对象无一例外、普遍地进行调查,如企业普查、某种商品社会拥有量的普查、库存商品的普查等。方法有两种:一种是组织专门的调查机构和人员,对调查对象进行直接调查;另一种是利用机关团体、企业等内部的统计报表进行汇总。第二种方法比较简便,所以需要比较全面的统计资料时,常采用这种方法。

2. 典型调查

典型调查是以某些典型单位或典型消费者为对象进行调查,然后推测出一般情况的调查方法。这种方法适用于调查总体庞大,调查人员对总体情况非常了解,能准确地选择有代表性的单位或个体作为调查对象的情况。

3. 抽样调查

抽样调查是从应调查的对象中抽取一部分有代表性的对象进行调查,然后根据抽样的结果推断整体的性质。抽样调查方法不仅具有很高的科学性和准确性,而且省时、省力,是广告调查中最常用的方法,分为随机抽样和非随机抽样两大类。

4. 文献调查

文献调查是对已有的各种文献、档案等文字资料进行的调查研究,是对既存资料的使用。其最显著的优点就是可以节省用于基本调查活动所需的大量经费和时间。在采用文献法进行调查时,要了解文献资料的来源,并对其进行甄别和整理。

(1)文献调查的资料来源。文献资料主要是指企业内部资料与外部资料两类。广告调查的文献来源非常丰富,主要包括:广告主自身的资料库,档案库所存留的营销记录与相关资料,以前的调查研究材料,相关资讯公司、营销研究公司、市场调查咨询公司、媒体调查与研究公司、社会及大专院校图书馆、研究所、因特网、各类出版物及政府机构、行业协会、商会、消费者组织等。

计算机在信息处理能力方面的进步和在调查研究领域的广泛应用,以及广告公司和广告企业对信息的日益重视及不断完善的资料库,也为文献调查提供了更加便利的条件。

（2）文献资料的甄别和筛选。由于文献调查的资料来源复杂多样，与其他调查方式相比，有一定的特殊性，在调查中要特别注意资料可信度、时效性、统计口径一致性方面的甄别和筛选。

5. 访问法

访问法是指调查人员实地与调查对象进行接触，从中了解和收集信息的一种广告调查方法。访问法是在实地调查中获得资料的最可靠的途径。它的突出优点是可以在双方直接交流中考察对方对问题的反应，了解调查对象对广告产品或广告效果的意见。访问法又可分为入户访问法、街头访问法和电话访问法。

（1）入户访问法。入户访问法是一种面对面的调查方式。调查人员上门直接接触被访对象，比较具有亲和力，并能够对现场发现的一些新问题及时做出解释。这种方式应答率高，环境可控，有效性高。但较耗时间和人力财力，对调查人员的素质要求也较高。

（2）街头访问法。街头访问法是指在目标对象常出现的街头、路边，或者人流量较大的购物休闲场所、居民小区等地所做的现场调查。这种方法时间可控，不干扰被访者的私密空间，而且寻找样本较容易，成本低。

（3）电话访问法。电话访问法是一种简便、快捷和经济的方法。只要拥有良好的通信设施，就可进行访问调查。电话采访的方法有很大局限性。一般时间较短，只能问一些简单的问题，而无法进行深入调查。电话访问与入户访问相比，能够让被访者更有安全感，但遭到拒绝的机会较多。

6. 问卷调查

问卷调查是将广告调查的内容设计成调查问卷表发给（或邮寄给）被调查者，被调查者按要求填写问卷表后寄回该表，从而收集材料的一种调查方法。使用这种方法调查范围广、调查成本低，被调查者有比较充裕的时间考虑问题，填写答案。借助问卷进行调查在广告调查活动中最为常见。

（1）邮寄法。邮寄法是将问卷邮寄给特定的调查对象或任意的调查对象，由其填答后回寄给调查者的方法。

邮寄调查一般分为两种，一种是选定样本邮寄问卷，就是根据调查的具体内容从总体中选定若干样本，邮寄广告调查问卷至其手中，要求调查对象填写然后寄回。调查的资料较为准确，针对性比较强，但工作量太大。

另一种是不选定样本随赠问卷，即在广告发布媒体（如报纸、杂志）上刊登调查问卷或单独印制，随报纸、杂志赠送到读者手中，要求其填写寄回。调查范围比较广，针对性比较强，缺点是问卷回收率不能保证，偶然性很大。

（2）留置法。留置法是将问卷交由被调查者带回自行填写，保证其有充分的回答时间，再由调查员亲自前往回收。由于被调查者有充分的时间填写问卷,因此这种方法比较适合内容较多的问卷。

（3）网络调查法。网络调查法是将设计好的调查问卷公布在因特网上,由点击页面者自愿作答来进行调查。利用因特网进行调查,具有费用低、趣味性和保密性强、操作简单的优点。

7. 观察法

观察法是指通过对调查现场的情况进行直接观察以获取有关信息的调查方法。这种方法的特点是被调查对象感觉不到自己是在被调查,因此调查人员所获得的第一手资料就比较客观。

在广告调查中,观察法常用于检测售点的顾客流量、成交率,某路段的车流量、人流量,户外广告的注目率等。用观察法进行调查能及时了解现场的情况,但却只能发现外部表象,而很难了解到广告信息接受者的心理活动和消费动机等深层次的情况。

8. 实验法

实验法是把调查对象置于一定的条件下,通过小规模的实验来了解广告受众的评价意见,以及通过实验对比获取有关资料的方法。通常用于广告活动展开前研究消费者对产品口味或包装、产品价格、广告信息的反映等。

3.3 广告计划的制定

3.3.1 广告计划的概念及分类

广告计划是指为了完成企业的整体目标而预先制定的广告目标、内容、步骤和要采取的主要措施与方法。广告计划要体现广告目标、广告对象、广告创意、广告媒体、广告实现、广告评估等一系列决策。拟订广告计划可避免行动的盲目性,使广告活动按计划、有步骤地开展,有助于对广告活动进行科学管理,使广告活动取得最佳的经济效益。

广告计划根据企业的任务、目的、要求的不同,制定形式也不同,类型可分为以下几种。

（1）按时间分类。有长期广告计划、中期广告计划、短期广告计划和临时性广告计划。

1）长期广告计划。一般指 3~5 年以上的广告计划,是广告公司或广告部门配合企业的长远发展战略规划而制定的相应广告战略规划。

2）中期广告计划。一般指 1~3 年内的广告计划,它是根据长远发展广告战略规划的要求,结合企业的实际情况而定的。

3）短期广告计划。短期广告计划又称年度广告计划,是根据中期广告计划所规定的任务,结合当前经济发展的实际情况和企业的年度生产经营计划而制定的。一般又可分为季度计划与月度计划等。

4）临时性广告计划。临时性广告计划是指广告公司或企业广告部门为临时广告任务所制定的广告计划,或者根据市场营销环境的变化需要制定的补充性广告计划。

（2）按内容分类。分为广告调研计划、广告财务计划、广告媒体计划、广告创作计划、广告传播计划、广告经营计划、销售促进广告计划、公共关系广告计划、广告开发计划、广告人事计划等。

（3）按地区分类。分为国际性的广告计划、全国性的广告计划、区域性的广告计划和地方性的广告计划等。

（4）按商品分类。分为消费品广告计划、工业品广告计划与劳务广告计划,也可以细分为具体种类和品种的广告计划。

（5）按广告媒体分类。可分为综合运用各种媒体,如报刊、广告、电视的综合性广告媒体计划,以及只运用一种媒体的单一性广告媒体计划。

（6）按广告目标分类。分为直接行动性广告计划、间接行动性广告计划、告知性广告计划、劝服性广告计划、提醒性广告计划、知识性广告计划、理解性广告计划、偏爱性广告计划与购买意图性广告计划等。

（7）按商品生命周期分类。按照广告商品所处的不同生命周期阶段的要求可分为开拓期广告计划、竞争期广告计划与维持期广告计划等。

3.3.2 广告计划书的编制

编制广告计划书的目的是给广告活动提供一个行动大纲,对复杂的广告活动日程安排和行动予以协调。在计划某个广告活动的时候,广告商所做的每个决定必须和广告计划相吻合,那些和广告计划不相吻合的决定可能会导致广告计划失败。

广告计划样本由以下几部分组成。

1．引言

引言主要阐明广告的目的,说明这套计划的任务和广告所要达到的目标。撰写时一定要高度概括,使广告公司各部门和企业管理部门在看完这部分后,能对整个广告计划的主要内容有所了解。

2．环境分析

环境分析就是对那些影响产品或服务的情况进行调查。要对企业和产品的历史状况、产品的总体状况、产品的竞争状态等进行分析和评价。

3. 市场机会分析

市场是广告的基础，广告商要注意调查购买他们产品的顾客及这些顾客的购买动机。

（1）本企业产品或品牌的有关历史。阐明产品或品牌的历史背景、过去的广告预算、过去的广告主题、过去的媒体使用及费用情况、专利权或技术方面的历史情况、政治上或法律上的重大影响、目前在广告中所使用的创意主题、目前所面临的问题及机会、在未来计划期间可能影响产品或品牌的问题等。

（2）产品评估。以产品特点、成分、用途、消费者接受率与竞争者进行比较时，结果会如何；过去几年中对产品或市场有何改进、删除或放弃等；消费者对产品的看法与意见；现在正在使用产品的消费者有什么看法和意见；消费者购买产品是否方便，配销情况如何；中间商及零售商对产品的看法及意见，包装及产品的识别系统有什么问题；产品及品牌的知名度，本企业产品在竞争中有什么特点等。

（3）目标对象评估。主要包括目标对象的基本情况，如职业、婚姻状况、文化程度、年龄、家庭收入、社会阶层、地点分布等；目标对象的心理特点情况；目前行为特点情况，如产品的使用特点、使用频率，对产品品质、价格、包装、型号、品牌声誉的看法；产品目前主要解决了消费者什么问题；是否发生品牌使用转移等。

（4）竞争分析。主要分析主要竞争者和间接竞争者，目前及过去竞争的广告主题，本企业过去的广告在竞争中的长处及弱点，竞争者的包装设计、品牌命名的长处和弱点，过去的竞争广告及促销活动支出，竞争者费用支出的效果，竞争对批发、零售及消费者的影响等。

4. 广告目标

（1）根据以上分析，广告在本计划期间应达到什么目标。

（2）此目标与企业整体营销目标的关系。

（3）在此目标中最重要的是什么。

5. 广告目标的具体情况

（1）目标市场的确定。

（2）广告主题的确定。

（3）广告创意策略。

（4）媒体的选择与确定。

（5）广告实施计划。

（6）广告计划的指标体系确定。

6. 广告战略

根据定位研究和广告战略、战术的研究，确认广告战略的重点。

（1）用什么方法使商品在消费者心目中建立深刻难忘的印象。

（2）用什么方法刺激消费者，使消费者产生购买欲望。

（3）用什么方法开拓新市场，使潜在消费者改变以前的购买习惯而愿意购买所宣传产品。

（4）如何使消费者养成固定使用所宣传产品的习惯。

（5）从长远战略来看，如何使产品的市场渗透、市场扩展、产品发展取得优势。

7．广告战术

根据广告战略中所列的重点，详细说明广告刊播发布的一些细节，如选择什么样的媒体、选择哪一家、刊播多少次、刊播多长时间、中间间隔如何等，并且要说明之所以这样选择的原因及其他配合广告宣传的促销活动的开展情况。

8．广告预算分配

根据所选用的媒体及运用情况，详细地进行广告经费的预算分配。

9．广告效果预测

主要说明如果广告主同意这个计划的实施，将会实现引言中所设定的目标任务。

3.3.3 撰写广告计划书应注意的问题

广告计划书作为一种书面资料，撰写时应注意以下几点。

（1）简短扼要。一般要有明确和准确的结论表述，文字不能有疑义。用简明的事实或资料予以支持。

（2）少用代词。广告计划中不要用"我们"之类的代词。

（3）先写结论，然后简要证明。

（4）应说明论证资料来源。

（5）既要完整全面，又要突出重点问题。

3.4 广告费用的预算

3.4.1 广告预算的含义

广告预算是指企业投入广告活动的费用计划，它规定了在广告计划期限内开展广告活动所需要的经费总额、使用范围和使用方法。广告预算是一项系统性工程。它要求广告主首先确定准备用于开展广告活动费用的具体数目，而后再决定用于何种目的，以及于何时、何地使用这些广告经费。一个制定周全的广告预算要能够做到：经费数额不但能够保证实现预算的广告目标，而且还足以保证广告活动的连续性，为使广告活动能够适应经济环境、市场环境等因素变化及解决随时出现的问题，广告预算要具有一定的灵活性和伸缩性。

广告费用支出的多少直接取决于广告生产力及其能为广告主带来的收益，而确定广告预算规模，关键原因在于任何人都难以预料为实现既定目标或达到预期目的所需要付出的广告代价。支出额过少会降低广告效果，广告费过多广告主又难以负担。朗门（Kennech Logman）曾将广告与广告费用支出关系列成模式，如图3-1所示。他认为在不做任何广告的情况下，产品也有一定的销售量，为最低销量。另外产品都有一个最高销售量，这是由企业生产能力、市场情况及资料情况等决定的。在最低与最高销量之间广告是有作用的。朗门认为广告成功的关键在于用尽可能少的费用达到最大销量。这种思想可贯穿于广告预算中，即将广告作为一种投资，投资多少应与产生效益的多少进行比较。

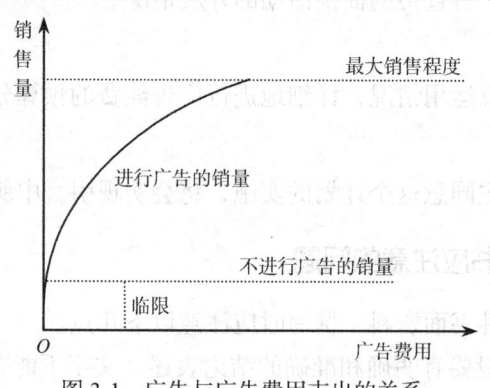

图3-1 广告与广告费用支出的关系

3.4.2 广告预算的内容

广告预算的内容主要包括广告调研策划费、广告设计费、广告制作费、广告媒体费和广告管理费及广告活动所需的机动费用。

（1）广告调研策划费占广告费总额的5%左右。目前国内许多企业不愿意支付这一部分费用。

（2）广告设计费和广告制作费占广告费用的5%~15%。一般而言，电视广告制作费远远高于广播和报刊广告的制作费。

（3）广告媒体费是指购买广告媒体使用权的费用。这是广告费用的主要组成部分，占总费用的80%~85%。这部分费用是影响广告主决定是否做广告的关键因素。

（4）广告管理费是指广告机构的办公费用和人员工资，占总费用的10%。

（5）广告活动所需的机动费用是指用于应付临时事件和意外变故的费用，一般占广告费用的5%左右。

以上五项是一般意义上的广告费用构成，其中广告媒体费和广告设计费是两项最基本的费用，任何企业的广告预算都少不了这两项。

3.4.3 影响广告预算的因素

现代广告经费预算，是与企业整体营销活动密切相关的一个重要环节。要想制定出周密合理的广告经费预算，必须以企业的整体营销活动及其营销条件作为出发点，并考虑以下影响因素。

（1）市场条件。企业所提供产品的质与量是否符合市场的需要，价格是否适当；它所提供的产品在时间和地点上是否符合消费者的需求等。

（2）市场趋势。未来市场的变化趋势如何、消费者的需求动向如何、市场竞争的发展趋势如何等。

（3）市场范围。企业产品的市场销售范围的大小、它的潜在销售范围及其地区分散程度等。

（4）竞争对象。企业产品的主要竞争对手是谁，它的市场占有率如何，它的品牌忠实度如何，它的竞争策略如何，它的广告战略与费用如何。

（5）销售目标。企业预订的销售数量、销售额及销售利润等销售目标如何，企业广告的目的是出于提高短期内的销售量还是为了促进长期的销售。

（6）产品生命周期及差别化。企业的产品处在市场生命周期的什么阶段上，是新产品还是老产品；是处在上升阶段的产品还是处于衰退阶段的产品；是差别化强的产品还是差别化弱的产品。

（7）市场细分及目标市场。企业是按照什么标准对市场进行细分的，这些市场细分的情况如何，企业的目标市场及策略如何。

（8）广告媒体与形式。企业打算采用什么样的广告媒体，是大众媒体还是促销媒体；企业广告的诉求内容如何；打算采用什么样的广告形式和制作手段等。

（9）销售促进及公共关系。企业广告所承担的销售促进与公共关系任务的有无及多少直接关系到广告预算数量的大小，如有的企业销售促进费用要超过广告费用的50%以上。

（10）企业财务的负担能力。企业财务的支出可能直接关系到广告经费的开支大小，如果企业的财务支出丰裕，就可有较大的选择余地，否则只能量入为出。

3.4.4 广告预算的程序

1. 预算

通过对上一年度销售额及历年来产品销售周期的分析，通过对市场变化趋势、消费者需求、市场竞争的变化等方面的预测,确定企业销售目标,制定企业营销战略和广告战略。

2. 分配

在一年的销售额中,大部分的产品会出现周期性的变化,即在某些月份产品销量较大,而在另外几个月中销售量又下降。由此可以确定一年之中广告费用总的分配方法,按季度或月份将固定的广告经费开支分配下去,接着将广告费用分配到不同的产品、地区和媒体,使广告活动和营销活动紧密结合。

3. 控制

根据广告计划的要求,在完成了上述广告费用的分配后,应同时确定各项广告费用要达到的效果,以及对每个时期、每项开支的记录方法。

4. 编制广告预算书

广告预算书是对广告预算的开支、计划和分配进行具体说明的书面报告。

广告预算书的基本格式如表3-1所示。

表3-1 广告预算书

委托单位: 　　　　　　　　　　　　负责人:
预算单位: 　　　　　　　　　　　　负责人:
广告预算项目: 　　　　　　　　　　期限:
广告预算总额: 　　　　　　　　　　预算员:
　　　　　　　　　　　　　　　　　日期:

项　目	开支内容	费　用	备　注
市场调研费			
1. 问卷设计			
2. 实地调查			
3. 资料整理			
4. 研究分析			
5. 上机费			
6. 其他			
广告设计费			
1. 报纸			
2. 杂志			
3. 电视			
4. 广播			

续表

项　　目	开支内容	费　用	备　注
5. 网络			
6. 张贴作品			
广告制作费			
1. 印刷费			
2. 摄制费			
3. 工程费			
4. 其他			
广告媒体租金			
1. 报纸			
2. 电视			
3. 电台			
4. 杂志			
5. 网络			
6. 其他			
演员酬金			
1. 明星			
2. 群众演员			
促销与公关费			
1. 促销活动			
2. 公关活动			
服务费			
机动费用			
其他杂费开支			
管理费用			
总　　计			

3.4.5　广告预算的方法

1. 目标达成法

目标达成法是根据企业的市场战略和销售目标，具体确定广告的目标，再根据广告要求所需采取的广告策略，制定出广告计划，再进行广告预算。

2. 销售额百分比法

销售额百分比法是按一定期限内的销售额的一定比例，计算出广告费总额。由于执行标准不一，又可分为计划销售额百分比法、上年销售额百分比法和两者的综合折中——平均折中销售额百分比法，以及计划销售增加额百分比法四种。

3. 总额包干法

根据广告宣传年度计划一次总额估计经费，报请企业领导审批。一经批准，总额就不再变动，专项开支也不做它用。广告工作人员在这个经费总额范围内支付全年的广告宣传活动经费，超支不再追加，留有节余可转下年度使用。

4. 项目费用汇总法

对年度计划中的各个广告宣传活动所需经费进行总额结算，上报领导。但这个预算只是概算，所需费用在每项广告宣传活动开展之前再提出精确预算。因此，实际花费的总额到年底结算后才能正式确定。

5. 比较定额法

比较定额法根据竞争对手广告宣传的活动经费数额确定企业广告费用，使企业在与对手竞争中处于有利地位。

6. 产值抽成法

根据企业本年度产值确定一个合适的比例，作为广告宣传活动经费。

7. 利润抽成法

按照企业本年度计划利润的一定比例，来确定广告宣传经费。

8. 支出余额法

企业把一年度中可支配的资金总额，扣除各项必须支出的预算额后，剩下的就是广告宣传经费预算额。

9. 销售单位法

销售单位法是以每件产品的广告费摊分来计算的广告预算方法。以计划销售额为基数进行计算，方法简便，特别适合于薄利多销商品。运用这一方法，可掌握各种商品的广告费开支及其变化规律，同时还可方便地掌握广告效果。

10. 任意增减法

任意增减法是以上年或前期广告费作为基数，根据财力和市场需要对其进行增减，以此做出广告预算。这种方法对于小企业极为适用。

3.4.6 广告预算的分配

1. 按广告的媒体进行分配

广告媒体费用一般占整个广告预算费用总额的 80%～90%，而广告信息的传播效果又主要是通过媒体效果来体现的，因此按照广告媒体的不同来分配广告预算是企业经常采用的方法。它又可以分为在不同媒体间的广告预算分配和在同一类型媒体内的广告预算分配。

2. 按广告的商品进行分配

在广告商品种类较少而分配地区又较多的情况下，企业广告部门除了要考虑按广告的媒体来分配广告预算之外，还要根据广告商品的不同情况采用不同的广告预算分配方案，如商品本身的性质、产品生命周期的情况、市场环境与竞争状况等。

3. 按广告的地区进行分配

如果商品种类较多，而销售地区又较集中，企业广告部门就可以采用按广告的不同地区分配不同的广告预算的方法。按照广告的地区进行预算分配，要根据各个地区对商品的现时需求和潜在需求、市场细分和目标市场的分布，以及市场竞争状况等因素合理分配。

4. 按广告的时间进行分配

对一些季节性强的商品和一些新上市的产品，企业还经常采用按广告的时间分配广告预算的方法。因此，就有长期性广告预算和短期性广告预算、突出性广告预算和均衡性广告预算，以及阶段性广告预算等不同的时间分配形式。

5. 按广告的对象进行分配

如果企业的销售目标比较集中、比较典型，企业还可以考虑采用按广告对象分配广告预算的方法。这种方法的优点是有利于提高广告宣传效果，有利于对广告预算及其效果的检验与测定。

6. 按广告的机能进行分配

在采用以上广告预算分配方法的同时，为了便于对广告财务的管理和监督，企业还经常采用按广告的不同机能分配广告预算的方法。按广告的机能分配广告预算，一般可按广告媒体费、广告制作费（含设计费）、一般管理费和广告调研费进行分配。这些费用还要根据是企业自营广告还是他营广告，或者两者兼而有之等不同情况而加以细分。

本章小结

广告调查是指运用科学的方法有计划、有目的、系统而客观地收集、记录、整理与分析和活动有关的信息资料的过程。

广告调查的作用体现在为广告策划提供所需资料，为广告创意和设计提供依据，为测定广告效果、评估广告活动提供手段。

广告调查的内容包括市场环境调查、广告主经营情况调查、产品情况调查、市场竞争性调查、消费者（工商企业用户和社会个体消费者）调查、企业形象调查、广告媒体调查、广告效果调查。

广告调查的基本程序主要是调查准备阶段、调查实施阶段、分析和总结阶段、评估反馈阶段。

广告调查的方法有全面调查、典型调查、抽样调查、文献调查、访问法、问卷调查、观察法、实验法。

广告计划是指为了完成企业的整体目标而预先制定的广告目标、内容、步骤和要采取的主要措施与方法。

广告计划可以按时间、内容、地区、商品、广告媒体、广告目标和商品生命周期分类。

广告计划书内容包括引言、环境分析、市场机会分析、广告目标、广告目标的具体情况、广告战略、广告战术、广告预算分配、广告效果预测。

在撰写广告计划书时应注意简短扼要；少用代词；先写结论，然后简要证明；要说明论证资料来源；既要完整全面，又要突出重点问题。

广告预算是指企业投入广告活动的费用计划，它规定了在广告计划期限内开展广告活动所需要的经费总额、使用范围和使用方法。

广告预算内容包括广告调研策划费、广告设计费、广告制作费、广告媒体费、广告管理费及广告活动所需的机动费用。

影响广告预算的因素有市场条件、市场趋势、市场范围、竞争对象、销售目标、产品生命周期及差别化、市场细分及目标市场、广告媒体与形式、销售促进及公共关系。

广告预算的程序是：预算、分配、控制、编制广告预算书。

广告预算的方法有目标达成法、销售额百分比法、总额包干法、项目费用汇总法、比较差额法、产值抽成法、利润抽成法、支出余额法、销售单位法和任意增减法。广告预算分配的依据是广告的媒体、广告的商品、广告的地区、广告的时间、广告的对象和广告的机能。

复习思考题

1. 概念

广告调查　　典型调查　　广告计划　　广告预算　　短期广告计划

2. 选择题

（1）广告市场竞争性调查内容包括_____。
　　A. 市场潜力　　　　　B. 市场购买力　　　　C. 市场容量

（2）广告调查工作中设计调查问卷是在_____阶段。
　　A. 调查准备　　　　　B. 调查实施　　　　　C. 调查评估

（3）广告计划根据企业的_____不同，制定形式也不同。
　　A. 任务、目的、环境　　　　　　　　B. 任务、目的、要求
　　C. 人员、目的、要求

（4）在计划每个广告活动的时候，广告商所做的每个决定和广告计划_____。
　　A. 相吻合　　　　　　B. 不吻合　　　　　　C. 大体吻合

（5）广告媒体费是指购买广告媒体使用权的费用，这是广告费用_____的组成部分。
　　A. 少量　　　　　　　B. 主要　　　　　　　C. 一般

3. 判断题

（1）广告调查是广告活动中一项最基础的工作，企业广告活动都是从广告调查开始的。（　　）

（2）广告媒体调查中对印刷类媒体的调查重点应放在调查其功能、特点、广告费用、影响范围等方面。（　　）

（3）网络调查法属于广告调查中的问卷调查。（　　）

（4）只有阅读广告计划书的广告战略部分才能对整个广告计划的主要内容有所了解。（　　）

（5）广告费用支出的多少直接取决于广告生产力及其能为广告主带来的收益。（　　）

4. 填空题

（1）广告市场环境调查包括_____、_____、_____。

（2）广告媒体调查主要是对_____、_____、_____的调查。

（3）访问调查的方法主要有_____、_____、_____。

（4）广告计划按媒体可分为_____和_____。

（5）广告预算分配要按照_____、_____、_____、_____、_____来进行。

5．思考题

（1）为什么要进行广告调查？广告调查的主要内容是什么？

（2）广告市场调查的方法有哪些？

（3）撰写广告计划书应注意什么问题？

（4）广告预算是不是越多越好？为什么？

（5）广告费用预算的影响因素有哪些？

实训题

飞利浦的调查

调查的对象：已婚男性，家有黑白电视机。

调查过程：调查一开始，主持人问请来座谈的被调查者，"您家里的电视机是什么牌子的？何时买的？是国产还是进口的？您是否想换成彩电？经济条件许可吗？想买什么牌子的？如何了解它的质量？对飞利浦公司了解吗？"

100%的被调查者都回答要买彩电，90%的愿意买进口原装的彩电，所举品牌均为日产，绝大多数人不知道飞利浦。

接下来，主持人请大家看录像。屏幕上出现了"飞利浦"字样、商标和标语"飞利浦——世界尖端技术的先导"。它的产品在分格画面中变换。30秒广告片播放完毕，主持人问："您从这部广告片中看到了什么？"这是在测定广告记忆效果。大家基本能说出大部分产品。还有个别人从中得到了飞利浦是家跨国公司的印象。

第二部广告片是京剧锣鼓效果，出现了京剧大花脸形象，用京白念道"我就是飞利浦"。

第三部广告片格局同第一部相似，但穿插了一些中国风光，一位飞利浦人一边转动地球仪，一边用生硬的中国话说："飞利浦是中国人民的老朋友。"

大家的倾向是第二部较好。

接着，主持人拿出16张系列广告图片，请大家传阅后回忆广告内容并谈一下自己的看法。最后又拿出飞利浦的专用字体和商标请大家评论哪一张效果好。

此次调查的意图一是摸清日本产品在中国的影响，以便竞争；二是中国市场彩电的购买倾向和经济能力;三是市场对彩电规格等的要求;四是飞利浦在当今中国消费者心目中的印象;五是中国消费者对广告的态度等。

实训要点:(1)飞利浦采用的是什么调查方法?你认为调查对他们有什么影响?

(2)你有过参加广告调查的经历吗?谈谈你的认识。

第 4 章

广告创意与策划

◇ **本章学习目标** ◇

1. 了解广告创意策划是广告创作的生命和灵魂,是广告人高度心智活动的过程。
2. 掌握广告创意策划的工作流程及广告创意思维与操作技巧。
3. 熟悉广告创意策划的内容和文案样式。

引导案例

冬天里的一瓶水

陈大治是市场营销咨询专家。东北海威市的一家饮料企业老板提出要求:从12月到来年1月仅仅两个月的时间内,要完成其产品"生命水"的上市;目标市场海威市的销售量要达到2万箱,终端数量达到700家! 2万箱,是其旺季销售的20倍;该企业原有的终端才100多个,两个月要达到700家。海威市人口才100万人,2万箱意味着每人都要喝一瓶"生命水"。

陈大治发现,这两个月是节日最多的时间段,有情人节、圣诞节、元旦、春节,正好可以利用。他决定组织"喝生命水,送超值美钻"活动,而且要大范围送,要无须多买水就可以得到,这样才能绝对超值。广告快速出台。

方法一:促销时间内赠送100颗美钻,每颗价值5 600元。采用抽奖方式确定获得者。

方法二:促销时间内,每购买2箱生命水,价值100元,可以获得价值800元的美钻购买代金券,在指定珠宝行购买美钻。

规定:一切规定于活动期内有效。消费者在指定珠宝行购买钻戒,能够享受7折优惠。

购买一颗钻戒，一次最多可用两张美钻购买代金券。

经过8周：出货量已达4万箱（均为款到发货，主要指渠道囤货）；终端动销近3万箱，平均每月1.5万箱，且有上升趋势；企业知名度已在海威市达100%；大经销商发展为6家，终端客户达1000家；最为重要的是，营销队伍已从4人发展到30人，并在活动过程中得到了实战锻炼与提高；海威市月销售量已稳定在旺季销量的30倍。

该活动震惊了饮品业同行，以至于某著名国际饮料公司快速跟进，送起了金条。

卖水，送美钻，可能吗？算这样一笔账：普通大小的裸钻在国外供应商的出货价一般是1000元左右，钻戒厂家加上的白金托是260元，钻戒也不过1260元，但珠宝行的零售价是5600元，如此大的差价空间，带来了机遇。

大批量进货得到一个合适的价格，找当地最大的珠宝行，要求联合完成促销活动。给珠宝行的价格，要远远低于珠宝行在正常渠道的进货价格，促销活动能给珠宝行带来众多顾客，可以赚取大量加工费并打击同行。要求珠宝行按原零售价的70%降价卖给消费者，以吸引更多顾客，但额外的要求是消费者要参加活动，凭活动券才可以获得优惠。

看来，不但送得起美钻，还能在美钻上获得甚至超过卖"生命水"的利润。对珠宝行来说带来了人气；对消费者来说，更是百分之百得到了实惠，太超值了！

"喝生命水，送超值美钻"。小广告掀起了大波涛，圆了厂家销售梦，圆了店家人气梦，更圆了消费者钻石梦，而这一切都来源于广告的一个创意。这也告诉我们，在市场经济条件下，只有想不到的，没有做不到的。你认为呢？

4.1 广告创意

现代广告的核心在于创意，其魅力也在于创意。根据广告宣传的商品特性，构思、创作出融艺术品位与感人情节于一体的广告作品，是广告创意的基本任务。创意是广告宣传的生命线，它不仅直接决定了广告宣传活动的品位及由此而形成的市场吸引力，还间接影响着企业形象的塑造。在经济全球化进程不断加快和以消费者为导向的新世纪，注意力经济促使人们比过去更加重视广告创意。

广告创意是一项灵感性、技巧性很强的工作。正确掌握广告创意的内容、创作过程及思维和技巧，才能取得良好的效果。

4.1.1 广告创意的含义

创意是构思过程，是设计剧情、安排情节的过程，强调的是以写实化的意境来表达某种观念、思想。创意是创新过程，是提出与众不同的活动方案，拟订出奇制胜措施的思维过程，强调新颖问题。创意的结论往往是某种点子、主意。广告创意是指为了达到广告目的，对广告主题、内容和表现形式所进行的构思或想象，是广告人员对广告活动进行的创意性思维活动。

广告创意是一种复杂的脑力劳动，存在于广告策划活动的全过程中，具有含义上的广泛性。每一项具体活动或某一作品主题的表现，都要服从于企业整体创意。广告创意中运用科学性原则、艺术性原则、目标性原则、真实性原则、简洁性原则、情感性原则、合规原则，通过构思、创造意境来表现主题，蕴涵了丰富的想象和魅力。一则有创意的广告，可以得到意境和品位上的延伸和升华，跳出商业气氛浓厚的"王婆卖瓜，自卖自夸"模式，巧妙地将广告与艺术糅合在一起，贴切传神地运用语气和画面，营造出一种寓意深刻的超然胜境，使人们由此产生联想、回味、追忆、感慨、惊奇、赞叹等丰富的心理活动，并由此来激发消费者的情感和购买欲望。

4.1.2 广告创意的特征

1. 表现主题

广告创意是表现广告主题的构思和意念。所以，广告创意是以广告主题为核心的，不能随意偏离或转移广告主题，广告主题是广告创意的出发点和基础。广告创意能否出色地表现广告主题，直接关系到广告的效果。

海峡之声广播电台播出的"琴岛—利勃海尔电冰箱"广告，主题是说"琴岛—利勃海尔电冰箱最棒"。它具有新颖独到特点的创意就是为表现这一主题服务的。为了表现主题，它先以"沙鸥鸣叫、轮船汽笛声"作为背景音响，以起到营造海外归来气氛的作用；再从正文开始设计出轮船即将抵达青岛时小孙女与爷爷的对话场景，先是爷孙俩急于要买这种电冰箱，继而借用孙女的小朋友们的话点出广告主题，然后又通过爷爷对该电冰箱特点的介绍来证明广告主题的真实可靠性，起了进一步突出广告主题的作用。

2. 新颖独特

广告创意必须是一种与众不同、别出心裁的新观念、新设想、新理论。只有别具一格的广告创意才能吸引人们的注意，唤起人们的欲望，促成人们的购买行为。没有特色的广告不会有任何感染力，也不会产生广告效果。

万宝路香烟广告就很具特色：一位英俊粗犷的美国西部牛仔骑着一匹棕色的高头大马，在美国西部辽阔无垠的绿色草原上昂首奔腾，配以一句荡气回肠的画外音"这就是万宝路的世界"。整个画面没有出现香烟的形象，也根本不提香烟的质量如何、风味如何，它只是告诉观众，享受万宝路香烟就如同享受自由自在、豪放不羁的旷野跑马生活，而这种生活是受困于世俗尘嚣中的现代人所热切向往而又不能轻易得到的。这则广告的成功就在于创意新颖、独特而又不落俗套。

3. 意境优美

广告创意创造优美的意境，将媒体受众带到一个妙趣横生、难以忘怀的艺术境界中去，从而感染和说服媒体受众，使广告产品或服务的形象深深印在公众心中。

南方牌黑芝麻糊电视广告一开始就把观众带向童年的南方城镇：麻石小巷，黄昏，挑担的母女走进幽深的陋巷，小油灯悬在担子上，晃晃悠悠。小男孩跑出深宅，呼吸着飘出的香气。伴着木屐声、叫卖声和民谣似的音乐，传出画外音："小时候，一听见芝麻糊的叫卖声，我就再也坐不住……"小男孩搓着小手，神情迫不及待，锅里浓稠的芝麻糊翻腾着。小男孩埋头猛吃，吃完犹未尽，大嫂爱怜地又给他添上一勺，小男孩露出羞涩的表情。营造童年美好回忆的意境，是这则广告最突出的特点。

4. 形象化

任何广告作品都要确立一种广告形象，包括文字的、声音的、图案的形象。广告形象包含着特定的传播内容和方式，是经过创造性的构思而确定的。广告形象一方面必须是确定的，要使消费者一见就可以识别，使竞争者无法模仿或不便模仿；另一方面，广告形象与其所宣传的产品或服务必须相吻合、贴切，即广告创意所构思的广告形象在"性格"上要与广告策划中所确定的产品的"性格"相吻合。优秀的广告创意，总是力求让自己构想的广告形象既能表现产品的"性格"，又可以流传千家万户。

红旗牌轮胎塑造的广告形象就很成功。在《圆圆的世界》歌声中，广告文稿是这样开始的："圆圆的太阳照耀着圆圆的地球，圆圆的地球上转动着圆圆的轮胎，黑龙江省桦林橡胶厂是个圆圆的轮胎世界……"把圆圆的轮胎同圆圆世界中的圆圆太阳、圆圆地球联系起来，"圆圆的红旗牌轮胎"的广告形象因此显得栩栩如生、鲜明突出。

4.1.3 广告创意的原则

广告是一种功利性、实用性很强的经济行为，创意是以艺术创作为主要内容的广告活动，广告创意要达到促进商品销售、树立企业形象的目的，必须要遵循以下基本原则。

1. 目标原则

广告创意必须与广告目标和营销目标相吻合。在创意活动中，广告创意必须围绕着广告目标和营销目标进行，必须从广告服务对象出发，最终又回到服务对象。广告创意的轨道就是广告主的产品、企业和营销策略，任何艺术范围的营造都是为了刺激人们的消费心理，促成营销目标的实现。如果广告创意背离了目标原则，不管它多么美妙绝伦，都是一个不知所云的失败广告。

某冰箱广告，表现一个跋涉于戈壁滩的男子口渴难忍，忽遇一冰箱，遂从中拿出饮料狂饮。广告强调了口渴而将观众的视线吸引到了饮料上。此广告的败笔在于：它将广告创意和营销目标本末倒置，只让消费者停留在广告的本身，而忽视了广告中的商品。

2. 关注原则

广告创意要千方百计地吸引消费者的注意力，促使其关注广告内容，只有这样才能在消费者心中留下印象，发挥广告的作用。

20世纪60年代的中国台湾兰丽化妆公司的"只要青春不要痘"的广告就做得很成功。该公司为了推出新产品祛斑霜，在电视上做了这样一个广告：荧屏上首先闪出七个醒目大字"青春不要痘"，紧接着一位妙龄少女从人群中起来，用扇子遮住了面颊，显得十分忧伤，旁白道出"青春是美好的，但恼人的青春痘令人十分扫兴，既遮不住，又躲不掉"，一语道破了姑娘的苦恼所在，又说明了产品的特定用途。它紧紧抓住了消费者的心，给消费者留下深刻印象。这样，默默无闻的祛斑霜很快在市场上打开了销路。

3. 简洁原则

广告创意必须简单明了、纯真质朴、切中主题，才能使人过目不忘，印象深刻。如果刻意追求创意表现的情节化，面面俱到，必然使广告信息模糊不清。

《文汇报》于1993年1月25日用第一版整版篇幅刊登了"西泠空调"特大广告。这则广告的最大特点就是简洁。整版广告横向分割成上中下三大板块，上方用3厘米见方的特大字体分行标出题头语"今年夏天最冷的热门新闻"；中块是西泠空调的正面摄影图像；下块又分为上中下三部分：上部是一行与上端字体同样大小的正题"西泠冷气全面启动"；中间部分是用极小的字排的副题"正值严冬，却聊起夏天的话题，因为西泠冷气要解放今年的夏季"；下部才是产品介绍。

4. 合规原则

合规原则是指广告创意必须符合广告法规和广告的社会责任。随着广告事业的发展，广告的商业目标和社会伦理的冲突时有发生，广告主与对手竞争的火药味也越来越浓。因此，广告创意的内容必须要受广告法规、社会伦理道德，以及不同国家、不同地区风俗习惯的约束。保证广告文化的健康发展。例如，不能做香烟广告；不能做比较广告和以"性"为诉求点的广告；不能做违反风俗习惯、宗教信仰和价值观念的广告等。

1992年，希腊一家制鞋公司刊登了这样一幅广告：在雅典古城堡的胜利女神庙，在四个石柱女神像中间，一位现代装束的女郎迈步向前行走，镜头突出的是她脚下的鞋。广告刚一刊出，考古学者和文物工作者纷纷上告，认为这则广告有损希腊著名古迹的声誉，玷污了希腊人的宗教信仰。法院最后裁决广告违法，停止刊播并罚款。不久，意大利一家公司又做了一则可口可乐广告，将上述石柱女神像改成可口可乐瓶。最后导致希腊文化部出面交涉，意大利公司不得不收回该广告。这两起广告纠纷直接违反了希腊《广告法》的第三条："广告不得利用宗教经文、圣文、有关宗教的古迹，不得有损民族团结、文化传统。"

5. 情感原则

以情感为诉求重点是当今广告创意的主流，因为在一个高度成熟的社会里，消费者的消费意识日益成熟，他们追求的是一种与自己内心深处的情绪和情感相一致的"感情消费"，而不仅仅注重于广告商品的性能和特点。因此，若能在广告创意中注入浓浓的情感因素，便可以打动并影响消费者，达到非同一般的广告效果。许多成功的广告创意，都是在消费者的情感方面大做文章。

南方黑芝麻糊广告："黑芝麻糊哎！"随着一阵亲切而悠长的吆喝，一阵美妙而古朴的琴声，大嫂的芝麻糊担晃晃悠悠地出现了。一个天真活泼的小男孩听见吆喝声便再也坐不住了，很快地吃完了一碗香甜可口的黑芝麻糊，但意犹未尽，于是就一遍又一遍地舔那碗底。大嫂忍不住笑了，又给孩子添了半勺……

这个广告播出后，南方黑芝麻糊厂很快就从一家默默无闻的小厂，发展成一个全国著名的黑色食品集团。同时，这个广告片荣获第三届全国广告作品评选一等奖，还催生出一大批"文化怀旧"之作。

4.1.4 广告创意的基本过程

遵循广告创意的操作过程是成功创意的保证。詹姆斯·韦伯·扬在20世纪60年代提出广告创意五阶段说：广告创意的产生如同生产福特汽车那么肯定，创意并非一刹那的灵光乍现，而是经过了一个复杂而曲折的过程。创意靠广告人头脑中的各种知识和阅历累积而成，是通过一连串看不见、摸不着的心理过程制造出来的。

1. 收集资料开发信息，进行创意准备

独特新颖的广告创意不是凭空想象，而是建立在广泛收集资料、充分把握客观信息的基础上的创造性思维。收集资料进行信息的开发是广告创意的准备阶段，其核心是丰富广告创意的生活来源，为寻找广告创意的机会点创造条件。

广告创意需要收集的资料既包括与创意密切相关的产品、服务、消费者及竞争者等方面的特定资料，又包括日常生活素材、一般性知识和信息。特定资料的收集是广告创意的主要依据，创意者必须对此有全面而深刻的认识，才有可能在大量复杂的信息资料中，发现产品或服务与目标消费者之间存在的某种特殊的关联性。广告人应是生活中的有心人，应随时随地观察和体验生活，并把观察的新信息，体验到的新感觉收集记录下来，才能在创意中厚积薄发。广告创意人员的知识结构，资料收集、信息开发的能力和水平，就成为

直接影响广告创意质量的关键因素。

案例 4-1

速溶咖啡

20世纪四五十年代，随着生活节奏的加快，在咖啡市场中推出了一种不用费事、费时去煮、洗的速溶咖啡。速溶咖啡在美国投入市场后，销路与原来预料的大相径庭，于是厂家请了心理学家对消费者进行了有关为什么不喜欢速溶咖啡的调查。在最先采用的问卷调查中，由于采用直接询问法，很多被调查者都回答是因为不喜欢速溶咖啡的味道，而实际上速溶咖啡的味道是经过了测试的，与人们习惯使用的豆煮咖啡并没有什么差别。后来心理学家改用了间接的测量方法，才找出了消费者不喜欢速溶咖啡的真正原因，即家庭主妇担心购买、使用速溶咖啡会被人认为是懒惰的人，是不称职的妻子。得出这个结论后，厂家委托广告代理公司立即在广告策略上进行改变，不再单纯地诉求速溶咖啡的方便和味道的纯正，而是告诉家庭妇女，购买速溶咖啡，能节约更多时间做其他事情，如插花等，让她做个更称职的妻子。这样调整后，经过广告宣传，市场状况得到很大的改变。由此可见，一个产品包括新产品的推广和老产品的市场拓展都离不开对市场、消费者的了解。

问题：速溶咖啡是如何打开销路的？

2. 分析归纳资料，进行创意探寻

这是从收集到的资料中导出结论的过程。在此阶段主要是分析、归纳资料，依据广告目标，列出广告商品与竞争商品的共性，列出广告商品与竞争商品的优势和局限，从而找出广告商品的竞争优势及其给消费者带来的利益点。

为了找到较好的创意突破点，应做到以下几点。

（1）机敏。在收集和分析信息时要敏锐地发现问题、悟出信息的内在特点与潜在的宣传机遇，形成基于广告调查资料之上的创意点子。

（2）及时。现代社会是一个快速变化的社会，公众的消费呈现以时尚为周期的浪潮特征，因此信息资料都具有较强的时效性。

（3）细心。分析资料时应细心，认真判断，积极思索，才能在看似平常的信息中，发现有价值的创意点子。

（4）富有逻辑。在分析资料时应运用社会学理论和现代科学方法论，进行合乎逻辑的判断，使创意性点子符合事物内在的规律，使其具有较高的实用价值。

（5）预见性。广告创意人员在对信息资料进行分析、开发应用时，应进行预测分析，避免就事论事，以期掌握主动权。

3. 积极思考，运用并改造素材，进行创意酝酿

这是广告创意的潜伏阶段。在这一阶段，广告创意人员为找到一个好的创意性点子，会在问题的引导下积极思考，运用、改造素材，把积累的形象、言语、片段等在脑海中进行各种排列组合，可谓绞尽脑汁、苦思冥想。如果依然百思不得其解时，可以暂时离开所思考的问题，让麻木的大脑自然冷却下来，这或许是最好的解决问题的方法，促使创意的灵感在轻松悠闲的状态中突然闪现。

4. 灵感闪现，顿悟产生创意

这是广告创意的产生阶段，即灵感闪现阶段。灵感闪现也称"尤里卡效应"。"尤里卡"是希腊语，意为"我想出来了"，源于古希腊科学家阿基米德灵感突现时的忘情呼喊，它标志着伟大创意的诞生。经过长时间的思考酝酿之后，会浮现出很多好创意，这些创意往往具有不同的特点，应做好记录，以备筛选。

可以说创意来自对素材的运用与改造，冯·奥克推荐了几种产生创意的技巧。

（1）调整。改变背景，想想除了显而易见的东西外，产品还有可能成为其他什么东西。"变"是广告唯一不变的真理，广告人员经常将毫不相干的人、事、物串联起来，令人耳目一新。于是，卖月饼可以跟"台湾奇迹"扯上关系，卖咖啡可以大谈星法（1990年欧香咖啡推出"咖啡星法方法论"广告），卖饮料可以与消费者分享心事（统一的"心情的故事广告"）等。

（2）想象。不要约束自己，让想象长出翅膀。

美国一家公司为新出品的燕麦片做广告。在广告画面上有一碟燕麦片，旁边立着一尊世人熟知的维纳斯雕像。她依然是那么仪态万方，亭亭玉立，但她那高雅沉静的神情外，还流露出一种悲哀或深深的遗憾之情。她呆望着那碟燕麦片，无可奈何。画片下的广告词巧妙幽默，一语道破天机："假如她有双臂的话……"

（3）颠倒。从反面看待事物，有时人们期望的结果的反面恰好具有很大的冲击力和记忆度。

美国市场对水果的质量要求很高，表面稍有斑点，就不能上货架。一年深秋，冰雹、霜冻给一些农场种植的苹果表面留下了斑点，批发商不进货，农场主面临积压的窘境。农场主请教了一家有名的广告公司，随即登出这样一条广告："人们都知道苹果是美国北方高山区特产，清脆爽口，香甜无比。那么怎样鉴别北方苹果呢？北方高寒地区往往寒流早到，如果受到冰雹袭击，它会给苹果表面留下斑斑点点，这并不影响质量，倒可以帮助我们鉴别。"当广告继续刊登、播出时，商店已出现了兴致勃勃地寻找带有斑点的苹果的消费者。

（4）联系。把两个毫不相干的想法合并在一起。

（5）比喻。用一个概念描述另一个概念，以利于人们理解。

（6）删节。删掉部分东西，或者打破常规，以找到最佳创意。

（7）滑稽模仿。幽默与创造性发现之间有着密切的关系。幽默展开了我们的思维，如果运用得当，就可能产生出色的创意。

5. 评论与分析，决定好的创意

将提出的创意的优点、缺点，是新奇还是平庸，是否有被采用的可能性逐一进行研究，以决定最好的创意。评论和分析可以从两方面进行：一是运用广告学及其相关的科学知识，对广告创意进行理论分析；二是运用相近的成败实例，进行对照分析，以此判断出创意是否与广告目标相吻合，是否切合诉求对象及所要选用的媒体特性，与竞争性商品的广告相比是否具有独特性。这样经过认真的研究和探讨，就可以从诸多的构思中选出优秀的构思，最后确定最好的创意。

大卫·奥格威为劳斯莱斯汽车创作的经典广告语"这辆新型的劳斯莱斯汽车时速达60英里（1英里=1.609 3公里）时，最大的噪声来自电钟"，就是由6位广告同人从26个不同的文案中优选出来的。因此，将广告创意构思交于专家、同事、公众进行批语修正，集思广益，反复验证，是获得优秀创意的重要途径。

上述产生创意的五个步骤简单明了，似乎并没有什么非同寻常之处，但实际上创意的产生是项非常艰苦的高智慧的劳动。创意产生的过程是必要的，并且这个过程具有明确严格的顺序性，如果打乱这个程序，将很难获得良好的创意效果。

4.2 广告创意思维及操作技巧

广告创意是广告人高度智慧的结晶，是一种创造性思维活动。追求新颖独特和别具一格的思维是人类认识和改造世界的一种主观能力，而创造性思维是创造新概念、新形式、新主题、新形象的思维方式，具有较强的积极进取性和探索性。只有具备了良好的创造性思维才能形成优秀的广告创意。

4.2.1 创造性思维的类型

1. 抽象思维

抽象思维又称理性思维，即人们在认识活动中，运用概念、判断、推理等思维形式，对客观现实进行间接、概括的反映过程，找出事物内在规律的一种概括性、论证性的思维活动。抽象思维贯穿于广告创意的全过程，在广告创意的酝酿阶段，需要运用抽象思维方法进行分析归纳，在评估阶段也要运用抽象思维对创意进行逻辑表述和证明。总之，在广告创意的各个阶段都要运用抽象思维进行科学的分析与综合，合理的归纳和演绎，严密的推理与论证。

2. 形象思维

形象思维又称直觉思维，即借助具体形象的生动性、实感性进行创造性思维的思维活动。形象思维是一种多途径、多回路的思维，它以直觉为基础，通过想象、幻觉，从一种事物引发联想产生创意。如一则反种族歧视的电视公益广告，用一双手在黑白两色钢琴键上弹奏悦耳动听的曲子，表达"黑与白也能够和睦相处"的广告主题。这种形象思维的方法，可使广告创意人员摆脱习惯性思维定式的困扰而产生奇思妙想。

3. 灵性思维

灵性思维又称顿悟思维。它是具有突发性、瞬时性、随机性的思维活动方式，是潜意识转化为显意识的一种特殊表现形态。进行潜能训练，挖掘潜意识在广告创意中的特殊作用，是广告创意原创性的一个重要课题。

4. 顺向思维

顺向思维就是按照常规定式思维，即按照常规定式，从小到大、从低到高、从前到后进行思考，自然顺畅，使人容易接受。虽然这种方法在处理常规性事物时具有一定的积极意义，但也应避免因这种思维形成的习惯定式而影响创新思维的开发。

5. 逆向思维

逆向思维是指逆着常规思路或信息的发展趋势，寻求创意的思维方式。在广告创意中，逆向思维往往能从反向中，找到出奇制胜的新思路、新点子。历史上许多经典的广告创意都是借助于逆向思维获得的。

6. 发散思维

发散思维又称扩散思维、辐射思维、开放思维等。这是一种由一点向外联想、发散思考的方法，即以思考对象为中心，从多个不同角度探索思维结论。在广告创意中，这种思维方式充分运用丰富的想象异想天开，调动积淀在大脑中的素材，通过重新的排列组合，产生新颖的创意点子。

7. 聚合思维

聚合思维又称收敛思维、集中思维。与发散思维相反，这是一种由外及内、异中求同、归纳集中的思维方式，即围绕需要解决的问题，运用多种方法和手段，在众多的信息中找出最优方法。在广告创意中运用聚合思维有利于创意的深刻性、系统性和全面性，特别是在选择创意和评估创意时具有重要意义。

8. 纵向思维

纵向思维又称垂直思维，按照事物产生、发展的既定方向，借助现有的知识、经验，从问题的正面进行上下垂直式思考。这是一种选择性的、分析性的、必然性的、排除不相关因素的思维方式。纵向思维具有单维性、历时性的特点，在广告创意中运用这种思维方式，能历史地、全面地看待问题，有利于思维的深刻和系统，但如果在某一个环节出现问题，将会使整个思维过程中断。

9. 横向思维

横向思维又称水平思维，通过改变原有定式、传统观念，经过分析比较，从多个方向找出新的思维原点，用全新的思维去思考，是一种激发性、跳跃性、探索最不可能途径的思维方式。横向思维具有多维、多角度和多方向的特点。在广告创意中运用这种思维方式，可以引发灵感，产生新的构思，获得意想不到的创意效果。

4.2.2 广告创意的方法

广告创意要获得成功，必须要遵循一定的方法，运用适当的技巧。常见的有如下四种方法。

1. 头脑风暴法

头脑风暴法又称脑力激荡法或智力激励法，此法最初由美国BBDO广告公司的奥斯本于1938年首创，现已被广告界广泛采用。它是借助于会议的形式，要求与会者在会议中进入一种兴奋状态，共同思考、相互启发和激励，闪电式、突击式、独创性地提出解决问题的思路，从而引发创意的操作方法。头脑风暴法后来又发展出默写式头脑风暴法、卡片式头脑风暴法等方法。

头脑风暴法的操作过程包括三个环节：确定议题——脑力激荡——筛选评估。

虽然头脑风暴法对提高创意的数量和质量具有促进作用，但也有其局限性。例如，对那些喜欢沉思而又颇具创造力的人来说，采用头脑风暴法可能难以发挥优势，与会者因时间限制争着发言可能会影响灵感迸发。

头脑风暴法的运作原则有以下四种。

（1）急风暴雨原则。头脑风暴法的原意是突发性的精神错乱，这就要求与会者在动脑会议中，如急风暴雨般快速思考，不断产生新的创造性点子。

（2）轻松自由原则。动脑会议强调营造轻松自由的氛围，使与会者不受任何约束，自由联想、自由思考、自由发言，以提出各种新奇的设想。当与会者对某个设想有不同意见时,应暂缓评价。

(3)精练简洁原则。这是对发言者在语言表达上的要求。与会者在陈述自己的设想时,要求语言精练、简洁。

(4)综合优化原则。头脑风暴法追求设想的数量,但最终的目的是通过相互启发,综合分析,彼此改进,最终找出解决问题的最佳方案,形成最优创意。

案例 4-2

西泠空调

1993年1月25日,《文汇报》头版刊出了西泠空调的整版广告:"今年夏天最冷的热门新闻 西泠冷气全面启动。"此举引起了国内外媒体的争相报道,其影响已经超过了广告本身的效果。这就是头脑风暴会议的结晶。

1992年的一个下午,来自奥美公司各部门的创意人员聚集在办公室。首先讨论的是电视广告,墙上贴着一张大白纸,大家讨论的一条条思路用各种颜色的笔记录在纸上。大白纸换了一张又一张,令人拍案叫绝的好点子仍然没有出现。晚上,大家又转移到创意总监的住处继续讨论。人们在聊天、娱乐中期待灵感的降临。天将发白时,好的点子终于出现了——突出西泠空调的静,几则电视广告的创意随之完成。

第一篇是"好的空调/没有声音/西泠冷气/以静制动/没有话说"。

第二篇是以冷为诉求点,"西泠冷气/现在启动/如果你要继续看电视/请添加衣服"。

第三篇推出促销活动,"有100台西泠冷气要免费送给你/详情请看某月某日的《文汇报》/请悄悄地读/不要声张/知道的人越多/你中奖的机会越少"。三个电视广告都没有一点声音,以突出静的特点,同时与其他声响泛滥的广告相区别。

问题:在进行广告创意时,如何应用头脑风暴法得到好的广告?

2.检核表法

为了有效地把握创意的目标和方向,奥斯本于1964年又提出了检核表法,即用一张清单对需要解决的问题一条一条地进行核查,从各个角度诱发出多种创造性设想。检核表通用性强、简便易行,一般由以下九个方面构成。

(1)转化。现有产品是否有其他用途,稍做改变后是否还有其他用途。

(2)适应。有无相似的东西,是否可以从中想出其他的东西。

(3)改变。改变原有的形状、颜色、气味、形式,能否有新效果,是否还有其他的改变方法。

(4)放大。能否扩大尺寸,添加附件,延长时间,增加强度,结果如何。

（5）缩小。能否缩小或减少什么，能否微型化，能否放低、变短、省略。

（6）代替。能否用其他成分、原料、其他过程代替。

（7）重组。将零件、部件、程序布局重组互换后效果如何。

（8）颠倒。能否将正反互换，目标与手段颠倒。

（9）组合。把这件东西和其他的东西组合起来会有怎样的结果。

后来检核表法又被通俗化为十二个"一"的检核表，即"加一加，减一减，扩一扩，变一变，缩一缩，联一联，改一改，学一学，代一代，搬一搬，反一反，定一定"。

检核表法对广告创意具有重要的启发意义，通过对问题的检核分析，能够诱发出新的创造性设想。

3. 联想法

联想就是借助想象，把相似的、相连的、相关的或在某一点有相似之处的事物加以联结，以产生新构想。通过联想，可以发现物体的象征意义，可以找到抽象概念的具象体现，从而使信息具有更强的刺激性和冲击力。

通常联想分为接近联想、类似联想、对比联想和因果联想。

（1）接近联想。接近联想是由特定时空上的接近形成的联想。如由节日联想到礼品，由鸡舍联想到农田。

（2）类似联想。类似联想是由性质、形状和内容上的相似引发的联想。如把辣酱与火联系起来，把幼虫到成虫的"破蛹"过程与商场开业联系起来。

（3）对比联想。对比联想是由性质或特点上相反的事物引发的联想。如由燥热想到清凉，由平静想到激烈。

（4）因果联想。因果联想是由逻辑上有因果关系的事物引发的联想。如派克金笔，画面非常简洁，就是一张美国前总统罗斯福在文件上签字的照片，广告语是"总统用的是派克"。这使人们将派克与总统联系起来，从而为该品牌带来名贵高雅的色彩。

案例 4-3

买保险，送汽车电话

国内知名的电子通信产品商北京心力源源电子有限公司在 2002 年年初发起新的广告促销活动。活动期间，任何拥有汽车的消费者个人或者单位客户，可以完全免费得到一部摩托罗拉车载电话。受赠人所需履行的义务很简单：只需要将按照规定必须缴纳的汽车保险费交给、转移或延伸到心力源源公司的合作保险公司那里即可。全年赠送的总量将达到 1.4 亿元人民币。活动中，消费者得到了满足，而且无须付出额外代价；保险商得到了稳定和高价值的客户；代理商得到了合理的佣金；心力源源获得了市场、品牌和资金回报。

> 问题：这样多赢效果的广告有借鉴意义吗？为什么？

4．组合法

组合法又称游戏法或万花筒法。它是将原来的旧元素进行巧妙的重新组合或配置，以获得整体效应的创意方法。

广告创意的创新性并不是要"在消费者不需要的地方创造出需要来"，而更多的是帮助消费者发现已经存在的需要和利益点。正如詹姆斯·韦伯·扬所说，"创意完全是把原来的许多旧要素做新的组合，在心智上养成寻求各事实之间联系的习惯"，这是产生创意最重要的事。

大千世界，事物间都可能存在某种联系，无穷的创意来自巧妙的组合，就像万花筒，玻璃碎片的不同组合能够产生出变幻莫测、美妙无穷的新图案。具体组合的方法有以下四种。

（1）附加组合。附加组合是在产品原有的特性中补充或增加新的内容。

（2）异类组合。异类组合是将两种或两种以上不同产品或不同概念进行组合。

（3）同类组合。同类组合是若干事物的组合。

（4）重新组合。重新组合是在事物的原有组合分解后，再以新的意图重新组合。

4.2.3 广告创意的操作技巧

1．集中突破创意法

在创意的最初阶段，广告人员会收集大量的资料，通过分析整理和归纳，寻找公众最为关心的商品利益点，然后集中一点进行研究，从中引发创意构思，形成创意方案。如通常人们吃感冒药后都会有嗜睡的感觉，在生活和工作节奏不断加快的今天，人们期待一种既能解除感冒困扰，又不会带来不适或因服药后的困倦而影响工作的感冒药。"白加黑"感冒片"白天吃白片，不瞌睡；晚上吃黑片，睡得香"的利益点能够满足消费者的需求，解决了感冒疾病与日常生活的矛盾，广告创意所挖掘的商品利益点恰恰切合了公众的关心点，从而产生极强的市场效果。1995年上市仅半年营销额就突破1.6亿元，这一现象被称为"白加黑"的震撼，在营销传播界引起了强烈的反响。

2．形象创意法

广告人员在广告目标的指引下，通过心理想象活动，运用分析、比较、综合、类比等逻辑方法，对已有的意念通过加工、组合，最终建立一种可感、可知的具体形象，如场景、人或物的形象、画面、故事情节等，使抽象的概念形象化。

3. 逆向创意法

顺向创意是对显在的信息内容做出直观判断，以迎合人们正常思维的创意方法。逆向创意与顺向创意相反，是一种思维逆向运行的创意方法。由于人们对很多问题不熟悉，以至于用正常的思维方式很难打破思维惯性的局限。如果逆着常规思路和信息发展的趋势，往往有助于提供新的思路，激发出别具新意的创意方案。

4. 观念创意法

现代社会人们更加注重文化品位，因此在广告创意过程中，应重视对公众消费观念和社会价值观念的倡导。消费观念倡导创意法，就是通过提倡与商品相关的科学消费观念和消费方式，引导公众健康、文明地生活，进而宣传商品的创意方法。如衣物柔顺剂是近几年出现的新产品，广告宣传时，提出传统洗衣两步法是洗——漂，现代洗衣三步法则是洗——漂加柔顺。由于产品具有免熨烫、消除静电等特点，能够为公众的现实生活带来极大的方便和舒适，由此改变了人们的传统消费方式。

5. 幽默创意法

生活的快节奏使人们更加期待和向往轻松愉悦的氛围，以放松身心。幽默创意法就是用可感受情趣的方式，表达思想、感情、见解、态度及营销观念，使广告体现出风趣、机智和亲切的一种创意方法。

壳牌发动机油的报纸系列广告（见图4-1），采用的就是幽默的表现形式。其中一则广告画面是一辆抛锚的汽车，车盖掀起，浓烟滚滚，汽车零件散落在一片油污的地面上，车主在一旁狼狈不堪。广告语是"用冒牌油，受害者是你的车"。另一则广告画面也是一辆抛锚的汽车，车盖掀起，浓烟滚滚，车主心急如焚，用脚狠踹汽车，广告语是"你以为一样，但是你的车会辨别"。广告诙谐幽默，能够使公众在欢快愉悦中接受广告意向。

图4-1 壳牌发动机油报纸系列广告

6. 时机创意法

时机创意法就是根据人们特定的时机心理和大众心理，创造出相应宣传意境的方法。创意以节日文化或特定背景下的生活情景为主题，目的在于通过迎合社会性时机心理，以具有很强文化性的活动，来开展广告宣传，有效影响公众。常见的主要有社会节假日，包括国家性节日、国际性节日、纪念日等；社会重大活动期间，如奥林匹克运动会、世界杯足球赛、大型展览会等；公众热点期，如某些事件出现以后，公众会给予极大关注。在此时开展相应的宣传活动，能够产生良好的宣传效果。

7. 辐射创意法

辐射创意法是一种利用辐射线原理进行广告创意的方法。在确立一个问题点后，以此为中心点，向四周分解出各种变量坐标，而每个变量坐标又可以不断分解下去，然后用辐射线平面相关的办法寻求新的创意。即以宣传对象为出发点，通过想象、类比、幻觉等心理过程，使思维在同一个来源上朝着不同的方向扩展，以诱发出各种新构思，形成系列化的广告宣传意境。

8. 悬念创意法

广告人员利用人们的好奇心而欲知下文的心理，在广告中先不说明广告的产品，而是预设伏笔，将商品委婉地表现出来，让公众在好奇心的驱使下，加以猜测，最后再一语道破，从而给公众留下深刻的印象。

半个世纪前，上海的"鹤鸣"鞋店就运用了悬念创意宣传其产品。该鞋店在报纸预订了三天的广告版面，利用开"天窗"的形式，制造悬念。第一天，"天窗"中央只出现了一个"？"，下方写着"欲知详情，请见明日报本栏"；第二天，如法炮制；到了第三天刊出"三人行必有我师，三人行必穿我鞋——鹤鸣皮鞋"的广告。通过利用人们的好奇心，诱导其关注"天窗"的内容，加深了对该产品的印象，收到了良好的宣传效果。

9. 新奇创意法

对公众而言，新奇意味着娱乐，因而他们对新奇的事物始终都有强烈的兴趣，这是开展广告宣传的极好切入口。新奇创意法就是谋求广告宣传在表现形式上的新颖奇特，以鲜明的手法和全新的方式给公众强烈的新鲜刺激，以满足公众的好奇心和娱乐需求，从而产生良好的广告宣传效果。

10. 灵感创意法

灵感创意法是指在已有经验和知识的基础上，由某些事物引发而突然产生的一种活跃的精神状态，形成创意构想的方法。在灵感状态下产生的创意，具有极强的新颖性和趣味性，较容易引起公众的注意。如邦迪创可贴的广告就是灵感创意的典型例子。

2000年，当时的韩国总统金大中和朝鲜主席金正日成功会晤，各国媒体争相报道，一张具有历史意义的照片刊登在各大报纸头版最显著的位置。广告人员看到这张照片时，灵感立刻出现了，"邦迪坚信，没有愈合不了的伤口"。该广告借助历史事件和政治人物，通过"邦迪坚信，没有愈合不了的伤口"的诉求，不但在公众面前树立起热爱和平、坚定的、具有博大胸怀和正义感的企业形象，而且巧妙地传达出产品给公众带来的消费利益点，的确无愧为国际大奖之作。

邦迪创可贴的另一则广告，画面是一张美国前总统克林顿与其夫人的照片，照片上有一道明显的裂痕，配上精彩的广告语"有时邦迪也爱莫能助"。两则广告具有异曲同工之妙。

4.3 广告策划

进行广告活动，必须事先进行策划。缜密的逻辑和周详的计划性是现代广告的重要特征，也是广告活动科学化、规范化的标志之一。广告案例是广告活动的生命和灵魂，在现代广告整体运作中处于核心地位，所有的广告活动都围绕着广告策划进行，并按照广告策划所确定的基本策略和谋略性安排实施和推进。因此，广告活动能否实现广告传播预期效果，取决于广告策划工作的周密和准确程度。

4.3.1 广告策划的含义

策划是指对未来活动的整体筹划或谋划，有计谋、打算、运筹、计划等含义，是立足当前、面向未来的整体设计，能有效地指导未来工作的开展，并取得良好的成效。策划是人们特有的创造性思维素质。

广告策划这一概念，是20世纪60年代英国BMB广告公司的创始人斯坦利·波利特在广告领域率先使用的，美国奇阿特·戴公司的推广使其蔚然成风。目前，广告策划的思想在国际广告界受到高度重视，并得以广泛运用。以策划为主体、以创意为中心的广告管理体系已在全球大多数国家得到实施。

广告策划就是根据广告主的营销计划和目标，在市场调查预测的基础上，对广告活动的战略和策略进行整体的、系统的筹划。广告策划为企业生产经营的各个方面服务，以科学的调查分析为基础，以极富创造性和效益性的宣传策略、诉求策略、表现策略和媒体策略为核心内容，以具有可操作性的广告策划文本为结果，以广告活动的效果评估为终结，追求广告活动过程的合理化和广告效果的最大化，显现了科学性、创造性和系统性的特点。

广告策划一般有两种：一种是单独性的，即对一个或几个单一性的广告活动进行策划，又称单项广告策划；另一种是系统的，具有较大的规模，是为同一目标而进行连续的、立体的各种不同广告活动的策划,即整体广告策划。整体广告策划是广告业务专业化水平不断提高、专业功能不断加强、专业化管理不断完善的结果,是现代广告活动发展的必由之路。它从市场调查开始,根据消费者的需求,对企业的生产和产品的设计进行指导,协调企业组织以消费者需求为中心的生产活动,并通过广告促销带动企业产品的销售。同时根据消费者对产品的反应,组织信息反馈,为企业下一步生产和产品开发提供进一步的信息服务和咨询。现代意义的广告策划基本上是以整体广告策划为共识的。

4.3.2 广告策划的特性

1. 目的性

广告策划不仅是对广告运作的策略指导,也是对广告运作的控制和管理。目的性是指进行广告策划时,应首先明确广告活动应达到什么目的,是为了扩大影响,提高知名度,创造名牌企业,追求社会效益,还是为了配合营销策略,抢占市场或促进产品销售,追求经济效益。通常每次广告活动只能实现其中的一两个目标,广告策划目的明确是保证广告策划顺利进行的关键所在。

2. 整体性

广告策划是一项专业性很强的系统工程。一方面,广告策划要服务于整个营销系统;另一方面,它自身又包含了多个环节和多项内容。广告策划的整体性要求首先要保持广告策略与营销策略的一致性,其次是保持广告活动自身的整体一致性。

3. 谋略性

广告策划活动是一项运用智谋进行创造性思维的理性活动,是策划者的谋略运筹,也是开发创造力的过程。

谋略性是广告活动的核心特征,它要求策划人员具有个人智慧的高智性和集体智慧的密集性。通过优势互补,协同作战,发现新问题,提出新设想、新观念,并创造性地解决问题。

4. 效益性

广告策划是以追求效益为目的的活动,它总是以取得较好的经济效益和社会效益为目的。任何广告活动都讲求投入产出,讲求实际效果,这是广告策划的根本目的所在。

讲求经济效益的效果应是:创造需求、创立名牌、减少流通费用。讲求社会效益则是:正确引导消费,倡导健康的生活观念和生活方式,鼓励良好的社会风尚和人际关系,灌输高尚的思想情操和文化修养。

5. 操作性

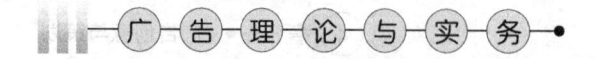

广告策划不仅是一种具有指导意义的方案，也是一种策略的实施措施，其最终目的就是在实际的运用过程中进行操作。广告策划必须具有能够付诸行动的计划和在市场行动中便于操作的方法。

6. 动态性

广告策划应该是富有弹性的、动态多变的。动态性主要是指广告战术策略应具有适应性，具有一定的弹性和灵活性。随时注意各种影响广告活动因素的发展，因时而变、因势而动，以适应多变的未来环境和条件。

7. 前瞻性

广告策划是对社会组织生存和发展的一种超前性的运筹谋划，是一项立足当前、着眼未来的智力活动。因此，策划人员应有把握全局、深谋远虑的前瞻性的头脑，并注重培养未来意识和超前意识，既要以系统、战略的眼光来认识和把握策划对象的发展趋势，又要用当代全新的观念、全新的思维来审时度势、运筹谋划，以保证策划水平的不断提高和实践结果的最优化。

4.3.3 广告策划的内容

1. 广告环境分析

广告策划在很大程度上受到广告发布的各种环境因素的影响。广告环境包括自然环境、国际环境、国内政治环境、产业环境、企业环境、商品环境及竞争对手的广告环境。对广告策划产生影响的资料主要有两大类别。

（1）企业内部资料。企业内部资料包括以下几个内容。

1）产品资料。通过产品调查，应着重掌握产品的特点和优势，并从中挖掘产品宣传的素材。产品因素对广告策划能产生影响的有以下三个方面：① 产品定位，即把产品塑造成什么样的形象，突出产品的什么特征，位置定在何处。② 产品的个性内涵，包括产品的档次、外观、结构、原料、产地、技术、质量、用途、制作工艺、包装、商标牌号等。产品个性不同，广告定位也会不同，并影响广告主题的选择。③ 产品的精神意义，即给人们精神需求方面带来的感受。另外，还应了解产品的不足之处，以保证广告宣传的真实性。

2）企业资料。应注意了解企业的历史和规模，企业先进的设备和技术，企业的质量优势、经营实力、市场占有率及发展规划等方面的情况，开拓广告创意的新思路。

3）销售渠道。对各地区市场零售网点进行分析，掌握商品的流转路线。广告活动要与销售渠道密切配合，使消费者看到广告后即能买到该商品。

4）企业广告情况。调查各种广告媒体对本企业和所经营商品的适宜性和宣传效果的评估，调查广告公司的选择和策划代理能力，以及广告计划、广告费用和广告效果等。

（2）企业外部资料。企业外部资料主要包括以下内容。

1）外部环境。外部环境的涉及面很广，与市场营销和广告策划有关的资料主要有三种：一是政策法规的影响；二是人口构成的影响；三是民情风俗的影响。

2）市场资料。研究分析市场需求信息和产品供应信息，把握市场需求总量和潜在量，找出产品的最佳销售时机。

3）消费者资料。通过消费者调查，了解和把握消费者的消费心理、消费需求和消费动机，从而确定广告对象。只有了解广告对象是谁，才能确定广告诉求的内容与方式。

4）竞争对手资料。首先必须弄清本产品、本企业的直接竞争者和间接竞争者的整体营销情况，其次是了解竞争对手的广告活动。通过以上综合分析，得出竞争对手的总体实力状况，这样才能在广告策划中采取相应的对策，取得企业竞争的胜利。

2. 广告目标确定

广告活动的目的在于提高商品的知名度，激发消费者的购买欲望，为实现营销目标进而实现企业目标服务。企业的广告目标有长期目标、短期目标、广告活动目标和特殊目标之分。在制定广告目标时，应尽可能制定出具体的指标和要求，并要注意广告目标的可行性和可控性。

3. 广告对象确定

在策划广告活动时，要把最可能的目标消费者找出来，才能确定广告活动的其他步骤。广告对象确定包括以下基本内容：① 广告对象是哪部分人；② 广告对象的关心点是什么；③ 广告对象的消费水平；④ 广告对象对产品的态度；⑤ 广告对象对广告的态度。

首先，必须根据市场细分化策略，把市场划分为不同类型的消费群体。其次，对其中的可能购买群体进行分析，找出他们的购买习惯、购买动机、爱好及行为等，从而把握某类消费群体的消费态度。最后，突出对消费者关心点的把握，摸准消费者的心理，才能有效地提出广告的诉求重点。

4. 广告传播区域确定

广告传播区域是指广告对象生活的区域与范围。对传播区域的确定要根据广告战略进行周密筹划，在原则上要突出重点区域，采取分阶段区域策略或层层滚动推进策略等，这些都要与企业营销策略相配合。

5. 广告主题确定

广告主题是广告所要表达的重点和中心思想，如何选择主题是广告策略的重要表现。广告主题的确定受到产品定位的制约，并要依据产品本身的特点，尤其要比较其他同类产品的特异之处，以及消费者的需求特性和使用特性。广告主题作为信息的焦点，在一个广告中不能有太多的诉求主题，而应根据不同情况进行筛选。

6．广告创意确定

广告创意是个极为复杂的创造性思维活动过程，其作用是把广告主题形象地表现出来。成功的广告创意可使广告作品在内容和形式上都焕然一新，具有强烈的感染力和感召力。广告策划中要运用各种思维方式，围绕主题把推销对象观念化、情感化，以最大限度地打动和说服消费者。

7．广告媒体选择

广告媒体种类繁多，不同的媒体具有不同的特征。媒体选择的原则是以最小的成本取得尽可能大的广告效果。媒体选择首先要根据广告目标来定；其次要考虑广告媒体的组合运用；最后要考虑媒体的费用，尽量选用经济、实用、效果好的媒体，以取得较好的投资效果。

8．广告经费预算

广告经费预算是要决定广告经费投入的数量、方向与时机，这样可以有效地对广告活动进行管理和控制，可以大大提高广告工作效率。合理、科学的广告经费预算能保证广告活动按计划进行。

9．广告实施策略确定

广告实施策略是为达到广告目标而采取的具体措施和手段。这些策略主要有：广告应在什么时间、什么地点发布出去，其发布的次数应该是多少，广告推出应采取什么样的方式，广告活动如何与企业整体促销策略相配合等。

10．广告效果评估

广告效果评估的内容包括广告目标是否准确、广告经费支出是否合理、广告目的是否达到等。

4.3.4 广告策划的程序

现代广告策划是集谋略与科学于一体的艺术，从操作角度看，科学性主要表现为程序性。为了保证广告策划的顺利和成功，广告策划人员必须严格按照广告操作的基本程序，遵循确定的工作方法和步骤进行策划。

一般而言，完整的广告策划过程可分为前期准备、市场分析、战略规划、制定计划、形成文本、实施与评估六个阶段。

1. 前期准备阶段

（1）成立广告策划小组。广告策划工作需要集合多方面的人员进行集体决策，因此首先要成立一个广告策划小组，作为整个广告活动的协调监督机构。其人员一般包括以下几类。

1）业务主管人员。业务主管人员一般由总经理、副总经理或业务部经理、创作总监、策划部经理等人担任，负责广告业务对外联络和协调工作。业务主管既代表广告公司与广告主洽谈广告业务，又代表广告主监督广告公司一切活动的开展，是广告公司的关键人物。业务主管的水平是衡量一个广告公司策划能力的标志之一。

2）专业策划人员。专业策划人员一般由策划部门的主管和业务骨干担任，具体负责广告策划报告的草拟和制定工作。

3）市场调查人员。市场调查人员负责市场状况的调查和分析，并写出市场调查报告。

4）文案写作人员。文案写作人员专门负责撰写各种广告文稿。

5）美术设计人员。美术设计人员专门负责进行各种视觉形象的设计，是策划小组的重要组成部分。

6）媒体联络人员。媒体联络人员专门负责媒体选择、媒体时段、版面购买等与媒体有关的业务。

7）公关人员。公关人员为广告公司营造融洽、和谐的公共关系氛围，获得有关方面的帮助和支持，同时能够从公关的角度提供建议。

（2）向有关部门下达任务，设定各项工作的时间进程。经过广告策划小组的初步协商，根据广告主的要求，初步向市场部、媒体部、策划部、设计制作部下达任务。这是对广告策划前期工作的落实。

2. 市场分析阶段

这是以策划小组为核心，组织联络各部门进行具体策划工作的开始阶段。

（1）进行市场调查、收集信息和相关资料。如营销环境、消费者、产品、企业和竞争对手的信息，以及企业与竞争对手在广告宣传方面的信息，并掌握相关的资料。

（2）对相关资料和数据进行研究分析，以便为有效的广告策划提供可靠依据。

3. 战略规划阶段

通过广告调查，广告策划人员基本上了解了企业、市场、公众及竞争的现状与发展趋势，然后就进入广告战略规划阶段。

（1）在集中并总结了前期市场调查研究结果的基础上，为制定广告策略做出决定性的选择。

（2）以创意和策划人员为中心，结合相关人员，根据前面的分析结果确定广告活动的具体目标，根据目标市场策略确定广告定位策略和广告诉求策略，进而确定广告创意和广告表现策略，根据产品、市场及广告特征提出合理的媒体组合策略和促销组合策略。

（3）战略规划还涉及广告机会的选择、广告计划的制定、广告预算，以及对广告效果进行事前预测、事后监测和反馈的方法。

4．制定计划阶段

将战略规划中属于策略性和思想性的各种意向，以具体的形式加以规范和确定。计划首先是确定广告运作的时间和空间范围，其次是对媒体的选择和组合做出限定，最后是确定广告的表现形式及广告与其他活动的配合。一个切实可行的广告计划，不但能够完善和补充广告策略中某些不足，而且是使广告策略能够进行操作的根本保证。

5．形成文本阶段

（1）根据市场调查结果、广告策略和操作战术，撰写出完整的广告策划书，并在广告策划小组内部进行审核和修改。

（2）将经过内部审核与修改后的广告策划书提交客户，对策划进行阐述说明，并且听取客户意见。

（3）根据与客户的商讨结果对广告策划再次进行修改，形成最后付诸实施的策划文本定稿。

6．实施与评估阶段

（1）计划的实施与监控。广告公司内部根据广告策划，进行广告作品的设计、制作、完稿，形成最终用于发布的广告作品。按照广告媒体计划组织广告媒体的预订、购买和广告发布，以及广告计划中规定的其他活动的实施。广告策划小组在整个过程中始终负有协调、监督和控制的职能。

（2）评估与总结。按照广告策划中规定的方法对广告的实际效果进行评估，并在广告计划实施完成后，对整个广告策划运作进行总结评价，撰写总结报告存档。

4.4 广告策划书的撰写

广告策划书是广告策划方案的物质载体，撰写广告策划书就是将广告调查分析结论及各项决策的诸多内容，以文书的形式表现出来，要求策划人员苦心钻研，做到科学、合理、清晰，具有可操作性，为展开广告宣传活动提供工作指南。

4.4.1 广告策划书的类别

由于广告活动开展的时间、实施地区、传播内容等有所不同，广告策划书可以根据策划任务的具体情况，分成不同类别。

（1）按广告策划的内容分类。按照广告策划所涉及的具体对象和重点，可分为广告目标策划、广告调研策划、广告主题策划、广告表现策略策划、广告效果评估策划等，策划书可根据不同类别拟订。

（2）按广告实施的地区范围分类。由于不同地区的人文特征和自然环境不同，广告策划必然根据特定地区的具体情况制定相应的策略。由此广告策划可分为国际性广告策划、全国性广告策划、地方性广告策划和区域性广告策划。

（3）按广告活动时间长短分类。按广告活动时间可分为长期广告策划和短期广告策划。长期广告策划是对广告整体战略的策划。短期广告策划是指为期一年以内的广告活动的策划或者是一个单项广告活动，广告策划书的内容相对比较集中。

（4）按广告商品的类别分类。按照不同的分类方法，商品可以分成不同的类别。针对不同的商品、不同的品牌，可进行不同的策划构思，拟订不同的广告策划书。

4.4.2 广告策划书的基本内容

广告策划书的基本构成包括标题、正文和署名三大部分。其中标题部分常用公文形式——"×××（项目）广告策划书（或企划书）"表达，有时也可采用主标题、副标题双重形式表达，如"东方之情，人生所有——×××广告策划书"，主标题点出整个宣传活动的中心，而副标题则指出了策划书的性质与内容。在署名部分，主要是写出整个广告作品的策划单位及写作时间。

在广告策划书中，正文部分是中心与主体，一般应包括以下几个方面的基本内容。

1. 前言

前言主要介绍广告策划项目的由来、经历的时间、指导思想、理论依据、事实依据及广告项目策划书的目录内容。

在写作中，这部分应简明扼要。

2. 市场分析

市场分析主要是把广告调查、分析结论表述出来，具体内容有以下四个方面。

（1）市场环境分析。市场环境分析包括国家经济形势与经济策略分析、市场文化分析（如法规文化、社会习俗、消费文化、文明程度等）、市场消费状况分析（如整体市场与分割市场的构成、有效需求的规模、公众消费的变化趋势等）、市场商品格局状况、竞争对手的广告策略及市场战略分析等内容。

（2）公众分析。公众分析包括消费者的构成分析（如人口构成、收入水平等）、消费能力分析（如消费心理、购买动机、频率等）、消费行为分析、消费时尚分析、消费态势走向分析、公众需求与商品之间的一致性分析等。

（3）产品分析。产品分析包括产品个性特征分析（如性能、质量、价格、原料、工艺、包装、外观等）、产品定位分析、服务项目分析、产品生命周期分析、品牌形象分析等。

（4）分析结论。分析结论是指立足于广告策划需要，表述分析、研究的结论，尤其是企业的经营情况；企业与产品形象分析结论；市场环境与市场要求分析结论；公众消费意识、经济条件与需求分析结论；企业在开发设计、生产管理、市场营销等方面存在的问题；公众市场为广告宣传活动所提供的机会点；企业优势为广告宣传活动所提供的支持点等。

在写作过程中，这部分应该条理化、写实化，注重运用调查数据、资料阐述分析结论。

3. 广告策略

这是广告策划书的重点部门，主要介绍广告决策、策划的基本结论。

（1）目标策略。目标策略主要介绍广告目标设想（包括广告总目标、阶段目标、具体宣传目标）、战略性方法（包括主体基本宣传方法、配合性宣传方法）、阶段广告工作任务。

（2）定位策略。定位策略介绍企业形象和品牌形象的定位建议、市场定位、宣传的商品品质定位、宣传观念定位等。

（3）媒体策略。媒体策略主要介绍广告媒体的分配规划（包括媒体分配、地理分配、时间分配、内容分配等方面的规划内容）、组合方式，以及媒体单位、选用理由、选用方式、选用次数、日期、持续时间、媒体启用时的注意事项等。

（4）诉求策略。诉求策略主要介绍本次广告宣传的诉求对象、诉求符号、诉求信息和诉求方式等。

（5）表现策略。表现策略主要介绍广告的主题表述、文案表述（包括平面广告作品文案、电视广告分镜头脚本）、各种广告媒体的表现（示形图景、格式化样本）、媒体规格及制作要求等。

在写作中，这一部分应该力求翔实具体、清晰明确，以写实化的手法描述出广告宣传作品的式样，给人以实体感。

4. 广告计划

这是执行广告宣传方案的计划，具体内容有以下四个部分。

（1）广告工作计划。广告工作计划主要介绍进行广告调查、创意、策划、设计、制作和实施的时间安排。

（2）广告发布计划。广告发布计划主要介绍广告媒体作品在各种媒体上推出的时机及其文化、心理上的象征意义，以及广告宣传的持续时间和终止时间等。

（3）其他活动计划。其他活动计划主要介绍配合广告宣传所策划的市场经营活动的时间安排，如公共关系活动、商务促销活动等。

（4）经费预算与分配。经费预算与分配主要介绍广告项目预算书。

5. 广告效果预测和监控

广告效果预测和监控主要包括对广告宣传活动的效果进行预测、广告媒体发布的监督和广告效果的测定。在写作中应该实事求是、简明扼要。

4.4.3 广告策划书的表达方式与评估论证

1. 广告策划书的表达方式

广告策划书常见的表达方式主要有两种，即条文形式和表格形式。条文形式是按照条款的逻辑顺序，条理化地陈述广告宣传活动的计划内容。表格形式主要借助图表来简要阐述广告宣传的计划内容。

2. 广告策划书的评估论证

广告策划书草案编写完成后，应组织有关力量对策划书草案进行评估和论证。评估可采用量表法，根据得分多少判断出优、良、中、差的组别，并据此做出修改。

广告策划书的撰写，既强调文字上的简洁性，又要注意内容上的翔实性、结构上的条理性，是科学与艺术的有机结合。

本章小结

广告创意是指为了达到广告目的，对广告主题、内容和表现形式所进行的构思或想象，是广告人员对广告活动进行的创意性思维活动。广告创意的特征表现在表现主题、新颖独特、意境优美、形象化。

广告创意的原则是目标原则、关注原则、简洁原则、合规原则、情感原则。广告创意的基本过程是：收集资料开发信息，进行创意准备；分析归纳资料，进行创意探寻；积极思考，运用并改造素材；进行创意酝酿；灵感闪现，顿悟产生创意；评论与分析，决定好的创意。

创造性思维的类型主要有抽象思维、形象思维、灵性思维、顺向思维、逆向思维、发散思维、聚合思维、纵向思维、横向思维。

广告创意的方法有头脑风暴法、检核表法、联想法、组合法。广告创意的操作技巧有集中突破创意法、形象创意法、逆向创意法、观念创意法、幽默创意法、时机创意法、辐射创意法、悬念创意法、新奇创意法、灵感创意法。

广告策划是根据广告主的营销计划和目标，在市场调查预测的基础上，对广告活动的战略和策略进行整体的、系统的筹划。广告策划的特性是目的性、整体性、谋略性、效益性、操作性、动态性、前瞻性。

广告策划的内容有广告环境分析、广告目标确定、广告对象确定、广告传播区域确定、广告主题确定、广告创意确定、广告媒体选择、广告经费预算、广告实施策略确定、广告效果评估。

广告策划的程序是前期准备阶段、市场分析阶段、战略规划阶段、制定计划阶段、形成文本阶段、实施与评估阶段。

广告策划书是广告策划方案的物质载体，撰写广告策划书就是将广告调查分析结论及各项决策的诸多内容，以文书的形式表现出来。

广告策划书的类别可以按广告策划的内容、广告实施的地区范围、广告活动时间长短、广告商品的类别进行划分。广告策划书的基本内容包括前言、市场分析、广告策略、广告计划、广告效果预测和监控。

广告策划书的表达方式有条文形式和表格形式两种。广告策划书编写完成后要进行评估和论证。

复习思考题

1. 概念

广告创意　　头脑风暴法　　联想法　　广告策划　　广告策划书

2. 选择题

（1）现代广告的核心是创意，广告创意是一项_____很强的工作。
　　A. 灵感性、技巧性　　　　　　B. 灵感性、操作性
　　C. 技巧性、操作性

（2）抽象思维是找出事物内在规律的一种_____的思维活动。
　　A. 概括性、论证性　　　　　　B. 生动性、实感性
　　C. 突发性、随机性

（3）检核表法通用性强，简便易行，一般构成中包括_____。
　　A. 适应、代替、组合　　　　　B. 适应、代替、联想
　　C. 适应、组合、联想

（4）广告策划不仅是对广告运作的策略指导，也是对广告运作的_____。
　　A. 控制和管理　　　　　　　　B. 监督和筹划
　　C. 控制和筹划

（5）广告策划书撰写出来要求手段清晰，具有_____。
　　A. 合理性　　　B. 可操作性　　　C. 经济性

3．判断题

（1）创意是创新过程，其结论往往是某种点子、主意。（　）
（2）形象思维是一种概括性、论证性的思维活动，是贯穿于广告创意全过程的。（　）
（3）集中突破创意法就是要寻找到最能产生利润的一点，集中进行研究以求形成创意方案。（　）
（4）广告策划就是追求广告活动过程的合理化和广告效果的最大化。（　）
（5）广告策划书常见的表达方式主要是表格形式。（　）

4．填空题

（1）一则有创意的广告，可以得到_____和_____上的延伸和升华，激发消费者的情感和购买欲望。
（2）为了找到好的创意突破口，应做到_____、_____、_____、_____、_____。
（3）联想通常分为_____、_____、_____、_____。
（4）灵感状态下的创意，具有极强的_____和_____，容易引起公众的注意。
（5）广告策划书包括_____、_____、_____、_____、_____五个方面的基本内容。

5．思考题

（1）如何理解广告创意？广告创意的特征是什么？
（2）广告创意的操作技巧有哪些？如何应用？
（3）广告创意的一个好的来源是什么？
（4）如何理解广告策划？广告策划的内容是什么？
（5）分析下列案例运用的是什么创意思维方法。

美国智威汤逊公司近年为华纳·兰伯特公司的剃须刀策划了一个广告，标题为"Schick Tracer Fx 剃须刀专为皮肤敏感的男人设计"，但创意却出人意料，把剃须刀泡沫抹满了下巴的是一位走红的女模特。只见她熟练地刮去下巴上的泡沫，接着说："这儿最敏感，就这儿！"既然年轻女子都敢用，即使男士皮肤敏感，还有什么可怕？

实训题

从三个彩电品牌的广告看广告创意策略的改变

金星彩电——无限真实的自然世界

一只狗发现了兔子，眼睛发光/兔子没有觉察，闲庭信步/狗小心翼翼地靠近/草丛摆动/

一场可怕的弱肉强食的情景就要发生/悬念/自然界的各种声音为此渲染/紧张的呼吸/狗跃起，猛扑过来/兔子惊恐万状，失声尖叫/随即听到"当"的一声/狗显然撞到了什么东西/因为过猛，摔倒在地，昏昏然爬起来，回头看到/兔子竟变成了吃人的猛虎/猛虎张开大口咆哮/吓得狗一路惨叫，仓皇逃走/我们这才看清，狗撞上了一台金星彩电/兔子和猛虎只是电视里的影像/归于平静的自然和自然里的彩电。

（资料来源：王依群. 创意故事. 北京：学习出版社，1996.）

上面是金星彩电电视片广告中的一组镜头。创作者本人认为，电视是具有广泛受众的媒体，众口难调。故金星广告片选择了一个与国产同类产品截然不同的视点，以动物为主角吸引不同层面的消费者。自然界的多姿多彩最能体现电视机这一产品的特质，而强烈的戏剧性、激烈的冲突、幽默的情节，是吸引和打动消费者的有效手段。

创维电视——看出生活真色彩

创维电视在报纸的系列广告中，先以一些易引起视觉错觉的例子设问："您认为哪一条直线更长？""您认为哪个圆更圆？"……进而说明"生活中总有些干扰因素，影响我们得出正确结论。凡事看清点，才能看得更真。创维彩电，图像更清晰，色彩更鲜艳，让你看得更清、更真"。

[资料来源：奖牌背景揭秘. 国际广告. 1997（6）.]

创作者认为，调查表明，消费者买电视最看重的是图像清晰和色彩鲜艳，而创维电视在这方面尤为突出，所以它的广告口号是："看出生活真色彩！"

为了寻找创维电视的广告策略，创作者充分挖掘消费者的心理特征：凡事看清点、才能看得真。因此可以通过树立创维电视真诚、实在的品牌形象，诉求创维电视的图像更清晰、色彩更鲜艳的卖点，来满足消费者的实际利益和心理需求。

康佳彩电——世界有你更精彩

因为有你世界变得好动情/因为有你时间变得好动心/不同的眼神，真实的脸/世界有你更精彩！这是康佳彩电广告片的文案。

康佳的广告片是这样表现的：画面背景灯光闪烁犹如电视荧屏的反光，不同人的笑脸与表情依次出现：小女孩胆怯的笑，男孩子一拍脑门幽默一笑，姑娘动情的微笑，没牙的老太太咧嘴的大笑，小女孩专注而略显迷惑，少妇动心的关注，一家三口幸福开怀的欢笑……各类观众的表情依次交替，广告片几乎全由笑脸特定构成，演员笑容传神，神采飞扬。

[资料来源：奖牌背景揭秘. 国际广告. 1997（6）.]

第 4 章 广告创意与策划

　　创作者认为,如果从"从城市走向世界"的品牌战略出发,很容易形成"康佳彩电,尽显世界色彩!"的主题。而从产品的使用者角度多进行点思考,就会产生出好多创意的机会,因为你最终要面对的是消费者!

　　实训要点:从上面三个同类产品的广告策略中,我们能看出什么?

第 5 章

广 告 制 作

◇ **本章学习目标** ◇

1. 了解广告文案的作用、类型、构成及写作的基本要求。
2. 掌握电视广告、广播广告、报纸广告和杂志广告及其他类型广告的特色与制作要求。
3. 熟悉各类广告制作上的共同点和差异性。

引导案例

金龙鱼的 1∶1∶1

2002 年，金龙鱼推出全新广告词 "1∶1∶1"。金龙鱼第二代调和油主要是为了应对鲁花花生油的进攻。它把鲁花主打的健康概念，向前推进了一大步。金龙鱼认为人体饮食中饱和脂肪酸、单不饱和脂肪酸和多不饱和脂肪酸达到 1∶1∶1 的比例时，最有益于健康。金龙鱼的成功反映了在消费品推广中，"健康牌"越来越重要。同时也表明，在同质化的激烈竞争中，中国市场仍然存在大量机会，只是需要企业提供更好的概念和升级产品推广技巧。金龙鱼面对严峻的市场挑战，拥有快速的反应能力。金龙鱼也是在食品油市场中，第一个和消费者讲道理，深度传播自己产品有益于健康的企业。从此以后，中国市场不再是只有保健品才和消费者讲道理了。

同质化的产品、激烈竞争的市场、艰难的商品销售、竞相压价的广告牌，这是中国市场上经常能看到的情景，但金龙鱼 1∶1∶1 的出现改变了这一切，使我们认识到原来产品也可以如此轻松地卖出去。

5.1 广告文案

广告作品由语言文字、画面、音乐等要素组成。广告文案是广告设计的重要方面，也是广告制作的前提和基础。撰写各种广告文案是广告从业人员的基本职责之一，它要求广告从业人员除具有高超的创意策划能力之外，还要具备很强的文案创作能力。因此，要把握广告文案的基本特点，掌握广告文案写作基本要求，熟练地运用广告创作的各种技巧，创造出优秀的广告作品，获取最佳的广告传播效果。

5.1.1 广告文案的含义

广告文案是指广告作品中用以表达广告主题和创意的所有文字处理和语言的总和。在定向作品的要素中，语言文字居于主要地位。任何一则广告都需要借助语言文字来表达其主题，无论采用哪种媒体传播信息，都离不开广告文案，而广告中画面、音乐的制作，往往是在语言文字的基础上进行再创作。一则图画广告中的语言文字能够比广告中的其他要素更准确、更有效地传达企业及商品信息。广告文案是广告的核心。在广告创作中，广告文案的创作是十分重要的，它的创作水平直接影响着广告的宣传效果。在撰写广告文案时，要考虑构思立意的深度和广度、图画与文字的密切配合，也要考虑广告的目标、对象、媒体等因素的总体效果。

5.1.2 广告文案的意义

广告的语言文字几乎是所有广告的灵魂和主体，是广告制作的意图，与广告成功与否关系巨大。

1. 引起注意

广告文案不同于文艺作品，文艺作品是人们出于爱好自愿花时间欣赏阅读的，而广告文案不同，视听者一般不愿花费精神自动收阅广告。因此，广告文案必须具有特殊感染力，能在瞬间引起注意，并吸引人们从头读到尾。

2. 刺激需求

广告文案不但告知人们有关商品、服务和企业的信息，如商品品牌名、品质、性能、功效、价格等，而且更重要的是通过信息的传播，引起消费者的购买兴趣，诱发购买欲望。因此，广告文案不仅能使消费者在视听后有正确的理解，疑难得到解答，而且要适应消费者的心理特点，刺激其心理需求。

3. 维持印象

广告促销与人员促销不同，人员促销往往是在购买现场当面拍板成交，广告促销则是起提示和潜移默化作用，消费者在接受广告以后，由于时间和空间的条件，可能在数周甚至数月后，才凭形成的印象而去购买商品。因此，广告文案的作用就在于能使消费者确立信念，维持印象，保持记忆。

4. 促成购买

广告的最终目的，是促成消费者购买广告的商品和服务，影响的对象既包括现实购买者，也包括潜在购买者。不管是推动哪种类型的消费者，广告文案都要有很强的号召力，从而促成消费者的购买行为。

5.1.3 广告文案的构成

通常所说的广告文案一般是指平面印刷广告的文字部分。广播广告文案称为广告脚本，影视广告文案称为故事版或故事提纲。

广告文案一般包括标题、正文、标语和附文四部分。

案例 5-1

美国奥尔巴克百货公司的广告

正标题：慷慨的旧货换新

副标题：带来你的太太

只要几块钱

……我们将给你一位新的女人

正文：为什么欺骗自己，认为你买不起最新的与最好的东西？在奥尔巴克百货公司，你不必为买美丽的东西而付高价。有无数种衣物供你选择——一切全新，一切使你兴奋。

现在就把你的太太带给我们，我们会把她换成可爱的新女人——仅花几块钱而已。这将是你有生以来最轻松愉快的付款。

标语：做千百万的生意，赚几分钱的利润

地址："奥尔巴克"纽渥克海尔塞市场，第34街帝国大厦对面。

1. 标题

标题即广告的题目，是广告文案中最重要的部分。标题体现了广告的宗旨，具有独特的功能。一是点明主题，引人注目。这是标题的最主要任务。广告的标题是以高度概括的语言表现广告的中心内容，表明广告的宗旨，使人们见标题而知文意。二是引起兴趣，诱读正文。广告的标题不但使关心某种商品广告的消费者从速阅读正文，而且还让无具体目的的人产生兴趣。三是加深印象，促进购买。标题简洁顺口，多次反复地看、听，就会起到口号的作用，给人们留下深刻的印象，继而产生购买的欲望，以及采取行动。

（1）广告标题的类型有以下三种。

1）直述式。直述式标题以简明扼要的文字表明广告的中心内容，使人们一看就清楚广告所表达的内容。

2）间接式。间接式标题不直接点明广告主题，而是用耐人寻味的语句诱人转读正文和看广告画面。这种标题富有情趣，以引人注目、诱发兴趣为主要目的。

3）复合式。复合式是指分别由引题、正标题、副标题等组成的标题群。为了加强标题的渲染效果，复合式标题已被广泛采用。

（2）广告标题的创作技巧。广告标题的创作方式多种多样，无论哪一种创作方式，都应以醒目独特、吸引公众注意为目的。

1）直接式。直接式是直接如实地把广告正文要点以简单的词句叙述出来，使人一目了然。如"上海通用汽车有限公司人员招聘洽谈会启事"、"景德镇陶瓷上海艺术中心"、"华夏证券，诚聘英才"、"松下爱妻号迎春优惠大联展"、"杜邦化学宝库"等。这种标题创作一般不加修饰，简单朴实，直截了当。

2）新闻式。新闻式是以带有新闻意味的词句来表述宣传内容。如"可口可乐红色足球热"、"中国迅达电梯有限公司蝉联五届全国十大合资企业称号"。人们阅读这种广告标题，就好像在阅读一条新闻消息一样，知晓了有关的宣传内容。

3）对比式。对比式是借用比较方式，突出产品的独特之处，加深公众的印象。如"虎年吉祥说吉话，长寿长乐你我他，不求荣华宝贵，但求长寿长乐"（长寿长乐补酒广告）、"看楼看尽全港九，太古城更胜一筹"（太古地产公司广告标题）。比较广告标题的创作应以产品质量和品牌形象为基础，不得借此贬低他人，抬高自己，而应公平地介绍自己，让公众做出决断。如上海市四川路在宣传中称"走走看看其他路，买卖请到四川路"，就比较科学，既达到了比较的目的，显示出自己的商业形象特点，又没有过分夸张地宣传自己。

4）提问式。提问式广告标题就是借公众的好奇心和欲知下文的心理要求，以提出问题的形式作为广告的标题，去引起公众思考。例如，房地产广告标题"平凡的大华人家始终热销，为什么？"，药品广告标题"咳痰不畅，怎么办？"。

提问式广告标题有时也摆出答案，即先提问，然后以答案形式告诉公众广告宣传的具体内容。例如，杂志广告标题"您想尽览管理科学的精华吗？请订阅《管理科学》"；餐厅广告标题"试问用餐哪里佳？理想去处是歌仙"。

5）颂扬式。颂扬式是从正面角度出发，选用赞颂广告企业、商品优点的词句作为标题，如上海新世界股份有限百货公司的广告语"十里南京路，一个新世界"；味精广告标题"制造美味的艺术大师"；胃药广告标题"医药界的辉煌成就"。这种广告标题能够使人留下美好的期望，容易引发消费行为。但在具体运用中，用词要符合实际，中肯贴切，不可夸大失实，否则就会使人产生反感，降低广告的宣传效果。

6）比喻式。比喻式是用比喻的方式拟订广告标题，这种标题把两种相近的事物拿来做比喻，便于人们理解和接受。例如，冰箱广告"同住一座楼，气味不相投"，意思是带格的冰箱就像楼一层一屋，互不串味。

7）说明式。说明式是围绕宣传的主题内容（如品名），以注解、说明的方式拟订标题。例如，"长虹，天上彩虹，人间长虹"；"索华空调，空调博士的杰作"；"松下爱妻号洗衣机+松下干洗机=家庭洗衣坊"等。

8）号召式。号召式是以鼓动性的词句作为广告标题，号召人们从速做出购买决定。这种标题成功的关键在于文字的鼓动性，要有力量或者具有强烈的心理作用（如激发逆反心理、发挥暗示作用等），使人们受到广告标题的鼓动，按照号召的提示去做。例如，上海健身公益广告标题"蹦蹦跳跳跑跑，快把身体练好"；螺旋藻广告标题"珍惜健康，热爱生命"；上海六百实业公司广告标题"让我们一起去上海六百"；展销会广告标题"最后三天，欲购从速"。

9）抒情式。抒情式是借用散文抒情的形式来拟订广告标语。由于这种标题情真意切、文字优美，能使公众产生喜悦之情和美好的向往，因而受到广告创作人员的喜欢。例如，红梅味精广告标题"红梅——献上颗颗爱心，洒下一片深情"；儿童用品广告"让您的宝宝和我们一起步入春天"。

10）庆贺式。庆贺式是企业在开业、庆典、获奖等情况下需要进行庆贺时，以祝贺的语言表达方式拟订的广告标题，其通常格式为"热烈祝贺×××！"，如"热烈祝贺江苏新科电子集团公司通过 ISO 9001 质量体系认证"、"热烈祝贺艾浓洗面皂荣获'世界蓝天奖'美容化妆品博览会金奖"。有时根据需要，可以把多个庆贺内容置于庆贺之中，形成强大的冲击力。

11）致谢式。致谢式是企业向广大公众表示感谢时，以感谢的语言表达方式拟订的广告标题，如"复旦大学出版社向广大读者致意"、"谨向支持关心我们的海内外各界朋友致谢"，都是典型的致谢式广告标题。

12）祝愿式。祝愿式是在社会节假日里，企业借助祝愿式的语言向广告公众表达节日问候，如"上海钟表商店恭贺新老顾客虎年吉祥、虎虎有生、万事如意"、"上海制皂有限公司向广大消费者恭贺新禧"。

广告标题的创作方式很多，除了上述几种以外，还有祈使式、提示式、承诺式、告诫式、假设式等方式。在实际工作中，应根据宣传产品、宣传目标的要求，具体问题具体分析，灵活有效地运用恰当的广告标题创作、表达方式。

（3）广告标题的写作要求如下。

1）标题一定要题文相符。

2）标题应开门见山，起到画龙点睛的作用，给人以丰富的联想。

3）用词贴切，不要生搬硬套，故弄玄虚。

4）标题不宜过长，最好控制在 12 字以内，尤其是正标题。

5）要把标题与图画视为一个整体，相互衬托。

6）正标题字体应区别于副标题和正文字体，位置醒目。

2．正文

正文是广告文案的主体部分。广告的目标和内容，主要是通过广告正文去传达的，它起着介绍商品、阐述承诺、形成印象和推动购买的作用。

正文的表现形式有六种类型。

（1）对话体正文。对话体正文是指把广告宣传的内容通过两个或几个人对话的方式表现出来。这在广播电视广告中最常见。

（2）描写体正文。描写体正文是指把一种商品或服务的功能或特点，用描写的手法进行合乎情理的描述和渲染。

（3）幽默体正文。幽默体正文是指用滑稽幽默语言和笔法，在活泼轻松及逗趣中宣传商品或服务。

（4）证书体正文。证书体正文是指用具有说服力的说明书形式传达广告内容，使目标受众信服。

（5）新闻体正文。新闻体广告文字，初看像新闻，细看是广告宣传，有较强的说服力。

（6）布告体正文。布告体正文是指依照布告写作的方式告知有关商品、服务或企业的信息，如开业启事、招聘广告、业务声明、商讯海报等。

3．标语

标语又叫口号，本是一种战时鼓动性语言，现用之于广告，即为广告标语。它是广告主从长远目标出发，设计并在一段较长时期内反复使用的一句话或几个字。如广东太阳神集团有限公司的"太阳神，让生命尽显健康本色"、湖北沙市活力 28 集团的"活力 28，沙市日化"、美国奥尔巴克百货公司的"做千百万的生意，赚几分钱的利润"等。

让消费者记住产品，是广告所要追求的效果之一，而对此最好的办法，就是采用一句好的标语。企业运用标语方式进行广告宣传，目的是帮助消费者理解和记牢一个确定的信息或观念。如日本丰田汽车公司在中国大陆广告上的习惯用语（标语）是"车到山前必有路，有路必有丰田车"。这个标语的反复使用，给人以强烈的印象，无形中也就成为人们购买商品时的选购依据。

（1）广告标语的类型。广告标语形式多样，种类繁多，不可能一一列举。根据其表现形式，可以把它归纳为以下四类。

1）号召式广告标语。号召式广告标语以鼓动号召公众购买商品、享用某种服务的词句作为口号，带有强烈的祈使、敦促、号召气息，因此颇具诱导性。

打个电话拜个年！（电信服务）

130越打越灵，售完为止快快快！（电信服务）

为了她的节日，献上您纯金般的心！（首饰）

请接受太阳的恩赐！（热水器）

2）赞扬式广告标语。赞扬式广告标语是指用赞扬的词句与口气，宣传企业的形象与产品的性能、特点、功能及优势。

掌中有宝，如虎添翼。（手机）

追赶时空，轻松到达。（电梯）

建造大家小家，难忘汇丽一家。（装潢材料）

世界看中国，中国有先科。（DVD）

3）抒情式广告标语。抒情式广告标语是采用抒情词句，营造情感氛围，冲击公众的情感心灵。

温馨浪漫美好，夜夜伴您逍遥！（夜总会）

甜甜蜜蜜，无限爱恋尽在其中。（饮料）

投入阳光绿意的自然生活。（房地产）

与爱人同行，永久最好！（永久自行车）

4）标题式广告标语。有时人们把广告标语放在广告标题的位置，起到代替广告标题的作用。如云丝顿香烟广告，只有"吸美国云丝顿，领略美国精神"一条标语放在广告顶端，没有再写标题。

（2）广告标语的创作技巧。广告标语的创作，不同于广告正文，有一些比较独特的创作方法。广告人员在具备良好的文学修养基础上，掌握了基本的广告标语创作方法和创作艺术，就可以创作出一流的广告标语，以有效地提高广告作品的品位。

广告标语创作技巧因人而异，但是各种创作技巧所蕴涵的创作方法是相同的。这里介绍一些常见的广告标语创作方法，对于提高创作技巧是有益的。

1）口语法。口语法是从人们日常生活的口语中，选择适合产品特点和宣传主题的口语作为标语。这种标语来源于公众的日常生活，口语化强，念起来很上口，因此具有较强的宣传作用。

爱拼就会赢。（百事可乐）

请喝可口可乐。（可口可乐）

总统用的是派克。（派克钢笔）

味道好极了！（雀巢咖啡）

让我们做得更好。（飞利浦）

2）排比法。排比法是指组织相同或大致相同的词、词组、句子，并列化、集中突出地宣传广告内容。

看新画王，听新画王，用新画王。（电器）

同样的天空下，我们开创一片不一样的天空；

同样的大地上，我们开创一个不一样的地方；

同样的时空里，我们提供您一次不一样的人生；

上帝创造天地，瑞联诠释天地。（房产公司）

3）夸张法。夸张法是指在不影响宣传内容真实性的前提下，对宣传内容的某一个特殊之处，做适当夸大或缩小，以引起公众的注意。在实际运用中，夸张法不能损害它的真实性，不能误导公众。

今年20，明年18。（肥皂）

松下彩电，你眼中的天堂。（电器）

震撼全球的感觉。（饮料）

不老宣言。（抗皱霜）

4）对偶法。对偶又称对仗，主要运用于对联、诗词、歌词写作中，是一种讲究语言工整、对应的艺术。在广告标语创作中，运用对偶法，可以创作出对仗工整的标语，这对增强广告作品的艺术性和可读性具有重要作用。

奉献一片爱心，均匀人间冷暖。（电器）

输入千言万语，奏了一片深情。（文字处理机）

件件称心，事事如意。（电器）

蓝蓝的火，浓浓的情。（燃气具）

四海名菜荟萃，五洲贵宾光临。（饭店）

5）顶真法。创作广告标语时，在遵循递进关系的前提下，让下句起始的字或词与上句末尾的字或词相同，这种方法就是顶真法。运用顶真法，不但要注意顶真的字或词相同，而且要注意递进关系，即后一句要说明前一句中被"顶"的字或词。

潇洒离不开飘鹰，飘鹰使您更潇洒！（飘鹰牌夹克衫）

买电视就要买金星,买金星就是买放心!(金星电视)

车到山前必有路,有路必有丰田车!(丰田汽车)

加佳进家家,家家爱加佳!(加佳牌洗衣粉)

6)谐音法。谐音法是用同音或近音字代替本字,使广告语形成一种特有的辞趣。这种创作技巧巧妙自然、言简意赅,把产品名称、企业名称、产品特性等与成语或俗语联系起来,寓意深远,能给人以深刻的印象。

欢庆"家"(佳)节。(房地产)

"汾酒"(分久)必"喝"(合),"喝酒"(合久)必"汾"(分)。(酒)

心地善"凉"(良)。(电风扇)

"闲"(贤)妻良母。(洗衣机)

"咳"(刻)不容缓。(桂龙药片)

"骑"(其)乐无比。(摩托车)

IBM 让您与世界自由"网"(往)来。(计算机)

默默无"蚊"(闻)。(洁士电热蚊香)

大"石"(事)化小,小"石"化了。(胆舒胶囊)

7)仿词法。仿词法是指通过对某一成语、谚语或诗词佳句中的个别字词进行形象化的换用,从而突出产品的名称或其性能,以引起消费者的注意。

对"痘"(症)下药。(中国台湾"青春痘"药物)

饮"乳"(水)思源。(某牛奶)

此处无"霜"(声)胜有"霜"(声)。(日本自动除霜电冰箱)

一唱"喔喔"(雄鸡)天下白。(上海喔喔食品公司)

8)比喻法。比喻法是指利用广告宣传内容与另一事物之间的某种相似性,用该事物象征宣传内容。这种创作方法若运用得好,能使广告标语既朴素又富有哲理,既形象又贴切。

像妈妈的手一样柔软。(童鞋)

清风大人驾到。(电风扇)

新鲜得犹如朝露。(鸡蛋公司)

它的眼睛是那么宽厚仁慈。(台灯)

9)双关法。双关是利用一词语或句子同时表达两种不同意义的修辞方法。如宣传鞋油的广告"第一流的产品,为足下增光"。"足下"同时有两种意思:① 指擦用该鞋油之后,脚下增加不少光彩。② 对朋友的敬称,为"足下增光"表示为您增添光彩。

10)反问法。对于显而易见的宣传内容,只问不答,比正面宣传更能引人注意。

灵广大厦,慧眼人岂可坐失良机?(房地产)

此处已摔死4人，你想成为第5位吗？（交通宣传）

我们宝贵的血液，为什么供臭虫果腹？（杀虫剂）

11）回环法。把一个词组分成两个词，然后把两个词的先后顺序颠倒过来，又构成一个新的词组，这样就可以回环往复地宣传某一个产品或企业。

电话发展我们，我们发展电话。（电话发展公司）

长城电扇，电扇长城。（电风扇）

万家乐，乐万家。（电器）

12）演化法。演化法是把大众所熟悉的成语、谚语、诗词、歌词加以局部改变，换掉原来的字词，镶嵌入宣传的内容。这种方法既能保留原来成语、谚语、诗词、歌词的基本格调，又加入了宣传内容，不仅便于公众记诵，而且可以使公众产生美好的联想。

"屋"（货）比三家。（房地产）

欲穷千里目　常饮"视力健"（医药）

上有天堂　下有"江南"（江南空调器）

13）重叠法。重叠法是把广告标语中的一些字、词有意地重叠起来，形成一种全新的韵味，使之读起来更加上口，达到宣传广告的目的。

潇潇洒洒特丽雅，漂漂亮亮伴一生。（皮鞋）

看看谁的运气佳，比比谁的手气好。（有奖销售）

丽姬点点，秀色年年。（化妆品）

14）押韵法。押韵就是使两句话的最后一个字韵母相同。用押韵法创作广告用语，可以使之平仄押韵，读起来上口，听起来入耳，以独特的音韵美感强化广告作品的影响。

多买多中，火速行动。（可口可乐促销）

美味伴我行，老爸寄深情。（老爸豆腐干）

活力28，沙市日化。（活力28洗衣粉）

人生之路，童装起步。（儿童服装）

强力配方，蟑螂死光光。（雷达杀虫剂）

标语与标题都是引人注目的语句，但也是有一定区别的。这种区别表现在两个方面：一是标题随着每次广告的目的和内容不同而改变，目的是诱导人们阅读正文；而标语是相对固定、长期使用的特定商业用语，目的是加深记忆，促使人们对此树立牢固的观念；二是标题一般放在广告的正文之前，位置相对固定；而标语在广告的正文之前之后均可，位置十分灵活。

4．附文

附文又称随文，是广告文案中敦促和引导消费者购买的信息，是广告内容的必要补充说明，如单位名称、地址、电话、评估方式、优惠条件、日期、联系人、网址、邮编、银行账号等。附文要方便目标客户在实施购买时，容易与广告主取得联系，及时办妥有关手续。要求格式化、简明扼要、准确无误。附文的内容在广告文案中不一定全部出现，要根据广告宣传目标和主题有所选择。一般位于广告版面的不显眼位置，用较小的字体表述。

5.1.4 广告文案的类型

1. 理性诉求型

人们从事各种各样的活动，大都是在理智的支配下进行的。人们购买商品时，对着成千上万种商品，买什么、不买什么总要经过一番了解、鉴别、选择和思考。尤其是在购买价格比较贵的、大件的商品时，更要经过认真的思考、斟酌，才可能下决心购买。

理性诉求型广告文案具有三个特点：第一，必须树立一个鲜明、突出的主题或中心思想，广告文案应紧紧围绕该中心思想展开，不能搞多中心；第二，为了表现主题，使之更具有说服力，必须选择具体的、充分的材料加以论证，这样才能令人信服，也就是说理性诉求型广告十分重视证据；第三，理性诉求型广告文案的结构应该严谨，层次清楚，突出重点，做到详略得当、言简意赅。

此类广告文案多适用于新产品广告、竞争激烈的比较广告、树立观念的宣传广告。

2. 情感诉求型

情感诉求型广告是以对读者或听者的感觉和情绪诉求为主，引起读者兴趣，启发联想，激发心理购买动机，刺激购买行为发生。这种广告暗示的作用很大，所以又称为暗示广告。如果说理性诉求型广告是采取"晓之以理"的途径促使阅读者采取购买行动的话，那么情感诉求型广告采取的是"动之以情"的途径，阅读者是由于受到广告文案的暗示而动情，受情绪的影响和支配而采取购买行动的。因此，这类广告文案的题材常常是那些最能打动读者、激起强烈情感的题材。例如，与人的健康、儿童的成长、经济利益有关的题材；能给人以舒适、安全、幸福的题材；能满足或激发人的好奇心、进取心、自尊心、同情心的题材等。

5.1.5 广告文案写作的基本要求

广告文案的创作与一般的文学创作不同，一个好的广告作品，除了必须根据产品或服务的特点，把内容清楚地表达出来，还必须能够引起目标消费者的浓厚兴趣，激发其购买欲望，直至产生购买行为。因此，只有根据广告文案的特点，正确领会广告文案的创作要求，才能创作出优秀的广告文案。

广告文案的创作涉及主题、取材、结构和语言诸方面，在创作时应符合以下基本要求。

1. 广告主题明确

广告主题的明确化是广告文案创作的基本要求。因为任何一个广告作品的容量都是有限的,只有主旨明确、主题鲜明,才能增强广告作品的吸引力,强化广告作品的感染力。同时明确单一的广告主题,也更便于公众理解。一般而言,广告文案的主题内容包括商品特征、商品给公众带来的利益、品牌形象、企业文化、企业优势、附加值形象等。进行广告文案创作时,首先应在这些主题内容中,选择其一作为主题;其次是必须使广告标题在内容、表达上和主旨一致,以直接简明的语言体现主旨的要点;最后是选择的文字材料要与主题相统一,通过与主题相关的文字材料,烘托出鲜明的宣传主题。

2. 广告内容准确真实

广告文案要准确地反映商品或企业的主要特点,挖掘出广告对象所包含的内在意义。真实、准确的广告文案内容,不但能够较好地宣传商品、展示企业形象,而且能够提高宣传作品的影响力。为确保广告宣传内容准确无误,进行广告文案创作时,就必须以丰富的真实材料为基础,广泛地收集材料,从材料中提炼观点,反映宣传内容的本质。在研究材料的基础上形成主题,并围绕主题取舍材料,以主题统率材料。可以说,只有经过材料的收集、鉴别、选择和使用等一系列环节,才能使广告文案从无到有,从雏形到内容完备。

3. 文案结构布局合理

广告文案是一种特殊的商业性应用文体,在结构上应力求单纯简明、布局严密。

在广告文案中,如果说主题是灵魂、材料是血肉的话,那么结构则是骨架。没有良好的文章结构,就不可能清楚地表达主题和材料内容。所以说,文案创作一定要注意布局,讲究开头和结尾,安排好层次、段落、过渡和照应,做到结构完整严密、层次清楚、简单明了。在设计文案结构时,首先要服从主题的需要,使结构更好地为主题服务;其次要注意文案的结构安排,做到前后呼应,有头有尾,有交代有照应,层次清晰,力求完整与统一,浑然一体。

4. 广告语言科学流畅

从某种程度上说,广告文案是一种语言艺术,其语言表达直接影响着广告宣传作品的感染力和冲击力,直接关系到最终的广告宣传效果。在广告文案的创作中,语言表达是否科学、准确,行文是否简明、流畅,是衡量文案创作水平的重要方面。因此创作广告文案时,应注意逻辑结构,讲究语法辞章、遣词造句,力求语言精练,行文简明、流畅。力戒滥用专业术语、模糊语言及不规范用语的现象。同时创作广告文案时,还应在用语上使之适应广告宣传内容、宣传方式、广告受众心理及宣传媒体特性的需要,创作出切合受众心理,符合宣传媒体需要的广告宣传文案,从而提高广告作品的感染力和冲击力。

5. 风格新奇且具艺术情趣

广告文案创作力求新颖、独特,且具艺术情趣,以激发公众的好奇心,并带给他们身心的愉悦和生活的轻松、惬意。所谓"新"就是广告文案应别出心裁、不落俗套,做到内容新和角度新，并能够提供有价值、有个性的信息。"奇"就是文案表达要有奇特的艺术魅力，能促成购买冲动。"艺术情趣"就是用艺术的手法来体现高雅、幽默的情趣。有些商品或服务本身就含有某种情趣，在创作广告文案时，要善于通过对广告宣传内容的体会和对目标受众的分析，借助生活化、情感化、幽默化的语言，揭示出商品或服务本身的情趣，从而使目标受众在感受了广告所带来的乐趣的同时，也接受了广告所传递的商品或服务信息。

6. 强调鼓动性和有效性

广告文案创作不同于一般文学作品的叙述、抒情和论证，尤其强调广告文案的心理鼓动性和有效性，以更有效地为商品促销服务。因此，在创作广告文案时，要善于运用心理技巧，巧妙地利用人们的逆反心理、名人效应和社会热点事件等，强化广告文案的鼓动性。同时，广告宣传用语要富有动作色彩，借用祈使句的形式，直接诱发公众的参与心态和动作意识，从而达到广告促销的目的。

> **相关链接**
>
> **大卫·奥格威关于文案写作的建议**
>
> 不要旁敲侧击，要直截了当，避免使用"差不多"、"也可以"等含混不清的语言。
>
> 不要用最高级形容词、一般化字眼和陈词滥调，要实事求是、坦诚、友善且引人入胜，使人难以忘怀。
>
> 在文案中采用顾客的话现身说法更易令人信赖。
>
> 向读者提供有用的咨询或服务。
>
> 高雅的文字、精雕细刻的笔法对广告是明显不利的因素。
>
> 在短文无法奏效时，不要怕写长文案。
>
> 讽刺的笔调无助于推销商品。
>
> 避免在广告正文中唱高调。
>
> 使用顾客在日常交谈中常用的通俗语言。
>
> 不要贪图写获奖文案。
>
> 不要从以文字娱乐顾客的角度去写文案。
>
> 照片下面必须附加说明。

5.1.6 广告文案的表现技巧

广告学是一门科学，又是一门艺术。广告学的科学性、艺术性体现在广告文案的主题、创意、语文及其修辞等方面。

1. 主题

主题是广告文案的中心思想，也是广告内容的核心。它不但对广告文案的标题、正文、标语，而且对图片、音乐等起着统率的作用，是广告的灵魂。

文学作品要求主题正确、鲜明、集中，广告文案的主题也不例外。它充分体现在三个方面。

（1）必须准确突出广告决策。广告决策是根据企业的营销决策而制定的广告活动方案。所以，要使广告活动取得预期的效果，广告文案的主题必须充分体现广告决策的要求。南京有一家企业生产一种涂料，最初在广播广告中只说明每千克几元钱，效果很差。后来，广播广告词改为每平方米墙面只花多少钱，效果就不同。两则广告都是用价格进行宣传定位，但后者较好地配合了价格促销的决策，直接点明涂刷墙面的材料钱，因而销路大增。

（2）必须集中反映信息个性。每一则广告都有强烈的个性，或者价格或品质或功效，以此区别于其他广告信息，便于目标受众认知。例如，有一则旅游鞋广告"爸爸慢跑爱穿它，妈妈上班常穿它，云云上学也穿它，全家旅游都穿它"，短短的四句话，概括地说明该企业所生产的旅游鞋尺码齐全、品种多样，适合不同年龄、性别的人及不同的场合穿着。

（3）必须充分迎合消费心理。广告活动直接指向消费者，消费者透过广告文案认知其渲染的主题。如果主题迎合了消费心理，为消费者所喜爱，那么消费者就会顺着广告的旨意去实践。反之，则会心生厌倦甚至产生抗拒心理。所以，广告文案从主题到表现形式，都必须充分迎合消费者的心理，以激起目标受众浓厚的兴趣。如松下电器公司的电视广告首先推出一个气势浩大的大合唱场面，并配以雄壮的以松下电器为题材的合唱歌曲，让观众有一种神圣感，进而将这一感觉与松下电器联系起来，主题鲜明而集中。

2. 创意

有人说，广告的魅力在于创意，广告的生命在于真实。创意是指表现主题的构思，是表达广告文案主题的创造性思维。广告文案不只是语句流畅、文字通顺那么简单，它不仅要吸引住视听者的眼睛或耳朵，更重要的是能抓住他们的心，使他们采取行动。因此，创意就是魅力，它永无止境，威力无穷，在一定程度上是评定广告作品优劣的首要条件。1994年度《广州日报》优秀广告奖的金牌得主——"'食'在广州"就是一例。

世人皆知"食在广州"。该广告之创意，说明人们在饮早茶的同时，还需要另一种食粮，那就是精神食粮——报纸。广告把《广州日报》的各主要版面以菜单的形式，作为"席珍"推荐给广大读者，并强调了20大版，内容丰富的个性。广告标题"'食'在广州"，在食字上打上引号，同物质食粮相区别，巧妙地说明了《广州日报》对人们生活的重要意义，简明精确；采用了特大字号，加大了冲击力；在编排上，该广告大胆采用了跨版大通栏的版式，突出醒目，使整个广告注意度高，富有审美价值。

相关链接

创意如何产生

世界著名广告大师詹姆斯·韦伯·扬认为：
- 收集原始资料，一方面是你眼前的问题所需的资料，另一方面则是你平时持续不断积累储藏的一般知识资料。
- 用你的心智去仔细检查这些资料。
- 加以深思熟虑的阶段，让许多重要事物在你有意识的心智之外去做综合的工作。
- 实际产生创意阶段——创意火花的爆发。
- 最后形成并完善此创意，使其能够实际应用。

詹姆斯·韦伯·扬先生的创意过程说起来非常简单，但要实现它却必须付出艰辛的劳动。在前四条中所强调的都是动脑思维、积累、观察过程（务虚），并不是以形式表现为先，而且这个过程时间较长，目的在于产生累计效应，否则很难产生有价值的创意火花。所以广告创意过程长而复杂，爆发时短而确切。如1979年，"可口可乐"要求麦伊广告公司重新换个主题，该公司把派驻全球各地机构富有创造力的主管都召回纽约，替"可口可乐"拟出广告主题。最后"麦伊"执行副总裁艾尔·斯卡利从"可口可乐"创办时就使用的广告中浓缩出一个主题，而结束了一天的紧张会议。其创意是："喝一口可口可乐，你就会展露笑容"（Have a coke and a smile）。看该广告创意如此简单，时间只有一天，但该公司担任"可口可乐"广告代理已有24年历史了。最后一条则要求其完善并能实际应用，这主要强调在表现形式（务实），即语言、文字、图画、音乐等，力求体现出广告创意的实质，以表达广告主题的灵魂。

广告的创意，就是要求广告创作要刻意求新，而切不可拾人牙慧，人云亦云。然而，在现实的广告中却有不少拙劣的模仿之作。

原作：实不相瞒，天仙牌电扇的名气是吹出来的。

模仿之作：实不相瞒，××的名气是看出来的。

原作：人头马一开，好事自然来。

模仿之作：××一开，好运自然来。

原作：口服心服。（矿泉水广告）

模仿之作：身服心服。（西服广告）

原作："棋"乐无穷。（文化用品广告）

模仿之作："骑"乐无穷。（摩托车广告）

广告模仿是当前广告创作的一种通病，是与广告要有创意背道而驰的。为了提升广告的魅力，现代企业应坚决杜绝模仿之作。

3. 语文及其修辞

明确的广告主题、崭新的广告创意，只是广告文案创作的谋划、构思。它需要通过语文、图画及文艺等具体表现，其中语文是最基本方式。它包括语言和文字，如报纸广告的文字、广播广告的语言等。

没有语文，广告就会失去存在的意义。因为没有语文的广告，人们不明白它宣传什么。因此，语文是广告活动传递经济信息必不可少的手段。广告文案的语文，不但要表达清楚明白，而且应做到生动、形象，让目标受众视听后印象特别深刻。这个生动、形象不是制作广告文案的自我陶醉，而是真正迎合消费者心理，为消费者所喜爱。因为广告活动毕竟是企业的促销手段，目的在于推介商品和服务。

为了增强广告的视听效果，广告文案的语文部分常运用衬托、夸张、反语、比喻等修辞技巧来表现。

（1）衬托。衬托是指为了突出主要事物，用类似的事物或反面的、有差别的事物作为陪衬。俗话说，"红花还须绿叶扶"。有了陪衬的事物，被陪衬的商品或服务才会显得突出，才能得到充分的说明。因此，衬托是深化广告文案主题的重要技巧。

中国香港《大公报》天坛饭店广告：

天坛的魅力

天坛，这片古老的建筑群，神秘而壮观。裕丰年，它成为中国古代文化传统的一个缩影。

在天坛东侧，一座现代化的国际商务旅游酒店——天坛饭店已悄然崛起，乳白的建筑与蓝顶的祈年殿遥相呼应。完备的设施和东方式的温馨服务，将使宾客在领略东方古代文化传统的同时，感受到中国现代文明的魅力。

广告文案一开始就以天坛的悠久历史，衬托出天坛饭店的特征，提高了广告的注意度、理解度和记忆度。

（2）夸张。为了表达上的需要，故意言过其实，对客观的人、事物尽力做扩大或缩小的描述，是语文写作的常用技巧。广告在真实的前提下，适当运用夸张手法是必要的。商品品质、功效、物美价廉是显而易见的事实，夸张只是其手法，旨在加强渲染力。如"本公司的产品维修人员，是当今最清闲的人"这一广告语被世界公认为"广告妙语"。它的夸张新奇独特，比直接说本公司产品质量稳定，返修率低，效果要好得多，而且用"最清闲"

不会涉嫌"产品之最"。当然运用夸张手法时，应注意事实的本质，切不可有欺诈行为。

（3）反语。使用与本来意思相反的词语或句子去表达广告宣传的本意，即是语文的反语修辞格的运用。如美国555香烟的广告"禁止抽各种香烟，连555香烟也不例外"，表面上是劝告人们不要吸烟，但实际效果却宣传了555香烟，而且会给人们造成这种感觉：555香烟与众不同嘛，连禁止抽它也特别提出来。另一例是1989年年底，加拿大西格拉姆酿酒公司制作了令人目瞪口呆的广告，题为《劝君切勿饮酒过量》。照片画面是一位衣冠楚楚的公司经理精神颓废地坐在办公室里，广告文字说："理查德本是一位大有作为的经理，但他有一个致命伤，每天午餐时都要喝几杯酒，这不仅会危害自己的身体健康，弄不好还会把灿烂的前途断送。"这则广告在美国各地150多家报刊上同时刊登，不到一个月竟收到15万多封赞扬信，推崇公司这种对消费者负责的诚实态度。平常商人总是"卖花赞花香"，诱导顾客购买，但这则广告却说"反语"，其效果则是西格拉姆酿酒公司的销售额较以前翻了一番。

（4）比喻。广告文案在叙述商品或服务的特性时，用与它有相似点或人们熟知的事物打比方，以增强广告文案的说服力。德国一家水果公司的苹果广告，画面上是一个鲜嫩的苹果，同时又是一个姑娘红润健康的脸蛋，苹果的清香与姑娘的芬芳融为一体，引来一只蜜蜂留恋其上，广告短语"一天一个，健康快乐"。"姑娘的脸蛋像苹果似的"、"苹果像姑娘红润的脸蛋一样可爱"，这是人们熟知和常用的比喻，用在这里十分恰当得体，令目标受众对苹果鲜嫩、清香而富有营养等特点留下深刻的印象。

此外，广告文案还可针对不同的表达内容和语境，将比拟、反复、对比、借代、双关、顶真等修辞格单独或组合运用，从而增强语言文字的渲染力。

5.2 电波型广告制作

广播、电视属电波广告，都是利用现代电子技术传递信息的大众媒体。它跨越时空，效果卓越，而成为深受广告主和广告公司青睐的最主要媒体。

5.2.1 广播广告制作

广播广告包括有线和无线广播广告，是通过发射电磁波传递语言、音乐、音响来传达商品信息的一种诉求手段和传播方式。广播广告主要作用于公众的听觉系统，具有传播快捷、影响广泛、通俗悦耳、以声传情和比较灵活的特点。对于从事服务业的人、司机和年轻人，广播还是一种能"一心二用"的媒体物。广播广告的信息传递及时，表现富有朝气，广告制作不用投入巨资也能使人感到亲切。广播电台节目相当专业化，因而能专门向特定阶层进行宣传。

1. 广播广告的设计

广播广告的设计指的是根据编写的广播广告文稿设计广播广告作品的制作方案。它着重要考虑的是：制作时应根据不同的广告内容，采取不同的形式，加配不同的音乐和音响效果，选择不同的人来演播。

（1）立足声音，塑造形象。广播广告要立足声音优势，塑造具体可感的广告形象。任何广播广告文稿都是要转化为声音的，只有声音才能为广播广告的产品塑造出完整的广告形象。因此，每一句广告词的演播，每一段音乐的配制，每一个音响的选用，都要有利于塑造该产品的整体形象。

"猎犬牌报警器"广告：

（音乐起，渲染出惊恐的气氛）

（缓缓地）一个寂静的深夜，一双罪恶的黑手，（忽然响起警铃声）一鸣惊人的警铃，（急促有力的脚步声）一声威严的喝令："住手！"一名落网的惯犯。"带走！"（一阵远去的脚步声）一场落空的美梦。

防盗保险，请用猎犬牌防盗报警器。猎犬牌防盗报警器，保您的文件财产安全！

这则广告依靠广播的声音优势，充分发挥了语言、音乐、音响在设置典型环境、塑造产品形象方面的作用。

（2）强调品牌，突出主题。一个产品可以介绍它的多个特点，但一则广告只能突出它的一个主题。介绍产品的特点，离不开强调它的品牌。例如，中央台播出的双虎油漆广告，在古色古香的古典音乐陪衬下，引入了对双虎油漆特点的介绍（片段）：

（男）　火炉方显真金色——

（女）　武汉是三大火炉之最，双虎油漆经受考验。

（男）　风雪岂能动容颜——

（女）　武汉的冬天风雪严寒，双虎油漆色泽不减。

（男）　是钢是木难分辨——

（女）　黄鹤楼是水泥钢体结构的，双虎油漆使它看上去和古代木质结构一样。

这里通过介绍产品的三大特色，着重强调了"双虎油漆"这个品牌，很自然地就突出了"双虎奇功人称颂"的主题思想。

（3）注重开头，先声夺人。广播广告的开头十分重要，开头是吸引听众注意广告内容的关键所在。要使听众从无意注意转化为有意注意，关键在于优化开头。所谓优化开头，是指通过一定的设计手段或艺术手法，使广告一开始就具有磁铁般的吸引力。只有一开头就抓住听众，才能达到先声夺人的目的。优化开头可以采取如下一些方法。

1）提出问题或设置悬念以优化开头。例如，有一些广告是这样开头的："妈妈，今天的菜为什么这么好吃？""朋友，请问故乡是何处？""喂，跟您打听件事？""听众朋友们，您喜欢笑吗？您如果喜欢笑请收听……"等。

2）采用多种表现形式以优化开头。根据产品特点和广告要求，文稿开头可以采用独白、对话、疑问、朗诵、歌唱、演讲、报道、实况等多种表现形式。

3）借用语气助词或改变语调以优化开头。语气助词，如"哎呀，这天气真热呀"。改变语调是指用不同的音质或情态来播送开头的文字，如"深沉的男声"、"稚气的童语"或"狰狞"、"愉悦"等。

4）使用带刺激性的音响以优化开头。这类音响是非常多的，如风雨声、海浪声、鸡叫声、鸟鸣声、马蹄声、欢笑声、叫卖声、敲门声、门铃声、唢呐声、电话铃声、玻璃打碎声、汽车喇叭声、摩托车启动声、电传打字声、模拟警笛声、太空音响、宇宙声效果等。

5）配上适合广告内容的音乐以优化开头。音乐有烘托气氛、营造环境、渲染主题、愉悦情感等多种作用。配上不同的音乐，如轻音乐、儿童音乐、抒情调音乐、小号舞曲、古色古香的乐曲，以及京剧或川剧人物上场的锣鼓声等，可以产生意想不到的效果。

（4）寻求广告的最佳组合。广播广告是由语言、音响和音乐三大要素或由这三大要素所形成的多个板块组合而成的。在这种组合中，语言自然是主角，它要自始至终全力唱好这台戏；音响、音乐要服务于主角，甘当、当好配角。广播广告设计，就要不断寻求语言与音响、音乐这种主配关系的最佳组合。只有天衣无缝的、浑然一体的最佳组合，才能制作出没有任何拼凑痕迹的广告艺术品。

2. 广播广告的制作要求

制作广播广告主要是组合广播广告作品的三个组成部分，即广告词、音乐、音响，使这三个部分在广告作品中构成一个完整的统一体。在广播广告的组合过程中，应该突出广告词，这是宣传商品的中心内容。

（1）广告词。广告词是表达广告主题的核心部分，是广告宣传概念的表达。广播广告主要是依靠广告词的声音传播信息的，在创作和拟音过程中，要特别注意语言的感觉印象，借助语言的感觉形象，增强广告内容的个性化特征。

1）通俗易懂。广播是大众传播媒体，广告的信息量、语言的表达方式应与听众的语言分辨能力和接受能力相吻合。广播广告是"为听而创作"的，应使用通俗易懂、语气亲切的口语，读来上口，听来顺耳。

2）简洁明快。广播广告的时间很短，一般来说最长也不超过一两分钟，所以广告词应简洁明快。同时广播广告仅仅作用于听觉，一般宜用短句和简单句式。因为听众在收听广播时往往精力不集中，对广告更是如此，所以广播广告的语言应尽量简明扼要，多用短句，少用修饰语,以获得简单明快的效果。

3)适当重复。广播广告中的某些词句,是需要重复的。其作用在于:一是鼓动;二是加强记忆。一般是对关键句子的重复,多数是在广告的结尾重复企业名称、品牌名称、联系方法等。恰当地运用重复技巧,能够在听众的脑海中留下印象。

4)播音速度适中。直陈式广告在很大程度上是由播音员的播音状况来影响效果的。播音时要注意节奏,节奏太慢会显得拖沓沉闷,而节奏太快又会让听众难以听清楚,或者听起来感到疲劳。

5)注意吸引听众的注意力。广告的开头要有特色,一下子就能抓住听众的注意力,同时要尽量增强广告的亲切感,以唤起听众的兴趣。

(2)音乐。音乐是对广告的烘托,它往往以优美的旋律表达特殊的思想感情。在广播广告中,音乐的衬托使广告语言更富有新意,以其娱乐性和艺术性引起公众的兴趣注意,既突出了广告的主题,又活跃了气氛,增加了广告表现的情趣和美感。广播广告一般采用为人们所熟悉、并有代表性的名曲或者采用与广告主题相配合的乐曲来渲染气氛。

在广告音乐的选用中,要注意以下几点。

1)注意音乐对公众情感的影响。不同的音乐旋律,公众的情感体验是不同的,不同的情感心理需要不同的音乐来表达。

2)注意音乐与广告主题的协调配合。广播广告中的音乐应该符合宣传主题要求,力求富有特色、典型而逼真,以诱发听众想象力,强化宣传效果。可以说音乐选择得当,可以使广告主题得到更好的表现;相反,则会削弱广告的效果。

3)音量适中,不要让音乐的音量盖过广告词。如果在广播广告中采用广告歌的形式,要注意曲调通俗、悦耳动听,以营造良好气氛。广告词要朗朗上口,内容不要过分复杂,否则很难给听众留下深刻印象。

(3)音响。音响又称音效,广播广告为增加广告宣传的效果,烘托特定的气氛,运用各种声音再现生活中的音响效果,使广告富有生活气息,增加可信度。音响包括环境音响、商品音响和人物音响。

环境音响,如风、雨、雷、波涛、鸟鸣等自然环境音响;商品音响是指广告商品在使用中发出的各种音响,如使用吸尘器发出的声音,使用照相机的快门声等;人物音响是指广告中人物活动的声音。广播广告需要运用各种声音再现生活中的音响效果,以表现商品特性,强化广告的生活气息,增加可信度。

广播广告使用的音响,要与广告主题密切相连,并注重与广告词相互映衬,而不能有响必录;音响必须清晰、悦耳,不能制造噪声;音响效果应真实、准确,给人以身临其境之感。

3. 广播广告的表现形式

（1）对话式。这是广播广告常用的一种表现形式。往往由两个或两个以上的人播音，以对话的形式，直接或间接地介绍产品或组织。广播广告对话较为自然而有趣，生活气息浓，给人印象深刻。

（女） 好消息，好消息！

（男） 什么好消息呀？看把你乐成了这个样子？

（女） 嗨，真棒！

（男） 什么真棒？你快说呀！

（女） 告诉你吧，在全国历年来的16次手表质量评比当中，曾经荣获10次第一名的钻石牌手表，在今年上半年轻工部手表质量评比当中又获得好成绩。

（男） 是啊，钻石手表冬去春来，年复一年地开拓和运用着当代手表领域里的最新技术。

（男） 钻石，

（女） 不愧享有表中之王的美誉。

（男） 祝钻石手表，

（齐） 百尺竿头，更上一层楼。

（2）解说式。解说式广播广告是用说明广告意境的解说词对广告的内容加以介绍。其表现手法关键在于解说。好的广告要求解说词要自然、生动、亲切感人，如配以音乐，加上富有韵味的播音，必然会产生很好的效果。

朋友，洗脸洗手您喜欢用哪种香皂？奥琪系列产品之一——奥琪香皂，您可知道？

奥琪香皂，北京日用化学一厂，采用上等原料制造。它有两大优点：抗硬水，护肤效果好。比用一般香皂可节省1/4。使用以后，皮肤感觉滑爽滋润，就像洗了牛奶浴。

更令人高兴的是：兰花香型的奥琪香皂，清香宜人，它的抗皱作用别的香皂比不了。它的造型也别具一格，好中见巧。正面看恰似一座拱形桥，翻过来看又像一叶扁舟水上漂。

奥琪香皂，高档产品，中档价格。货好，畅销。

（3）演唱式。将广告宣传的主题内容写成唱词，运用歌曲、戏曲、快板、评书等形式加以宣传，使人们在欣赏时，自然接受广告信息。演唱式广告要做到唱词通俗易懂，切实反映广告宣传的主题，演唱者吐字清晰。

"华姿系列化妆品"歌曲广告文稿

（男） 送你件礼物。

（女） 什么？

（男） （深情地）你自己打开看呀！

（打开包装盒）

（女）（惊喜地）啊！华姿！

（歌曲前奏起……）

（女唱）　华姿，华姿，比花还香馨；华姿，华姿，使您的秀发更加迷人。东方温和型给您添风韵，时代最流行发用化妆品。华姿，华姿，华姿系列美，为您增色保青春；华姿，华姿，华姿系列美，使您的秀发更加迷人。（乐曲缓缓而终……）

（4）报道式。报道式是采用新闻报道的方法对企业和产品进行报道。多数选用现场采访的形式，使广告宣传具有真实感，造成较强的心理影响。

"齐墩果酸片"广告

（电传打字声）嗒……

（男）（节奏稍快）上海市医药公司1月10日电　贵阳制药厂：目前上海地区甲型肝炎流行，急需齐墩果酸片60万片，望贵厂给予全力支持，火速将药发往上海。

（女）　听众朋友，肝炎是一种由病毒引起的急性传染病。一旦传染上，就会给您的工作学习和身体健康带来影响。要想预防肝炎，必须养成良好的卫生习惯，把住"病从口入"关。

（男）　当然喽，万一您染上了肝炎也别着急。贵阳制药厂生产的国内治疗各型肝炎的首选药物——齐墩果酸片，能帮助您尽快恢复健康。齐墩果酸片主治甲、乙肝炎及慢性肝炎，使用安全，无副作用。您只需服用两个疗程以上，并注意营养，身体很快就能恢复健康。

（女）　肝炎患者请注意，要想早日康复，别忘了贵阳制药厂生产的治疗各型肝炎的首选药物——齐墩果酸片。

4. 广播广告的制作过程

广播广告的制作一般要经过准备、录制和合成三个阶段。

（1）准备阶段。包括以下内容。

1）确定演播脚本及录音方案。广播广告同样需要专职导演来负责完成广播广告的录制、导演，要对原来的脚本创意进行最终的确定。

2）选择和确定演员。在广播广告的制作中，演员的选择是很重要的环节。一般解说、对话式的广告，往往选择播音员来播报。但听众对播音员的声音比较熟悉，应力戒公式化、概念化的声音，使听众产生新鲜感，引起听众的注意。有一定故事情节的广告，需要由专业演员来扮演不同的角色。选择演员时，应注意其声音形象要与广告主题内容相吻合。

3）收集曲目并确定音乐效果。即使是选用已有的音乐曲目也要事先准备好。但现成的音乐有时很难和广告主题相吻合，而且还涉及版权等诸多问题，广告音乐也提倡原创。

（2）录制阶段。广播广告的制作是在演播室内完成的。一般在录制的前一天，演播室要做好各种器材准备，同时提前将广告脚本送交各位演员。

录制时先进行预演，广告演员在广告导演的指导下阅读脚本、对台词。同时检查设备情况及配合效果，从中发现问题，要进行修订和完善。

经过预演后，开始正式录音。正式录音时，先要在磁带开头录上表示广告内容与播出时间的声音。在此之前磁带至少要留出15秒的空白，广告结束之后再留出60秒左右的空白。

（3）合成阶段。这是制作广播广告的最后环节，也是一项具有高度艺术性、技术性和经验性的工作。因此需要导演与录音师密切配合，将广告词与音乐、音响进行编辑合成，然后送电台播出。合成阶段要重点抓好以下工作。

1）要看重播音。播音是一种创造性的劳动。广播广告的播音就是对广播广告文稿的再创造。广播广告的播音要有自己的风格，要给人热情、大方、体贴、关怀、厚重、实在、亲切、自然、甜润、优美的感觉。要突出人物的个性特点，如上海台在为"红鸟鞋油"广告录音时，还专门请了电视剧《姿三四郎》里为早乙美配音的张欢参与演播，使广告的语言独具特色，从而增强了广告的魅力。

2）要精选音响。广播广告的优势在于有音响效果的配合。广播广告中的音响，能给听众以真实感、立体感。制作广播广告时，要尽可能地把与产品有关的音响运用到广告作品中去，以充分发挥音响效果的作用。如四川台录制的"天下乐饮料"广告：

（小溪流水……嬉笑声，由弱而强……）

（女）　啊，天下乐！

（女）　天下乐！

（男）　天下乐！

（众）　哈哈……

（欢快的流水声）

（女）　朋友，愿您喜爱这种新型饮料——天下乐。

这则广告的背景音响运用得相当成功：潺潺水声，由远而近、由弱而强，仿佛流淌在干涸的田野、流淌在幽静的溪谷……阵阵惬意的欢笑声从浪花中飘来，是人们为大地得到滋润而欢笑，还是为绿色恢复了盎然生机而骄傲？总之，水声、人声无不十分强烈地暗示着人与水的情感是那样的密不可分。广告在意识的流动中，将人类的期盼与自然的恩赐同天下乐饮料融汇在了一起。

3）要用好音乐。广播广告需要音乐，就像菜肴需要作料一样。有了音乐作料，广播广告才会变得有滋有味。音乐在广播广告中具有多种功用：它能丰满广告形体，活跃广告气氛；它能唤起听众注意，增强广告的吸引力；它能协助塑造形象，给人以立体感；它能建立联想渠道，帮助识记产品；它能愉悦陶冶听众，有娱乐欣赏劝服等作用。因此，在广播广告合成时，要充分发挥音乐的特长和作用。如童声合唱"请把我的歌带回你的家，请把你的微笑留下……"这种曲调、旋律都堪称一流的儿童歌曲，就很适合配制某种儿童广告，因为它有利于引起儿童们反复传唱的兴趣，使广告内容得到广泛的传播。

4）要精心合成。合成是指将语言、音响和音乐等录音片段，通过一定的机器设备和技术手段，合并制作而成可供播放的广告作品。首先，参加合成的人员思想上要高度重视这项工作。既要有团结一致的协作精神，又要有精益求精的工作态度。要在统一指挥下各司其职地工作，高标准、严要求，群策群力，精心合成。其次，要熟悉各种合成技术，深谙合成艺术。合成主要应该是音乐与音响配合语言，这里就有个音乐与音响的切入问题。所谓切入，就是如何与语言相配合。音乐与音响的起、压、混、突、隐及音量的大小强弱，都要根据文稿特点和设计要求统筹考虑、合理安排、控制得当，使其与语言即播音部分衔接贴切、相辅相成、融为一体。音乐、音响的切入，要做到和谐、合拍，而切忌唐突、脱节。

5.2.2 电视广告制作

电视是大众传播媒体中最受欢迎的媒体。电视广告主要是借助荧屏图像进行信息传播的。由于电视广告具有表现形式多样、形象生动、声情并茂、娱乐性强等特点，常能够给公众留下深刻的印象。从视觉、感觉效果来分析，荧屏图像通过动与静的结合，图画与色彩的协调，将迷人的旋律、优雅的文字贯穿其中，从而反复地影响公众。

1．电视广告的设计

（1）绘制电视广告脚本。电视广告脚本也称故事版，一般包括广告主题、故事情节、模特形象、广告画面、拟音、音乐与音响、屏幕字体、色彩等要素。电视广告经过策划后，需由美术设计人员和文案撰写人员按照电视画面的特点及摄影要求，将广告策划内容转化为具体的场面，也称绘制电视广告脚本。故事情节一般围绕广告主题内容，通过若干个连续的活动画面与配音、旁白表现出来。选择模特形象就是根据广告主题和情节需要，选用特定的人物模特、动物模特、动画模特等，来演示广告内容。设计广告画面，包括确定广告画面的景别（如远景、全景、中景、近景或特写镜头）与构图两个基本方面。拟音主要是为模特或者旁白进行配音，设计音乐与音响主要为广告作品创作整体旋律化声响，以强化广告内容的表现力度。屏幕字体的设计主要是品牌名称和广告标语字体的选择，以强化广告宣传的核心内容。色彩的设计主要为整体广告宣传作品创作出基本的色调，借助色彩的匹配效果强调电视广告的视觉冲击力，借助色彩文化强化广告主题的影响力。

(2) 确定电视广告表现形式。表现形式是电视广告的主体框架，是广告创意的物化形态，电视广告表现形式主要有以下几种。

1) 生活片段式。生活片段式是将广告宣传同日常生活联系起来，抽取生活的一个片段，作为广告宣传衬托，使广告宣传更富有生活气息，加上广告宣传的内容是观众关心的切身利益问题，就能更好地吸引观众的注意力，激发满足需求的欲望。

2) 推荐式。大多采用电影明星、社会名流或较有影响的公众代表，向公众介绍自己的企业或产品，把某种产品直接推荐给公众。推荐式广告主要是抓住公众中一部分人的崇拜心理，提升产品或企业在公众中的地位。推荐式广告的制作必须有真实性，所推荐的产品必须保证质量，所推荐的企业声誉必须名副其实。

3) 幽默式。利用夸张、幽默艺术手法表现宣传意境、展示商品形象的电视广告形式。有一则宣传皮也尔蒸馏水的广告是这样表现的：一座山峰的顶上放着一瓶皮也尔蒸馏水，一只雄狮和一名皮肤晒成黄褐色的妙龄女郎分别从山的两侧往峰顶爬，意在争夺那瓶水。在峰顶上，双方对峙着。最后，那个女郎为了得到那瓶水而发出的咆哮声竟然压倒并震退了那只怒吼的雄狮。

4) 歌曲演唱式。将广告宣传的内容写成歌词，谱以动听的曲调，综合运用广告的其他形式进行宣传，吸引公众的兴趣。

5) 比较式。通过事实的比较，将广告宣传的产品能带给公众的利益真实地表现出来。如化妆品类广告可将妇女使用化妆品前的形象和使用化妆品后的形象做比较，显示化妆品的美容功能。由于效果的反差大，形成强烈的对比，易于被公众接受。

6) 介绍式。将广告宣传的内容逐一介绍给公众，向公众说明企业产品的性质、用途和使用方法，组织的性质、服务范围、服务宗旨、发展计划等。介绍的语言要活泼、简明扼要，切忌繁杂、平铺直叙。

有一则广告，画面表现是这样的：上方有一台索尼彩电，荧屏上出现一个鲜红的胡萝卜，娇艳可爱，呼之欲出；下方蹲着一只雪白晶莹的小兔子，圆睁着两只红红的眼睛紧盯着屏幕上的胡萝卜；具有点题效果的广告词则为："对不起，我们不是故意的。索尼彩电。"这个广告利用兔子盯视荧屏上的胡萝卜这一情节，直观形象地展示了索尼彩电的色彩效果。这是一种正面介绍产品的广告宣传形式。

有时，为了充分引起公众的注意，可以利用人的逆反心理、好奇心理进行"反正"介绍，这就是"反诉求"的方式。

7) 情感式。即借助模特的情感生活主题，如友情、亲情、爱情、乡情、生活情趣、满足感、成就感等，宣传产品信息和品牌形象，强化产品的亲和力和感染力。

案例 5-2

美国一则推销电话的电视广告

　　电视画面：傍晚，一对老年夫妇正在餐厅里用餐，电话铃响，老妇人起身去接电话，一会儿，老妇人回到餐桌。

　　老先生：谁的电话？

　　老妇人：是女儿打来的。

　　老先生：有什么事？

　　老妇人：没事。

　　老先生：没事？几千里地打来电话？

　　老妇人：（呜咽）她说她爱我们。

　　（两位老人，相视无言，激动不已。）

　　旁白：用电话传递你的爱吧！

　　问题：你认为用亲情来推销电话等日用品合适吗？说明你的理由。

　　8）表演式。通过设计富有戏剧性或夸张的情节，借助模特的表演，生动有趣地宣传商品的卓越性能和杰出品质等主题信息。

　　（3）安排广告时间和时段。安排广告时间和时段主要包括以下两方面内容。

　　1）电视广告时间安排。电视广告主要根据广告商品、主题内容及制作费用来确定广告时间。国际上常采用的广告长度是 10 秒、15 秒、20 秒、25 秒、30 秒、40 秒、45 秒、60 秒，其中 15 秒和 30 秒使用最多，我国通常是 5 秒、15 秒、30 秒、60 秒。5 秒标题广告，多用于播放商品或企业名称，在黄金时段播出，如与其他时段播出的 30 秒或 15 秒广告配套，能获得较好的广告宣传效果。

　　2）广告时段的安排。广告时段主要分黄金时段和一般时段。黄金时段是电视开机率和收视率较高的时间单元，我国大致分布在 19:00—22:00，其他时间即为一般时段。不同时段广告收费标准不同。黄金时段的收视率较高，但其效益要与目标消费者联系起来进行考察评估。非黄金时段及与黄金时段的交叉覆盖传播，其有效传播效益也不应忽视。

　　（4）选择广告播出方式。广告播出方式主要有以下两种。

　　1）插播广告。插播广告是在两个节目之间插入播出的广告，一般为一组由不同产品或企业为内容构成的广告。插播广告的时间长度一般以 15 秒为主。广告价格相对便宜，效果易评价。插播广告利用节目之间的空隙，播放时间一般在 2~3 分钟，有一定的灵活性，广告价格相对便宜，收视效果比较明显并容易评估，因此被广泛采用。

2）赞助广告。赞助广告是在特定的节目中插入播出节目赞助商的广告，是在一定时段内播出的广告，也称时段广告。节目由电视台或制片公司提供，在节目中插播相关赞助商的广告。由于节目与广告内容有一定的相似性，针对性强，又避免观众换台或走开，因而有较好的传播效果。

2. 电视广告的制作要求

电视广告需要在极其有限的时间内介绍广告内容，因此在制作上要遵循视觉中心原则，讲究画面、解说、音乐、音响制作艺术的运用。制作时应符合下列要求。

（1）要注重视觉形象的运用。电视广告虽然是集视觉、听觉于一体的综合性艺术，但更是以视觉形象为主要的表现形式。电视广告的视觉形象与印刷广告的视觉形象有着本质的区别，前者是在运动过程中展示视觉，而后者是在静止状态下表现视觉。因此，动态视觉形象才是电视广告的本质特征所在。动态视觉形象是电视广告设计与制作成功与否的关键。如果广告的设计与制作者不注重塑造动态的形象，而是发表讲话，或者用静止的文字和图片向观众做展示，就会失去电视广告的特色。如何将不断运动和变化的视觉有效地组合成连续的画面，永远是电视广告设计制作者的重要课题之一。

构成视觉形象的主要因素是广告画面。电视广告画面的诉求方式有两种类型：一是感觉诉求画面；二是感情诉求画面。

1）感觉诉求画面主要用于生产资料、医药用品、高档消费用品及企业形象和商品形象的广告宣传。它是通过画面向观众直接进行商品、服务或企业的实体展示，或者展示商品的包装、外观形态、内在结构等，其时间较短，一般为5～10秒。

2）感情诉求画面的中心不是放在商品形态的本身，而是着力表现人们使用商品时的情景，以及商品给人们带来的好处，常以故事情节或生活片段作为画面的整个活动过程，其时间较长，一般为10秒钟以上。因此，感情诉求画面比感觉诉求画面更具有感染力，更容易受观众的喜爱。从公共关系学的角度出发，前者主要是用来提升商品或企业的知名度，而后者主要是用来提高商品或企业的美誉度。

广告画面诉求方式的选择，要根据广告策略来确定。例如，威力牌洗衣机的广告，在刚投放市场时，为了提高其知名度，广告画面是以感觉诉求为主，相应的广告词为"够威够力"。当人们逐渐了解这种洗衣机之后，广告画面以感情诉求为主，其相应的广告词为"献给母亲的爱"。

不论是采用哪一种诉求方式，广告画面的构图都应力求清晰、简洁、单纯。电视广告画面构图是影响广告效果的重要因素，构图太复杂、逻辑混乱、画面人物太多等，都会让观众不知所云。例如，斯莫科斯（Smokos）牌香烟的两则电视广告，其主题是这种牌子的香烟气味特别温和。

> **案例 5-3**
>
> **斯莫科斯香烟的两则电视广告**
>
> 第一则广告
> 镜头一：第一个表演者高举一包香烟，紧接着是香烟近景（着力表现香烟的包装、品牌）。
> 镜头二：第二个表演者吞云吐雾、乐在其中。
> 镜头三：第一个表演者，香烟搁在烟灰碟上的特写。
> 镜头四：女士吸烟乐之融融的特写（广告词起）。
> 第二则广告
> 镜头一：香烟特写（包装、品牌）。
> 镜头二：吸烟者（诉说香烟味道温和、香醇）。
> 镜头三：香烟放在烟灰碟上的大特写。同时声音配合香烟出现。

第一则广告耗资巨大，在 60 秒时间内共推出 10 个画面，前后变换四次表演者，动作重复，表演凌乱，分不出中心画面诉求的重点，使观众无所适从；而第二则广告虽然只用了三幅画面，但却突出了主题，使观众容易记住气味温和这个特点，广告效果良好。

电视广告时间很短，因而画面的识别性显得非常重要。为了突出广告的主题思想，便于观众识别广告主体与背景、主要内容与次要内容，在接连播出多个广告画面后，应有一个中心画面将广告主题明确表达出来。中心画面是表现商品的名称及主要特性的画面。

（2）要注重听觉形象的运用。电视广告除了要求清晰、简洁、感人的视觉形象外，还必须与和谐悦耳、富有个性的听觉形象相配合，这样才能产生完美的电视广告艺术效果。

构成听觉形象的主要因素是声音，或者称为听觉语言，如电视广告的解说词和演词、音乐、音响等。

1）电视广告的解说词和演词要简洁、生动、感人。例如，曾获得巨大成功的万宝路香烟的电视广告，其广告的解说词和演词就非常简洁："人马纵横，尽情奔放，这里是万宝路的世界！——欢迎您加入万宝路的世界！"气势雄壮。"欢迎您加入"简单的几个字，却显得广告者十足的信心。整个广告语言恰当地体现了广告的主题——享受万宝路香烟就如同享受自由自在、豪放不羁的跑马生活。此外，电视广告的声音还要与画面紧密配合，这样有助于观众对画面的理解。例如，中国台湾地区的三味矿泉水广告，为了突出该矿泉水无色、无味、无菌、无尘等特点，电视广告中心画面除以光头小和尚为主要形象外，还配上一句"四大皆空"的佛教用语，使得整则广告视听都更加完美，给观念留下了很深的印象。

2）音乐最善于表现情感，它能给观众的情绪以极其强烈的感染。恰当地运用音乐，能够起到烘托气氛、深化主题的作用。例如，万宝路香烟广告，为了配合"策马飞奔、驰骋纵横"的画面形象，就采用了激荡人心的音乐，加深和巩固了广告画面和语言在观众心目中的印象。

3）音响也是重要因素之一。音响能够形象地向观众传达产品的特性及使用背景，使观众有身临其境之感，从而增强广告的可信度和说服力。美国推销专家韦勒先生为广告总结了一条原则："不要卖牛排，要卖烧烤牛排的嗞嗞声。"这句话精辟地概括了广告音响的作用。

（3）光与色的使用要合理。电视广告中的光与色，其应用技巧和广告摄影、绘画有许多相似之处。但电视广告更注重光与色的有机统一。

自然界中的光，是由赤、橙、黄、绿等七种色光混合而成的。所谓色彩，即不同物体表面对各色光的有限制的吸收和反射所呈现出来的形象特征。色相不同，物体表面对不同光色的有限制的吸收和反射就不同。因此，没有光，就无所谓色。色是光的反映，光决定了色彩的性格。

在一般美感中，色彩的感觉是最大众化的形式。自古以来，尽管在不同的区域，但人类同样得到了众多色彩的感化。例如，美国的万宝路电视广告，就科学地利用了"红"这个色彩语言，成功地塑造了万宝路的特征，强化了产品的形象。无论美国人，还是中国人，只要看到广告就能从它的色彩语言中读出热烈、粗犷、活力、畅快等产品个性，从而使红色的标志形象深深地留在观众的记忆中。

不同的光，决定着不同的色彩。如果把光仅仅作为照明来简单使用，那将是一种错误。在电视广告的制作中，除了利用色彩搭配、调和、对比而构成一个精美的镜头画面外，还必须利用各种光来塑造对象，强化对象的个性。例如，中国香港地区有一则花生油的广告，就是充分地利用了黄色光的渲染，强化了产品的那种黄澄澄的色彩形象，较好地体现了产品独特的个性。

在电视广告制作中，既要做到光与色之间的互映，又要使光与色的广告主题互映，前者必须为后者服务。例如，一则诉求于情感的创意广告，必须要使光的基色与创意的情感吻合，以增强诉求情感。同样，一则诉求产品特性的创意广告，其光色的个性理当服从并强化产品的个性特征，采用遮挡的光、低调的效果，增强产品先进、高档、神秘的形象。

此外，电视广告中光与色的应用，还要注意光色的时空变化和人文地理的约定。一年从春到冬，一天从早到晚，随着时间、空间的变更转换，光色也随之不断地变化着，从而具备了自己极其丰富的性格特征。例如，果珍的电视广告，本来是夏天的饮料，但为使饮用果珍不受季节的限制，设计制作者采用"热的果珍"。于是，光色的处理也一改夏天的气氛。由于地区的差异，造就了各民族对光色的心理约定。因此，电视广告的光色应用，要充分考虑这种心理约定。例如，红色在中国是吉庆之色，而在非洲的贝宁则被视为消极的象征；蓝色在荷兰被尊为国色，而在埃及却被贬为恶魔。以黄为主格调的柯达胶卷的电视广告，给欧美和中国的观众留下了深刻的印象。但如果把此广告拿到叙利亚播放，那一定是失败的，因为他们国家不是把黄色奉为华贵、太阳的象征，而是把黄色与死亡联系在一起。

（4）电视广告字幕的设计制作要便于识别。电视广告字幕就是广告画面中的文字。它的主要作用是增强视觉形象，从而使观众进一步加深对广告画面的理解和记忆。字幕所表现的内容主要有企业名称、商品品牌名称、广告口号和商标等。字幕的放置位置常见的有广告片头、片尾、与画面叠印在商品包装上等几种。

构成字幕的要素是字体及其色彩和字体的表现形式等。电视广告的字幕，其字体一般应尽量选用简化的宋体、正楷等，不宜采用草体和变体美术字等，而且字体的大小要适中。否则，就会使观众难以辨认。字体的色彩要根据字幕放置的位置合理搭配。例如，当字幕与画面叠印时，若画面背景是以白色为主，而且光线又较强，字体的色彩应用较暗的色或蓝色、红色等。这样可以形成较大的反差，便于识别。电视广告字幕字体的表现形式多种多样，常见的有整体固定式、游动式（从右至左或从左至右）、滚动式（从上至下或从下至上）、翻转式、闪动式、转动式和即现即消式等。不论是采用哪一种表现形式，都要以表现广告主题为中心。例如，有一则抽油烟机的电视广告，为了突出表现该抽油烟机不沾油的特点，设计制作者对字体就采用了即现即消的表现形式：在光色较暗的画面上，以燃放烟花的手法依次打出"不沾油"三个字，立即跟烟花一样消失。采用这种处理手法，使观众对这种抽油烟机的特点一目了然。总之，随着计算机在广告设计制作领域的不断开发运用，电视广告字幕也将会有更丰富的表现形式，电视广告的制作水平也将进一步提高。

（5）电视广告用语要提倡说普通话。一则成功的电视广告，既要有一个使观众印象最深的画面，又要有一句使观众记得最牢、感人肺腑的广告词。所以，应在广告语言上下工夫，突出一个新字，标新立异，出奇制胜，尤其对于名牌商品来说更要有自己的广告语。广告配音要采用标准普通话，不用地方方言，不提倡中性语言，尤其不要使用外来语赶时髦，要维护本国家、本民族的尊严。

（6）电视广告的音乐和歌曲要具有自己的风格。音乐是电视广告和广播广告的重要组成部分。一则制作质量较高的电视广告，都是由欢乐明快的广告音乐或歌曲相陪衬的。目前，我国电视广告音乐和歌曲的创作还刚刚起步，大部分电视广告音乐和歌曲都是借用或模仿套用的。优秀的电视广告音乐和歌曲都具有自己独特的风格。例如，日本的"松下电器"、"新时代东芝"及"可口可乐——挡不住的感觉"等电视广告的音乐和歌曲，都给人们留下了深刻的印象。

（7）电视广告制作要注重意识形态。电视广告的意识形态即文化意识，具有很强的潜移默化的作用，也存在提倡什么、反对什么的导向问题。如果只注重经济效益，不注重社会效益，那将带来无法估计的不良后果。影响电视广告文化意识的重要因素是广告创作和制作。有些电视广告在创作上表现得洋味太浓，妄自菲薄，贬低本民族的文化和工业。而有些电视广告在制作的表现手法上则又偏离广告主题，把镜头和精力放在美人身上，在女性身上做文章，而不是把重点放在表现商品的个性和特点上。

3. 电视广告的制作程序

电视广告制作是指从电视广告创意脚本完成到电视广告播出的工作过程，分为前期准备、制片、剪辑合成三个阶段。

（1）前期准备阶段。这一阶段的工作主要包括：确定广告制作人员、创作电视广告脚本、选择演员、准备道具、安排场景、估算制作费用。

1）确定广告制作人员。电视广告制作人员主要有策划负责人、制片人、导演、摄像师、照明师、美工师、作曲、音乐音响编辑、模特和演员、化妆师及剧务等。

策划负责人一般以"监制"身份与广告制作人合作；向导演准确解释创作意图；在实际制作过程中不断调整和完善创意。制片人是电视广告片制作的总负责人，首要任务是选好导演，并确定其他主创人员；负责整个制作的经费控制；制定广告制作的日程表并监督执行。制片人要具备一定的组织能力及准确的判断力和决策力。导演的任务是将广告创意转化为更加具体的艺术构思；挑选演员；确定所要拍摄的画面和音乐音响效果；组织拍摄工作并负责最后的剪辑、合成。

2）创作电视广告脚本。电视广告脚本的创作，主要有广告词、音乐、音响和画面等几项内容。其中广告词、音乐、音响的创作要求与广播广告相似。而对电视广告画面的处理，要注意以下要求：一是脚本安排要有戏剧性；二是特定镜头不能暴露人或商品的缺点；三是多种商品出现时，不要单调排列，如可用三角形、半圆形、倾斜等富有变化性的编排；四是要突出商品的商标和品牌；五是每一个镜头的时间长短要适当，一般情况下，每个镜头的时间为3~6秒；六是主体要明确，背景要单纯，画面要有层次感。

3）选择演员。演员的选择是否恰当，是决定电视广告制作质量的重要因素之一。在选择演员时，主要考虑以下两个方面的问题。

一是演员的类型。广告演员的类型可分为两大类，即名人演员和普通演员。名人是指有一定声誉和有一定影响的人物，广告中常用的名人主要有电影明星、球星、技术权威、社会名流等。选择名人所做的广告也称名人广告。通过名人对某种商品的喜好、评价和肯定，以迎合一般人通常具有的相信权威人士和崇拜名人的心理，从而激起购买欲望。普通演员是指一般的普通人物，选择普通演员，主要是通过一个普通消费者对某种商品使用后所产生的好感，来影响其他消费者。名人演员和普通演员各具特点，前者的影响力较大，但支付的费用较高；后者的影响力较小，但更具说服力，而且支付的费用较低。

不论是选择哪一类的演员，必须要考虑以下三个原则。① 演员要具备一定的表演技巧。表演技巧主要是指演员对所宣传的商品的偏爱、感情等方面的表现。② 演员所从事的职业要与商品的类型相协调。例如，体育用品应选择体育明星，服装和鞋帽类应选择服装模特儿来当演员等。③ 演员的表演要具有真实性。这主要是指演员对商品使用后的亲身体验。特别是化妆品和药品这类商品，在使用效果上往往是不同的，如果演员根本就没有使用过，而单凭广告词信口开河，就会引起部分观众的反感和不信任。

二是性别。男性与女性的消费习惯、生活方式、对家庭的责任感及对人生的观念，都有着极其细微的区别。随着传统的世俗观念的更新，消费者的购买决策意识也正发生着很大变化。美国学者贝尔（J·W·Bell）就八类商品的购买决策由家庭中谁来决定等问题进行了调查，结果表明：美容、化妆品及妇女服装等由妻子决定，超级市场零售商品中 2/3 由妻子决定；银行储蓄、汽车、男西服主要由丈夫决定；家用电器由夫妻共同决定。因此，在选择演员的性别时，要根据男女性别在广告里扮演的不同角色，确立相应的目标，进行不同的创意设计。因为不同的产品，广告对象也不同。必须注意的是，选择演员时许多电视广告过于重视外形的"美"，在服装、发型、化妆上大下工夫，以求引人注目，但是却忽略了个性和内在气质的选择标准，其结果往往造成商品和演员的相互游离，观众只注意了演员，而对商品的印象却不深刻。演员的作用是以其身体某一部分的特征（如声音、眼睛、头发等）及其特殊的个性影响商品，直接起到传达的作用，使观众对演员有兴趣，因而对商品更有兴趣。演员的个性既不能被商品同化，更不应压倒商品，否则观众就不能借助演员的印象为媒介，去记忆商品，因而这样的广告也只能是失败的。例如，雀巢咖啡的电视广告选择了一位气质文雅、口齿清晰的男演员，他只有一个镜头，而且只说了一句话——"味道好极了！"却给人留下了深刻的印象。只要一想起这位男演员诚恳的目光、富于特点的声音，你马上会想到雀巢咖啡。又如，日立家用电器的电视广告始终选用一位固定的年轻女演员，她衣着简洁而合体，头发紧束，没有任何多余的修饰，给人一种完整紧凑、落落大方的印象，这种印象与这家电器产品的严谨和科学性是一致的。

4）准备道具。电视广告中的道具是指衬托商品的用具。在选用道具时，一般要注意以下问题：一是不能喧宾夺主，即处理好商品与道具的主次关系；二是选择的道具要与表现商品的主题相协调，即道具的类型、形状、大小、颜色等要与商品相呼应；三是道具的摆放位置要合理。

5）安排场景。电视广告的场景就是拍摄广告时所用的地点与环境。电视广告的场景一般可分为室外和室内两种。室外场景具有真实、自然，广告画面层次感强等优点。室内场景具有画面可修饰，用光可根据要求调节，拍摄不受任何条件限制等优点。选择室外场景还是室内场景，都必须根据表现商品的需要来决定。

6）估算制作费用。电视广告的制作费用主要包括以下几个方面：一是广告脚本的创作费；二是拍摄费用，主要是工时费和材料费。工时费包括演员费和制作工作人员工时费，其中演员费如果是广告主直接聘请并且付给费用时，不应计入制作费用；材料费包括拍摄胶片、灯光照明、设备损耗、道具、布景、样片送检等费用。上述费用仅是制作的成本，不包含税费和利润。估算费用结果须经广告主的同意和认可后方能实施。

（2）制片阶段。制片就是将广告画面录制在胶片上的过程，广告制片的主要工作是拍摄，表现手法和技巧与电影、电视基本相同。

在拍摄时，摄影师要合理地运用各种镜头来表现广告的主题，使电视画面更丰富。在各种镜头中，特写镜头的应用最为普遍。特别是在表现商品方面，合理地运用特写镜头能够起到画龙点睛的作用，使电视广告画面更趋完美。

例如，可口可乐的电视广告，其镜头顺序是：① 几位不同国籍的青年同在一节车厢；② 一位东方少女；③ 一位外国男青年用本国语言对东方少女讲话；④ 少女显示出迷惑不解的表情。下面紧接着又是一组与③④类似的重复镜头，只不过其中男青年的形象和语言类别有所不同，但镜头④始终如一。然后，又映出这样一组镜头：有一位外国男青年对东方少女用中国话讲了"可口可乐"的饮料名称，于是少女马上点头微笑了，紧接着是她饮用可口可乐的愉快表情镜头和整个车厢里不同国籍的青年们欢乐的场面。这则电视广告前后不足几秒钟，主要演员——东方少女，一句话也没有讲，而观众却从她的表情变化中明白了该广告所表现的一切内容：可口可乐饮料驰名世界！这则广告的构思与表现方法都是十分巧妙的。这种衔接手法叫做"噱头广告"。当视听者焦急、紧张之后，将其所期待的内容予以说明，这就是噱头广告的功能和魅力。电视广告的形式是十分活泼的，其中噱头广告是很值得推广的一种形式。

在拍摄过程中，要随时对认为不正确的或不满意的情节及动作进行修改，甚至根据需要修改脚本。要总体把握各镜头之间的关系，注意摄制的镜头尽可能多一些，以备后期制作时有较多的选择素材。

（3）剪辑合成阶段。拍摄完成之后，即可进入剪辑合成制作阶段。在拍摄毛片阶段，广告的图像和录音分别录制在不同的胶片上。剪辑就是将毛片上的广告画面进行删减处理。剪辑主要有两项内容：一是广告画面的取舍，即对与表现广告主题无关或画面质量较差的镜头进行删减；二是检查毛片的长短在时间上与音乐及广告主的要求是否一致。合成就是将图像（含字幕）和声音（广告词的配音、音乐、音响）录制在同一胶片上。经过合成后的胶片即为正式拷贝。

在正式播放前，应先用黑白和彩色电视机分别检测其效果。经广告主认可后，即可正式播放。

5.3 印刷广告制作

报纸广告、杂志广告都属视觉媒体广告，是印刷广告的主要形式。只需人的视觉系统就可以发挥影响，在形式上主要由插图、文字、商标和色彩构成。

5.3.1 报纸广告制作

报纸是最先出现的大众传播媒体，也是广告传播应用最早、历史最长的载体。现代社会中，报纸已成为日常生活的一部分。由于它种类多、发行量大、传播范围广，具有较强的针对性和灵活性，读者比较固定，制作简单、费用较低，所以尽管受到电视媒体的强大冲击，但是在各种广告媒体中仍占据着重要的地位。

1．报纸广告的表现形式

（1）从视觉构成角度看，报纸广告常见的表现形式有纯文字型和图文并茂型。

1）纯文字型。纯文字型是指广告内容全部用文字表现，没有任何图片，适宜于表现信息内容比较抽象、庄重而又严谨、时效性较强的广告。

2）图文并茂型。图文并茂型是指广告由多种视觉要素构成，既有文字，又有图片。通过图片，能直观地展现商品的形状、特征等，而文字则能对商品做进一步的说明或解释，既刺激消费者的感官，又有助于加深对广告对象的理解。

（2）从色彩角度看，有黑白广告、套色或彩色广告、空白广告。

1）黑白广告。黑白广告一般以纯文字为主，也有图文结合的，色调为黑灰色。

2）套色或彩色广告。利用色彩形成反差，产生强烈刺激，以引起读者的注意，能得到比较理想的传播效果。

3）空白广告。空白广告是利用大面积的版面空白，通过虚实的强烈对比，使广告主题内容更突出、醒目，产生强烈的视觉效果。但这种手法只能根据广告主题表现的要求而采用，较适于版面较大的广告，或者系列报纸广告。

2．报纸广告制作的要求

报纸广告要取得较好的传播效果，首先，要引起读者的注意，提高广告的注目率；其次，要影响读者的态度，使之对商品产生兴趣，加深印象；最后，还要对消费者的购买行为起到一定的推动作用。报纸广告制作要考虑以下因素。

（1）提高报纸广告的注目率。报纸广告的注目率是指读广告的人在整个读者中所占的比例，其公式为：

$$报纸广告注目率 = \frac{阅读广告的读者}{阅读报纸的读者} \times 100\%$$

很多人在读报时，遇到广告往往是一掠而过，视而不见。因此，要使报纸广告产生效果，提高报纸广告的注目率。应考虑以下因素。

1）广告占据的版面空间。按报纸广告的版面大小大致可分为全版广告、半版广告、半版以内的广告、小广告等。广告版面空间的大小，对广告注目率有直接的影响。一般情况下，版面越大，所引起的强势也会越大，注目率也就越高。在国外，报纸广告大型化已成为一种发展趋势。整版广告或两版连在一起的广告已很普及，它所产生的强势，能够对读者产生较强烈的影响，吸引读者的目光。

2）广告的色彩运用。色彩也是影响读者注目率的一个重要因素。不同的颜色会让读者产生不同的心理震荡。报纸上出现的色彩，特别是我国的报纸，大都是黑白相间的。恰当运用黑与白的对比衬托手法的广告比不会运用色彩手段的广告更能引起读者的注意。而采用彩色、套色等方法来刊登广告，其效果会更好。据调查，彩色广告比黑白广告的注目率要高 10%~20%，回忆率高 5%~10%，读者对彩色广告的注目时间是黑白广告的 2 倍，记忆效果是黑白广告的 2~4 倍。但彩色广告的价格一般比较昂贵。

3）广告的位置安排。报纸广告的位置是指广告刊登在报纸版面的位置，一是版序，即刊登在哪一版；二是某版面的空间位置。

报纸正版（第一版）的广告最引人注目，报纸的其他各版，可因版面安排的内容而各有侧重，同类型的广告多登在同一版面上。一些登在专栏或专版的刊头下面或报纸边缘上的广告，尽管占据版面不大，却比较能引人注目。

在一般情况下，读者视线扫描的版面位置，首先是上半版，然后是下半版。在上半版，读者视线首先注意的是左上区，然后是右上区，按顺时针方向移到下半版，先是右下区，最后到达左下区。因此，在同一版面上的广告，读者的注目率通常是左半版优于右半版，上半版优于下半版。如果按版面的四个区间来划分，其注目率依次是左上版区、右上版区、右下版区、左下版区，如图 5-1 所示。

4）广告的表现形式。当广告的版面大小、位置和色彩等因素确定后，如何来表现广告，就成为影响广告注目率的一个主要因素。

为了提高广告的注目率，要注意尽量使广告形象化。因为形象能够增加报纸版面上的密度，

左上版区	右上版区
左下版区	右下版区

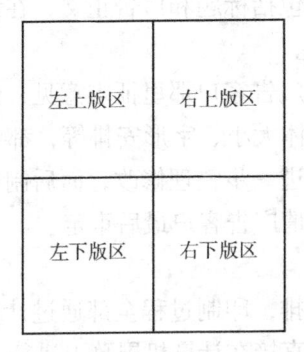

图 5-1　报纸版面的四个区间

从而产生较大的优势，容易引起读者注意。同样是用形象来表现，运用照片的效果比图片更好些。在照片中，使用女性的形象往往更容易吸引人们的视线。

此外，还要注意广告布局。设计广告时要做到焦点统一、魅力平衡、技巧简练，使广告布局的诸构成要素统一在焦点——广告的主题之下，给人以明确完整的印象。为了引起读者的注意，在广告布局时，注意留有一定的空白也是十分必要的。通过空白的衬托，会使广告更加醒目。

（2）影响消费者的态度。报纸广告的一个主要目的是提高产品的知名度，以及使消费者对产品产生好感等。在广告表现上，要注意明确广告的诉求点。一般一条广告只突出一个主题，如果主题过多，内容繁杂，就很难使读者留下深刻的印象。在诉求方式上，一般情感诉求比理性诉求对读者的影响更大。

报纸广告的内容、形式及基本格式确定下来以后，在一个时期内不要随意变换，否则就很难使读者形成统一的印象，广告的效果就会受到影响。

（3）促使消费者采取购买行动。报纸广告同其他广告形式相比，一个突出的优点就是能详尽地传递信息。一则广告中可以容纳很多内容，如商品的名称、价格、质量、性能、售前售后服务、造型、经营及销售商品的地点等。而对消费者购买行为影响最直接的因素是价格。在广告中，要尽量使消费者了解商品及能享受的优惠。

此外，报纸还可以采用知识竞赛、抽奖广告等形式促进商品销售。有些报纸还在广告的一角设有回条，读者可以剪下，凭条到商店购买商品并享受优惠。

3. 报纸广告的制作过程

明确广告的宣传主题、内容和投资预算。

（1）设计草图。根据前期的构思与设计，制作广告草图，并加上标题。有时在广告设计中需要画很多张草图，通过比较鉴别后选出最满意的一幅。

（2）确定字体和美术表现。包括标题和广告正文，在设计时要考虑用什么字号、什么字体，以求广告作品的协调统一。

（3）终稿草图。将草图送到广告客户那里征求意见，修改以后就可以做终稿草图的工作了。在终稿草图里，插图、字体大小、字形安排等，都要和广告作品相一致。

（4）审定清样。将终稿草图进一步整理修改，而后制成广告画稿，最后送去制版，印出的第一版就是清样。清样还应请广告客户最后审定。

（5）交付印刷，出版发行。

现在很多报纸已采用激光照排，印制过程全部通过计算机进行，有些环节可以简化。比如，广告草图的整理修改可以直接在计算机屏幕上进行，直接得到清样，交付印刷。

报纸广告实例如图5-2所示。

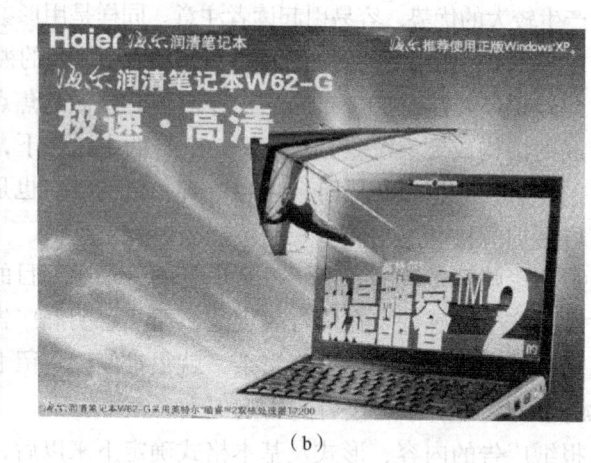

（a） （b）

图 5-2 报纸广告实例

5.3.2 杂志广告制作

杂志是第二大印刷广告媒体。虽然在传播的广度上不如报纸，但是在传播的深度上却是报纸望尘莫及的。由于杂志广告比报纸广告更具有独特性的特点，所以杂志也是广告主的首选媒体之一。

1．杂志广告的表现形式

（1）全页广告。全页广告是指在杂志的某一页上刊登一个或多个广告。这种形式的最大优点是能够集中读者的注意力。

（2）跨页广告。跨页广告比全页广告的面积大一倍。

（3）折页广告。折页广告可根据需要用不同的折页形式，如单折、双折、三折等。

（4）多页广告。多页广告即同一广告连续刊登多页。采用多页广告可以增加读者注意的频率，以提高产品的知名度。

（5）香味广告。香味广告即采用由香味墨水印刷的广告，或者在广告上喷有香水。这种形式最适合于化妆品的广告宣传。

（6）有声广告。有声广告是将一种很薄的录音或唱片装入杂志广告折页中，当读者打开广告时就可播放美妙的音乐。

（7）立体广告。立体广告是用摄影合成的办法，将平面图形变为立体形象的广告，是摄影广告的另一种形式，也是现代广告表现的一种发展趋势。这种广告具有很强的立体感，能给人以深刻印象。

（8）赠券广告。赠券广告是在杂志中增加单独而不装订的一页，或者能容易将某一页剪下的广告。赠券广告的制作一般都比较精细，读者能够长时间保留，便于增加广告的时效。

2. 杂志广告制作的要求

杂志广告与报纸广告同属印刷广告，因此在报纸上运用的制作技术和技巧也适用于杂志广告，不同的是还应注意以下问题。

（1）充分利用色彩。杂志广告的印刷技术远比报纸广告完备得多，其印刷精细，色彩鲜艳华美，能逼真地再现商品形象，易于引起消费者的注目与兴趣。因此杂志广告大多采用彩色广告形式，尤其是彩色摄影广告更能让商品得到充分的体现。

（2）慎选杂志种类。杂志广告由于期刊种类繁多、读者对象专一，选用哪种期刊刊登广告其效果差异很大，在设计制作杂志广告之前，必须仔细研究一下杂志的读者对象和商品与用户的关系。

（3）把握发行周期。杂志按出版间隔可分为周刊、旬刊、半月刊、月刊、双月刊、季刊、半年刊、年刊等。杂志内容多提前完成。杂志广告的制作者要认真把握各种杂志的刊发时间，以提高广告的时效性。

（4）注意版面效果。杂志广告的版面有封面、封底、封二、封三、扉页、内页等形式，其效果是依次递减，其费用也相应递减。同一版面内广告位置的刊登效果与报纸广告大致相同，也是左位比右位好，上位比下位好，中位比上、下位好，大版面比小版面好。但由于杂志每页的内容较为专一，所以对广告的影响或相互干扰较小。

（5）活用多种形式。杂志广告由于其版面形式与印刷形式远比报纸丰富得多，所以它设计制作的方法也比较灵活多样。既可以采用全页广告、插页广告、跨页广告或多页广告，也可以采用香味广告、赠券广告等形式。

3. 杂志广告的制作技巧

（1）恰当选择和安排版面位置。杂志广告的版面选择包括版序和版位的安排。版位是指广告在版面的位置。不同的版面位置，其注目价值不同，给公众留下的印象也不尽相同，应正确选择安排，以提高公众对广告的注目程度。如果把最高注意度列为 100，则各版面注意度如表 5-1 所示。

表 5-1　杂志各版面注意度

版　　面	注意度	版　　面	注意度
封面	100	封二	95
封底	100	封三	90
扉页	90	底扉	85
正中内页	85	内页	50

（2）使版面内容和谐统一。杂志广告的平衡结构，在视觉上给人以生动、活泼之感。充分运用合理的布局、平衡、比例等因素，有助于达到广告版面的和谐统一，产生协调、完整的直观印象。

（3）强调广告色彩的运用。色彩的运用更能突出广告主题的鲜明性，形成强烈的反差，不仅能吸引读者的注意，还能刺激读者的欲望，促使读者主动了解广告的内容。

（4）充分发挥照片的效用。杂志广告印刷比较精美，能够更好地展示出照片的艺术效果。在杂志广告中，与普通插图相比，照片更能给人真实感，具有实证效果。

杂志广告实例如图 5-3 所示。

图 5-3　杂志广告实例

5.4 其他类型广告制作

5.4.1 网络广告制作

网络广告是指因特网上的广告，是广告业的新战场。因特网是指通过一系列互相连接的计算机在全球范围内进行信息交换与传播的工具。网络广告就是确定的广告主以付费方式运用网络媒体进行宣传推介的一种信息传播活动。

作为一种全新媒体的广告传播形式，综合了报刊、电视、广播等媒体的优点，成为一种独立的全新媒体。网络的出现正极大地改变着人们的生活。网络以其对信息跨时空、跨地域、图文并茂及双向传播的超凡魅力，为企业营销创造了一个巨大的市场。

1．网络广告的传播方式

（1）在别人的 WWW 网站发布广告。这是目前最有效、最重要的网络广告形式，借助知名网站投放广告，访问率很高。

（2）Banner。Banner 图形广告是非常有效的网络广告手段。由于媒体提供商的版位有限，收费又是按照收视率而定的，所以通常由几家买主的 Banner 轮换播映。

（3）Button（按键图标）。有点类似 Banner，但所占幅面及位置都不及 Banner。

（4）合办或协办站点。通常由两家或两家以上的公司合作，共同设置网站。

（5）栏目赞助。商家对网站的某些栏目提供赞助，网站为其做广告。

（6）TEXT。文字链接，通常是出现在分类栏目中。

（7）Micro 站点。Micro 站点又称 Mini 站点，企业为突出广告效果，在投放广告的站点上设计的微型站点，通常只有几个页面。

（8）电子邮件广告。企业可以建立自己的客户电子邮件列表或者购买别人的邮件组广告，向这个邮件群组发送广告信息。采用此种方式做广告，切记不要引起消费者的反感，以免起到相反的作用。

（9）使用新闻组。Usenet 是由很多的在线讨论组成的，自成一个体系。其中一个一个的组叫新闻组或讨论组。目前中文网址也有一些讨论组，但其中商业讨论组比较少，大部分讨论组还是以娱乐信息内容为主题。

（10）网上调研。

1）专项调研：如网上有很多调研、有奖问答等。

2）合作方式：由企业和媒体合作，调研题目也各出一半。例如，零点调研公司与 Sohu 合作对很多社会问题进行在线调研。

（11）使用BBS电子广告版。用户通过Telnet或Web方式在电子公告栏发布信息，对顾客做到有问必答。它虽然信息量少，但针对性较强，适合行业性很强的企业。

2. 设计网络广告的技巧

要使网络广告达到最佳的传播效果，可以使用以下技巧进行设计。

（1）把文件做的尽量小而精，以提高传播速度。人们都希望自己的广告做得大而且漂亮。但多姿多彩的网络广告在蜗牛似的下载速度前会大失其效。因此，设计时要在提高传播速度上多下工夫，要在保持较好视听效果的前提下适当地压缩文件，使广告信息在质量和容量之间达到平衡。

（2）统一布局，强化传播效果。网络广告有多种规格形式，并与各种网站链接，所以应该为所有的网络广告预订一个统一的风格，再让各种网络广告在保持统一风格的前提下体现自己相对的独立性。

（3）运用多媒体手段，增强传播力度。合理运用图形、图像、文字、动画、视频和音效等多种元素，可以使网络广告综合各种传统媒体的优势，使观众既可以听又可以看，还可以反复阅读自己感兴趣的广告信息。

（4）运用平面设计原理，增添传播美感。通过使用技巧、突出广告的卖点，就能吸引观众的注意力。

1）在进行版式设计时，突出中心内容，使人一目了然。

2）变换字体的运用，巧妙使用一些字体的动画效果，体现形式的活泼多变。

3）根据产品或企业的形象特点，给网络广告赋予不同的色调。

4）每个网络广告都有适合其个性特点的色调。

3. 建立自己的WWW网站的方法

（1）公司自己建立Web服务器，申请自己独立域名，建立自己的网站。

（2）付一定的费用给虚拟主机提供商，租用网络公司硬盘空间，将信息做成网页存入该硬盘空间。

（3）服务器托管。即租用Internet服务商机架位置，建立企业Web服务系统。将企业的主机放在Internet服务商的通信机房内，由Internet服务商为企业分配IP地址，提供必要的维护工作。

4. 网络广告的发布技巧

（1）在各搜索引擎登记。现在国内外的中文搜索引擎与分类导航站点已有数十家，均可免费在其上登记，如百度、新浪、腾讯、搜狐、雅虎中国、MSN中国等。

（2）积极利用互换链接和页眉广告的机会。站点之间相互放广告在对方的网站上，大家两全其美，既符合中国礼尚往来的传统美德，又符合市场经济的公平交易、互惠互利的原则。但要注意尽量选择那些访问人数比你的站点多的网址作为链接交换的对象，同时要确保对方站点的访问者对你的站点内容感兴趣。

（3）加入广告交换网。想有更多的人来访问你的网页，加入一些好的广告交换网也是十分重要的途径之一。拥有自己主页的用户，都可以加入某个交换网络，你向该交换网的管理员申请一个账号，提交一幅介绍自己主页的图片，该交换网给你一段超文本语言代码，你将之加入主页中，这样每当有人访问你的主页，在你的主页上就会显示一个别人的广告图片，同时你得到 0.5 分或 1 分，根据该交换网的显示交换比率，你的广告图片就会在该交换网的另一用户的主页上显示 1 次或 0.5 次。

由于网络速度的限制，一般广告交换网都是规定广告图片大小的。

（4）利用 Banner 来宣传企业的网站。Banner 是充分利用网页制作中超文本链接功能而形成的，由于标志广告本身就含有经过浓缩的广告语句，同时又配以精美图形，很能吸引人，所以消费者只要看一眼，就产生了广告作用，而点击是广告行为得以成功的标志。

5．监测和评估网络广告

（1）选择评估方式。

1）使用访问统计软件。有一种专门用于广告分析的统计软件，可随时了解广告页面在何时、多少人访问过，或者多少人点击进入网站。

2）查看客户反馈量。查看电子信箱里的新邮件在广告投放后是否大量增加来判断广告效果。

3）寻找第三方对网络广告进行监测和评估。

（2）选择广告媒体的标准。

1）较高的访问量。

2）站点的访问者与目标顾客相符或大致相符。

3）具有较高的透明度，能对其进行检测。

4）媒体供应商有较好的告知意识。

5）采用 CPM 或 CPC 方式收费。

（3）选择网络广告监督机构。如果选用第三方对网络广告进行监测和评估，那就应该对其进行慎重选择。

1）熟悉广告行业的运作机制。

2）有相应的规则对其进行约束。

3）与网络媒体供应商有良好的合作关系。

4）客观、公正、权威。

5）熟悉商业和市场运作的模式。

5.4.2 邮寄广告制作

邮寄广告又称 DM 广告，是指通过邮寄网络将印刷品广告有选择性地直接送给用户或消费者的广告形式。其类型主要包括：商品目录、商品说明书、商品价目表、明信片、展销会请帖、宣传小册子、招贴画、手抄传单等。其形式有：随报刊加送、专业邮寄广告公司寄送、根据顾客名录用信件寄送、雇用人员派送。

DM 广告的设计制作比较简便，首先是确定广告传播对象；其次根据所选择的对象采用印刷或书写（私人信件性质）形式设计、编写广告信函，一般格式是称呼、问候式语言、背景说明、企业和产品介绍、购买者利益、广告语宣传、购买地址等；再次是按选择的对象投递广告信函；最后可进行资料信息反馈、整理、分析、改进。

DM 广告的特点是：针对性最强，广告主对广告活动可自行控制，根据预算选择诉求对象；不受时间、地域、篇幅和版面的限制，广告形式灵活；反馈信息快而准确；在同类商品的竞争中，不易被对手察觉。但由于推销产品的功利性明显，往往使接受者产生一种戒心，因此广告文案力求诚恳亲切，以免引起收件人的反感。

5.4.3 POP 广告制作

POP 广告即售点广告或卖场广告，泛指利用销售场所的内部和外部设施所做的各类广告。

室内媒体主要包括货架陈列广告、柜台广告、模特儿广告、圆柱广告、商店四周墙上的广告、空中悬挂广告等。室外媒体是指购物场所、商店、超级市场门前和周围的一切广告媒体形式，主要包括广告牌、霓虹灯、灯箱、电子显示屏、招贴画、商店招牌、门面装饰、橱窗等。

POP 广告可以是静态的，也可以是动态的。其特点是：机动灵活、形式多样；提醒消费者认牌购买；广告设置一般没有时间限制，长期重复出现，可以加深消费者对产品的印象，能起到无声推销的作用；简单易懂，适合不同阶层的消费者；美化环境，增加零售点对消费者的吸引力，并烘托销售气氛；方便快捷，费用低廉。但是广告传播范围较窄，影响面小。

不同形式 POP 广告制作的特点如下。

1. 柜台广告

柜台广告可制作成招贴画或实物广告，也可由广告模特或营业员进行商品展示宣传、操作示范。制作时要注意此类广告的作用主要是吸引消费者注意、提高对商品差别化认识、直接引起购买冲动。

2. 悬挂广告

悬挂广告是从天花板、梁柱上垂吊下来的展示商品的各种形式的招贴，可制作成标牌、饰物、彩条、旗帜等形式。制作时应注意印刷质量精美、色彩图案对比醒目、大小和悬挂高度适中，并形成某种动感。

3. 地面广告

地面广告可制作成商品陈列架形式，最好能旋转，并配上适当的光源，光色可用于不同商品颜色、质量相协调的调和色彩；也可制作成商品本身或商品包装物的变体形式（模型商品或模型包装），用橡塑材料、金属或木材加工、组合制作而成。

5.4.4 交通广告制作

交通广告是在公共汽车、火车、地铁、船舶、飞机等交通工具内部或外部张挂、绘制的广告。这些交通工具常年定期、定点往返运行，旅客来自四面八方，客流量数以万计，能广泛接触乘客和沿途群众，具有重复宣传、媒体机遇多的特点。

制作交通广告时都是利用文字和图画的有机结合。首先，广告创意设计者确定广告主题，编写广告词，设计字体、图案，经与广告主、交通部门协商后确定最终方案；其次，通过与有关部门（主要涉及工商行政、交通管理、交通检查监督、城市规划、绿化等）洽谈，确定广告发布的时间、地点、交通工具的种类和数量；最后，绘制或印刷广告版式招贴，正式发布交通广告。

运用交通广告要研究交通工具行驶的路线，乘客的数量、构成，有时可与现场广告媒体结合起来。由于现代城市交通工具高速行驶，广告文字不宜过多，要更加简洁醒目。

5.4.5 橱窗广告制作

橱窗广告是借助玻璃橱窗等媒体物，把商店经营的重要商品，按照巧妙的构思，运用艺术手法和现代科学技术，设计陈列成富有装饰美的货样群，以达到刺激消费的目的。

橱窗广告按建筑结构分为两种：一种是透明橱窗，橱窗后面不设隔绝物，橱窗商品陈列与售货现场构成一个整体；一种是半透明橱窗，橱窗后面有一半与售货现场隔开，橱窗商品陈列本身构成一个整体。

橱窗广告的制作一般要求醒目和重点突出，还应注意以下几方面。

（1）背景。就是橱窗广告布置的空间。从形状上看，背景布置要求大而完整、单纯、避免小而复杂的烦琐装饰；从颜色上看，尽量用明度高、纯度低的统一色调，即明快的调和色。如果广告商品的色彩淡而一致，也可用深颜色作为背景（如黑色等）。

（2）道具。道具包括布置商品的支架等附加物和商品本身，支架越隐蔽越好。

商品的摆放要讲究大小对比、色彩对比、层次对比，具有立体效果，以突出广告商品为原则，同时注意形式上的美感。商品名称及厂家名称可以安排在台架上、悬挂起来或直接粘贴在橱窗玻璃等突出的部位。一个橱窗最好只做某一厂家某一类产品的广告。

（3）灯光。对灯光的一般要求是光源隐蔽，色彩柔和，避免用过于鲜艳、复杂的色光，应尽可能反映商品的本来面貌，给人以良好的心理印象。为橱窗配置适当的顶灯或脚灯，不但能起到一定的照明作用，而且还能使橱窗原有的色彩产生戏剧性的变化，给人一种新鲜感。

现代橱窗广告的布置更加注意强调立体空间感和空间布置的机理对比。随着设计思想观念的变化和科技的发展，从形式上不断翻新，其吸引人注意的程度日益提高。但是，如果在设计布置上只注意形式上的变化而忽略了广告目的，造成喧宾夺主的效果，这样的广告是不会成功的。

橱窗广告还能与销售地点和商品结合在一起，并通过独特的艺术形式来表现广告主题。其作用为：招徕顾客，扩大销售；指导消费；传播信息，沟通产销；装饰店面，美化市容。橱窗广告陈列要做到真实性、思想性、艺术性的统一，要有明确的政策观念作为指导思想。

本章小结

广告文案是指广告作品中用以表达广告主题和创意的所有文字处理和语言的总和。广告文案是由标题、正文、标语和附文构成的。广告文案的类型主要分为理性诉求型和情感诉求型两种。

广告文案写作的基本要求是广告主题明确、广告内容准确真实、文案结构布局合理、广告语言科学流畅、风格新奇且具艺术情趣，以及强调鼓动性和有效性。广告文案的表现技巧体现在广告文案的主题、创意、语文及其修辞等方面。

广播广告包括有线和无线广播广告，是通过发射电磁波传递语言、音乐、音响来传达商品信息的一种诉求手段和传播方式。

第 5 章 广告制作

广播广告的设计指的是根据编写的广播广告文稿设计广播广告作品的制作方案。设计广播广告时要注意：立足声音，塑造形象；强调品牌，突出主题；注重开头，先声夺人；寻求广告的最佳组合。广播广告的制作要求体现在广告词、音乐、音响三个方面。

广播广告的表现形式有对话式、解说式、演唱式、报道式。广播广告的制作过程一般要经过准备、录制和合成三个阶段。

电视广告主要是借助荧屏图像进行信息传播的。电视广告的设计包括绘制电视广告脚本、确定电视广告表现形式、安排广告时间和时段、选择广告播出方式。

电视广告表现形式有生活片段式、推荐式、幽默式、歌曲演唱式、比较式、介绍式、情感式、表演式。电视广告播出方式有插播广告和赞助广告。

电视广告的制作要求包括：注重视觉形象的运用；注重听觉形象的运用；合理使用光与色；电视广告字幕的设计制作要便于识别；电视广告用语要提倡说普通话；电视广告的音乐和歌曲要具有自己的风格；电视广告制作要注重意识形态。

电视广告的制作程序分为前期准备阶段、制片阶段、剪辑合成阶段。

报纸是最先出现的大众传播媒体。报纸广告制作要求提高报纸广告的注目率、影响消费者的态度、促使消费者采取购买行动。

报纸广告的表现形式有纯文字型、图文并茂型；黑白广告、套色或彩色广告、空白广告。报纸广告的制作过程包括设计草图；确定字体和美术表现；终稿草图；审定清样；交付印刷，出版发行。

杂志广告的制作要求是充分利用色彩；慎选杂志种类；把握发行周期；注意版面效果，活用多种形式。

杂志广告的表现形式有全页广告、跨页广告、折页广告、多页广告、香味广告、有声广告、立体广告、赠券广告。

杂志广告的制作技巧是恰当选择和安排版面位置；使版面内容和谐统一；强调广告色彩的运用，充分发挥照片的效用。

其他类型广告主要是网络广告、邮寄广告、POP 广告、交通广告、橱窗广告。

复习思考题

1. 概念

广告文案　　网络广告　　邮寄广告　　POP 广告　　橱窗广告

2. 选择题

（1）广告中画面、音乐的制作，往往是在_____的基础上进行再创作。

  A. 语言文字   B. 创意   C. 画面

（2）附文是广告内容的必要补充说明，包含的内容有_____。

  A. 单位名称、电话、网址、邮编

  B. 单位名称、电话、网址、目标

  C. 单位名称、电话、邮编、说明

（3）广播广告的制作一般要经过_____三个阶段。

  A. 准备、录制、合成

  B. 准备、摄制、合成

  C. 准备、录制、播放

（4）杂志广告的版面有封面、封底、封二、封三、扉页、内页等形式，其效果和费用是_____的。

  A. 递减   B. 递增   C. 持平

（5）POP广告的室内媒体包括_____等。

  A. 柜台广告、模特儿广告、悬挂广告

  B. 柜台广告、模特儿广告、橱窗

  C. 柜台广告、模特儿广告、广告牌

3. 判断题

（1）广告文案是广告的核心，任何一则广告都需要借助语言文字来表达主题。（　　）

（2）广告的理性诉求型文案多适用于装饰品、化妆品、流行性商品等。（　　）

（3）广播广告主要是由广告词、音乐、音响三个部分组成的。（　　）

（4）报纸广告要取得较好的传播效果，要先影响读者的态度，使之对商品产生兴趣，加深印象。（　　）

（5）因特网与传统广告媒体的主要区别在于顾客与广告商之间交流的潜力。这种联系是交互式的。（　　）

4. 填空题

（1）广告作品是由_____、_____、_____等要素组成的。

（2）广告文案一般包括_____、_____、_____和_____四个部分。

（3）广播广告音乐选用时要注意_____、_____、_____。

（4）电视广告设计包括_____、_____、_____、_____四个部分。

（5）杂志广告的制作技巧有_____、_____、_____、_____。

5．思考题

（1）简述广告文案写作的基本要求。

（2）是广告支撑着因特网吗？为什么？

（3）简述电视广告的表现形式。

（4）不同形式POP广告的制作特点是什么？

（5）野马汽车上市时，亚科卡展开了一系列广告活动。他邀请记者亲临野马汽车大赛现场，在260家报纸上刊登整页广告，在有影响的杂志上刊登广告画面，在各大电视台每天不断播放野马汽车的广告，选择引人注目的停车场竖立巨型广告牌，在飞机场、港口及200家度假饭店门厅摆放野马汽车，用直邮形式向全国几百万用户寄送广告宣传品。这些使年销量由计划的5 000辆达到418 812辆，仅两年时间就获利11亿美元。请你分析他成功的原因，你能找出相似的例子吗？

实训题

杂志广告

为广告界称道的一则杂志广告是由美国广告专家大卫·欧格威创作的"穿哈特威衬衣的男人"。厂家通过这一广告宣传，在第一年产品的销售量就提高了三倍多。

这则广告由插图、标题和广告正文三部分构成。

插图在广告中占了很大比例。图片中选用了一位戴眼罩的仪表不凡的男人——俄国贵族乔治·朗格尔男爵做模特，给人留下了很深的印象。

广告标题则突出"这个男人穿的是哈特威衬衣"，表明这种衬衣非同一般。

广告正文是这样写的。

"经过了长时间的摸索，美国的男人们终于开始领悟了这样一个道理：如果买了一身好西服，里面却穿上一件粗制滥造的大路货衬衣，那是荒唐可笑的，因为它大煞风景。正因为如此，穿哈特威衬衣的人越来越多，因为它确实是独树一帜的高档衬衣。

首先，哈特威衬衣穿着耐久——能穿用多年。再者，它能使你显得年轻、高雅，因为它的衣领是按一定规格裁制的——领度更低；整个衬衣裁剪时用料更为慷慨，因而更为舒适合体，衬衣的后摆更长，便于束在裤腰里面；衬衣的纽扣也是用珠母制成——个头大，富于男性美；甚至衬衣缝制的针脚也都保持了俊雅外观。

最重要的还是由于哈特威制作衬衣时选用了上好的衣料——都是从世界各地采购来

的——英国产的斜纹、平纹布；苏格兰的光面毛绸；英属西印度群岛所产棉花的织品；印度的手织丝绸；曼彻斯特的宽幅布和巴黎的上等亚麻布等。穿上这种上等衣料制作出来的衬衣，其风度简直无懈可击，你一定会心满意足的。

哈特威衬衣是在美国缅因州小城镇——瓦特威尔里，由专心致志的高级工匠组成的小厂精制而成。这些人祖祖辈辈操此行业已有164年历史。

如果你想知道就近的哈特威衬衣代销店的名称，请用明信片与缅因州瓦特威尔里哈特威衬衫厂联系。"

实训要点：这则广告体现了什么制作技巧？你认为它有什么特点？

第 6 章

广告媒体

◇ **本章学习目标** ◇

1. 了解广告媒体是广告主用来进行广告活动的物质技术手段和广告信息传播的中介工具。
2. 熟悉广告媒体的类型及其特点。
3. 掌握选择广告媒体的方法及广告媒体的组合方式。

引导案例

百威广告的成功秘诀

百威啤酒是在美国及世界最畅销的啤酒,长久以来被誉为"啤酒之王",居于啤酒业的霸主地位。百威之所以成功,除了是美国首屈一指的高品质啤酒外,其卓越的市场策略和广告策划也非常重要。从百威啤酒成功地进军日本市场即可看出这一点。

百威能取得成功首先在于把握了日本年轻人市场的变化,特别是确立了以年轻人为诉求对象的广告策略。日本经济高速发展,使居民的消费水平空前高涨,日本年轻人变得更有购买力,有更多的时间去追求自己喜爱的事物,新奇而又昂贵的产品很吸引他们。百威即把重点放在广告杂志上,专攻年轻人市场,并推出特别精制的激情海报加以配合。

百威啤酒广告在表现上运用了扣人心弦的创意策略,即将百威啤酒溶于美洲和美国的气氛中,如辽阔的大地、沸腾的海洋或宽广的荒漠,产生一种震撼感,给人留下深刻的印象。

在媒体选择上逐年扩展到海报、报纸、促销活动,1984年开始运用电视媒体,为配合大众媒体的广告宣传，针对年轻人市场成功地举办了很多活动。如举办第三届新港爵士音乐、邀请百威棒球队到日本访问等，这些活动都吸引了大批的年轻人，扩大了产品的影响力。

百威推出多种不同广告，一直都能博得消费者的好感，尤其是海报更受到人们的青睐而成为收藏品。其中一张绘有夏威夷风光的海报，1984年在纽约广告竞赛中获奖。

现代媒体是宣传效果的倍增器，一个成功的商品背后必然有成功的广告宣传和媒体运用。无数的事实有力地证明，进行针对性广告创意，选择合适的广告媒体，就一定能够获得产品销售的成功。

6.1 广告媒体概述

广告媒体是传播广告信息的运载工具，是广告者与广告宣传对象之间起媒体作用的物质手段，也是生产者与消费者之间的桥梁。随着人类科学技术的进步，广告媒体的发展也是日新月异，种类不断增加，形式不断变化。不同的广告媒体各有不同的优势和不足，没有一种完美的广告媒体。

6.1.1 广告媒体的含义

媒体，又称媒介，广告媒体是广告信息传播的物质载体或中介，是达成广告目标的一种物质技术手段。广告媒体很多，如广播、电视、报纸、图书、杂志、橱窗、商品包装装潢、交通工具，甚至一张员工卡、一件衣服、一支笔、一把扇子、一张名片等，凡是能起到传播作用的物体，都可称为媒体。

从传统看，广告媒体主要有实物广告、口头广告、声响广告、望子广告、幌子广告、彩楼广告等。从现代看，广告媒体主要有报纸、杂志、广播、电视，以及宣传单、电影、幻灯、图书、橱窗、路牌、条幅、灯箱、邮寄、交通工具、商品包装装潢等媒体，其中报纸、杂志、广播、电视被称为现代广告四大媒体。

广告媒体是传播广告信息内容的一种物质技术手段，但它并不仅仅是将信息从广告主传到目标受众的"中性渠道"，也不是一种"消极的依托"，其本身也可以赋予信息某种内涵和色彩。

6.1.2 广告媒体的基本功能

1. 传达力

这是广告媒体最基本的功能。广告媒体，尤其是大众传播媒体，如广播、电视、报纸、杂志等，由于它们本身固有的传播性能，使它们可以打破时空的界限，在广大的地区内传播，在众多的对象间传播。

2. 吸引力

一般来说，各种媒体都能拥有一定的视听者。这是因为这些媒体本身是传播一定信息或宣传特定内容的工具与手段，长期以来以其特色吸引了社会公众。借助媒体的吸引力，设计、制作生动有趣的广告，便能强有力地吸引目标受众。

3. 适应力

广告媒体多种多样，特点各异，因而可以适用于不同广告信息的传播与要求。如报纸、杂志以文案见长，适合于文字、数据较多较复杂的机械、汽车、计算机等广告宣传；电视以形象见长，形、声、色兼具，适合化妆品、药品等广告宣传；霓虹灯以气势和闪动见长，而且较为醒目，适合于品牌或企业徽标的广告宣传等。

6.1.3 广告媒体的类型

广告媒体种类繁多，根据不同的标志，可以将广告媒体划分为不同的类别。

（1）从时间角度分类，广告媒体可分为长用媒体和暂用媒体。

长用媒体是指那些具有较长使用时期的媒体，如路牌、霓虹灯等；暂用媒体是指那些从实践来说不可能也不必长期使用，而只是暂时使用或瞬时使用的媒体，如报纸、杂志、广播、电视、邮政等。

（2）从空间角度分，广告媒体可分为国际性媒体、全国性媒体和地区性媒体。

国际性媒体是指国际间发行的出版物、国际间的交通工具、国际性广播电台等；全国性媒体是指在全国范围内发行的报纸、杂志和全国性的广播电视等；地区性媒体是指以某一城镇或一个省区或几个省区为区域范围的报纸、杂志、广播、电视、路牌等。

（3）从媒体刊载或播放的内容分，可分为混合媒体和专用媒体。

混合媒体是指媒体不仅刊载广告内容，还刊载其他内容，甚至以其他内容为主，各类信息包括各类繁多的广告，如新闻报纸、专业杂志、广播电视等；专用媒体是指只宣传单一广告内容的媒体，如霓虹灯、产品目录等。

（4）从目标受众的感觉角度分，广告媒体分为视觉媒体、听觉媒体和视听觉媒体。

视觉媒体是指接受者通过凭视觉刺激而感知广告内容的媒体，包括报纸杂志、产品目录、广告牌、霓虹灯、图画、古代的望子等；听觉媒体是指接受者通过听觉刺激而感知广告内容的媒体，主要是广播、扬声器、口头叫卖及传统"拨浪鼓"等；视听觉媒体是指综合视、听觉刺激，形声色兼具的媒体，如电视、电影、幻灯等。

（5）从媒体属性分，广告媒体可分为印刷品媒体、电波媒体、馈赠品媒体和消费者媒体。

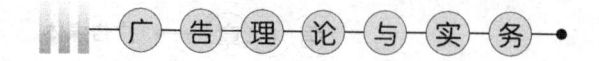

印刷品媒体有报纸、杂志、产品目录、宣传图画等；电波媒体主要是广播、电视；户外媒体包括霓虹灯、路牌等；馈赠品媒体，如在年历、台历、钥匙扣、工艺品等赠送品上刻上企业或产品名称、简介，这些赠送品就属于馈赠的广告媒体；消费者媒体严格来讲是一种潜在的广告媒体，是指通过其他传播媒体或因使用而了解了某一商品或服务，形成一种观念，并自觉地向其他消费者传递这一信息的消费者的集合。

6.1.4 常用广告媒体的特点

1．报纸媒体

（1）报纸媒体的优点如下。

1）版面大，篇幅多，形式多样，可供广告主充分地进行选择和利用。

2）媒体覆盖的区域性较强，覆盖的社会层较为广泛。

3）传播范围广，传播速度快。报纸发行量大，触及面广。新闻报道是报纸的主要任务，但新闻报道带动着广告信息的传播速度，保证了广告宣传的时间性。

4）报纸具有特殊的新闻性，从而使广告在无形中增加可信度。将新闻与广告混排可增加广告的阅读率。

5）报纸广告的编排、制作的截稿日期比较灵活，所以广告的改稿、换稿和投稿都比较方便。

6）读者可主动选择阅读，信息便于留存和查找。对报纸广告所传播的信息，接受与否的主动权掌握在读者手中，它不受时间的限制。

（2）报纸媒体的不足有以下几点。

1）寿命短暂，通常只保留一天，人们很少重读过时的报纸和广告。

2）阅读注意度低，受版面限制，经常造成同一版面广告拥挤。报纸广告强制性小，容易被读者忽略。

3）受文化水平限制。广告信息传播受读者文化水平的限制，要求接受者有一定的文化水平，无法对文盲、半文盲产生广告效果。

4）印刷不够精美。由于纸张和印刷技术的局限，报纸广告显得粗糙，且缺乏动态感、立体感和色泽感，影响了广告宣传的质量。

2．杂志媒体

（1）杂志媒体的优点如下。

1）杂志针对性强，目标群体明确、稳定。进行广告宣传容易做到有的放矢，且由于专业性杂志具有较高的权威性，一般可取得较为理想的宣传效果。

2）杂志持续时间长，精读率、传阅率高。杂志具有比报纸优越得多的可保存性，因而有效时间长，且没有时间限制，广告宣传效果持久。

3）杂志篇幅灵活、编辑精细、图文并茂、印刷精美。精美的广告作品不但能逼真地表现产品形象，而且可以给读者带来视觉上美的享受，使公众获得更直观的认识，进而产生心理上的认同。

4）杂志的发行面广，对于全国性商品或服务的广告宣传，杂志广告无疑占有优势。

5）制作精美。杂志广告可用彩色画面，纸质优良，制作比较精细，印刷效果好，能够较好地表现产品的外观形象。艳丽的色彩能调动人的多种感情和想象，较之黑白图案要强许多倍。

（2）杂志媒体的不足有两点。

1）时效性差。由于杂志出版周期长，出版频率低，因而不像报纸媒体那样能够迅速及时地反映市场变化，不适于做时间性要求强的产品广告。

2）影响面窄。由于杂志媒体的读者相对少，专业性强，因此接触对象不广泛，影响面相对比较小。

3. 广播媒体

广播媒体是传播广告信息速度最快的媒体之一，在传播领域仍保持着一定的地位。

（1）广播媒体的优点如下。

1）迅速及时。它不受地区、交通、路程、气候条件的限制，能以最快的速度把广告信息传送到城市、农村及世界各地。广播的收稿截止日期最短，有些广播稿可在广播前几分钟提出修改，这是广播广告的突出特点。

2）覆盖面广。广播在一天中持续的时间长，从早到晚都有节目播出。随着半导体收音机质量的提高和小型化，广播发挥了见缝插针的特点，听众可以在家中或旅途中随时收听，不受地区环境的限制。

3）具有较高灵活性。广告内容可长可短，形式多样。任何用声音来表达的广告内容，包括音乐、口号、对话、相声等，都可以通过电台来传播。具有听觉条件的人，都可以利用收音机收听广告。

4）价格便宜。广播广告制作简便，收费低廉。在国外，同一时间广播广告的价格与电视广告的比价为1∶4；在我国，中央人民广播电台每分钟的广播广告，其价格不到中央电视台第一套节目同一时间的1/10。

（2）广播媒体的不足有三点。

1）时效性短。广播广告转瞬即逝，不易存查，广告时间短暂，难以回忆。

2）有声无形。仅局限于对公众听觉系统的刺激，难以在视觉上施加影响，广告效果受到影响。

3）听众分散。广播听众分散，听时往往心不在焉，广告宣传效果相对难以测定。一般来说，复杂、新奇、外观吸引人和使用较难的商品，不适于在广播媒体上做广告。在选择广播广告时，要注意节目编排情况，安排时间、次数和播音水平等。

4. 电视媒体

电视是后起之秀，发展极为迅速，已成为涵盖面最广、传播速度最快的媒体，也是最能形象地传达信息的媒体。

（1）电视广告媒体的优点如下。

1）声形兼备，具有较强的表现力和感染力。电视广告信息同时诉诸视觉和听觉，以感人的形象、优美的音乐、独特的技巧，给人以美的享受。同时电视内容丰富多彩，具有较强的吸引力和艺术感染力，容易被记忆和留下深刻的印象，积累性效果明显。

2）覆盖面广，传播速度快。电视是一种无所不在的广告媒体形式，在同一时间，迅速传播。它可以不受空间的限制。快速的传播、广泛的涵盖，使电视媒体吸引了更多的广告主。

3）广告效果与收视率密切相关。电视节目娱乐性强，在人们的日常生活和闲暇时间占据重要位置，在所有媒体中是最具强势的大众传播媒体。尤其是与特定节目如体育节目、重大事件直播等联动，使广告具有其他媒体不可比拟的瞩目度和累积效果。

4）具有较高的被注意率。由于人们在看电视的时候基本上不能同时干其他的事情，比较专心，所以电视广告的被注意率比较高。同时，看电视是一种家庭性的行为，一家人往往围坐在一起看电视，所以电视广告有利于家庭共同购买意识的形成，有利于促进家庭购买决策的形成。

（2）电视广告媒体的不足如下。

1）信息不易保留。电视节目持续时间短暂，稍纵即逝，难以再现和回忆。假如未能及时收看，推销的机会就会失去，极大地影响了广告商品的记忆效果。

2）广告费用高。在所有媒体中，电视广告的绝对费用是最高的。电视广告制作是综合性、集体性的艺术，它需要以电视广告脚本作为依据，需要布景、灯光、道具、服装、化妆等美术部分，需要音乐或音响效果，还需要构思创作的导演和演员。制作时还要摄像、录像、录音、剪辑等一系列特有的技术工作部门配合。因而在播放次数上和对广告内容的详细解释上都有所限制。

电视技术的发展导致高清晰数字化电视的出现，而卫星电视落地，有线频道激增，使得观众有了更多的选择，也降低了频道传播效果。广告主要想达到对目标受众足够的传播量，必须加大对不同电视媒体的投资。从发展趋势看，今后电视媒体将会成为集资讯、沟通、理财、购物、娱乐等多功能于一体的现代化工具。

3）观众不能根据各自的年龄、爱好或所受教育的程度任意选择电视广告节目。对穿插在其他节目之间的广告，收看具有勉强性，容易引起观众反感，影响广告效果。

5. 计算机网络媒体

网络媒体兼备电子和印刷两类媒体的共同特点，作为一种全新的可能会彻底改变人们生活方式的听觉媒体，其优势是传统媒体不可比的。

（1）网络媒体的优点如下。

网络媒体具有传统媒体的优点，并且有自己的优势，有传统媒体无法比拟的特点。

网络媒体和网络广告与传统媒体和传统媒体广告相比，其最大的优势不在技术上，而在心理上。对网民的研究表明，消费者所以点击广告，心理因素是主要动因。网络广告是一种以消费者为导向的个性化的广告形式。消费者拥有比在传统媒体面前更大的自由。他们可根据自己的个性特点，根据自己的喜好，选择是否接收，接收哪些广告信息。一旦消费者做出选择点击广告条，其心理上首先已经认同，在随后的广告双向交流中，广告信息可以毫无阻碍地进入消费者的心中，实现对消费者的100%的劝导。当然，如果消费者选择不点击的话，就是100%的无效传播。

1）覆盖范围广泛。网络联结着世界范围内的计算机，是由遍及世界各地大大小小的各种网络按照统一的通信协议组成的一个全球性的信息传输网络。因此，通过因特网发布广告信息范围广，不受时间和地域的限制。从广告角度看，作为广告媒体，其传播信息的范围越广，接触的人越多，广告效应就越大。从广告用户市场看，用户市场遍及世界各个角落，即使是一家小企业上网，都有可能一夜成为国际性公司。

2）视听效果的综合性。网络是伴随着新科技发展起来的。网络广告由于先进的科技，具有传统媒体在文字、声音、画面、音乐、动画、三维空间、虚拟视觉等方面的一切功能，实现了完美的统一。与传统媒体相比，网络广告在传播信息时，可以在视觉、听觉，甚至触觉方面给消费者以全面的震撼。

3）信息容量大。企业在因特网上提供的信息量是不受限制的。企业或广告代理商可以提供相当于数千页的广告信息和说明，而不必顾虑传统媒体上每分每秒增加的昂贵的广告费用。

4）实时性与持久性的统一。网络媒体具有随时更改信息的功能，企业可以根据需要随时进行广告信息的改动，企业可以24小时调整产品的价格、商品信息，可以即时将最新的产品信息传播给消费者。网络媒体也可以长久保存广告信息。企业建立起有关产品的网站，可以一直保留，随时等待消费者的查询。从而实现了实时性与持久性的统一。

5）广告投放准确。网络广告的准确性包括两个方面。一方面是企业投放广告的目标市场的准确性。网络实际上是由一个一个的团体组成的，这些组织成员往往具有共同爱好和兴趣，无形中形成了市场细分后的目标顾客群。

还有就是一些年轻时尚人群，由于他们追求时尚、个性、方便、爱好的消费心理需求，再加上网络广告更具个性化和互动性，年轻时尚消费群体可以轻而易举地参与进来，而无须通过烦琐而又费钱的方式参与。再者，产品定位与网络目标消费者相符，节约了宣传成本，降低了无用宣传。时尚目标消费者大多是工作繁忙的单身白领、在学校生活的大学生、出门在外的打工者，这些人的特点是生活节奏快、缺乏家人照顾，而绝大多数网民也是如此。

企业可以将特定的商品广告投放到有相应消费者的站点上去，目标市场明确，从而达到有的放矢。

（2）网络媒体的不足在于以下几个方面。

1）受众面较窄。网络用户大多是白领阶层、政府官员或一些高学历人士，还没有达到大众的水平，只能算小众媒体。

2）用户不确定。虽然网上的用户群已经形成，但其资料数量还远未达到进入实际操作阶段，用户定位十分模糊。

3）网络设备、技术的限制。计算机的性能、传输速度等，限制了网络的发展，使需要用大量精美声像资料来表明的"富媒体"广告难以推广。

4）垃圾信息过多。网站之间信息的非法复制现象严重，重复率高，使其价值体现不出差别化。

6. 户外广告媒体

户外广告通常有路牌广告、电气（霓虹灯、灯箱）广告、交通广告等，主要分布在交通要道、商业闹市、旅游胜地、机场车站和公共娱乐场所等行人较多的地方。户外广告主要用于补充其他广告媒体的不足。它面对流动性的观众，不能选择观众类型。

（1）户外广告媒体的优点如下。

1）形式多样，信息保留时间长。户外媒体有霓虹灯、路牌、交通工具、建筑物等，可选择的形式多样，而且一次设计制作好的信息可以保留相当长的时间，可以起到反复强化的作用。

2）形象鲜明，容易引人注意。由于户外媒体的面积一般比较大，形象鲜明，而且位置又多选择在市中心、商业繁华区或交通要道，容易引人注意。

3）费用适中，企业能够承担。户外广告媒体无论是设计、制作费用还是发布费用，相对于四大媒体来说都是比较便宜的，大部分中小型企业都有能力承担。

（2）户外广告媒体的不足有三点。

1）影响面小，无法选择广告受众。户外媒体一般都是固定的，只能在局部地区发挥作用，影响面小。

2）表现力简单，信息容量小。户外广告媒体所处的具体环境和条件决定了它不能为公众提供仔细阅读的机会，因此广告内容一般都比较简单。

3）灵活性差，干扰因素多。户外媒体由于大多数是固定设置、长期使用的，所以灵活性较差。同时，受到户外嘈杂环境的影响，干扰因素多，使广告的注意度低。

7．售点广告媒体

现场广告在国外被称为 POP（Point of Purchase）广告，即"商品交易场所的最终广告"或"购物点广告"。在商品销售现场，它是一种最有效、最直接的宣传。从建筑物外悬挂的巨幅旗帜，到商店内外的橱窗广告、商品陈列、商品旁的价目表，以及展销会等，都属于 POP 广告的范畴。现场广告由于商品直接与选购者见面，替代了售货员传达商品的特点、内容和使用方法，较易使消费者发现并注意新产品，从而影响消费心理，促成购买，扩大销售。

（1）售点广告媒体的优点如下。

1）提醒消费者购买以前早有印象的商品。

2）有益于美化店面的环境，吸引新的顾客，并且无论消费者文化程度高低，都能一目了然，理解其意。

3）广告时间较长。

4）对于不指名购买者能起到无声推销的作用。

5）显示商品质地、服务均属一流，造成一种生意兴隆、争相购买的气氛，从而激发消费者购买欲望。

（2）售点广告媒体的不足有以下几个方面。

1）对于店堂面积太小的商店，POP 广告太多，会造成店堂十分拥挤，广告功效不但不能很好显现，而且会影响到商品的销售。

2）店堂的 POP 广告容易沾满灰尘，如不经常保持清洁，其广告功效将大为逊色。

3）POP 广告以精致美观为前提。如果太简陋，不仅不能显示商品品质，反而会改变消费者的购买态度，得不偿失。

8．邮寄广告媒体

（1）邮寄广告媒体的优点如下。

1）不受地点、时间等限制。

2）对象明确。可以根据广告内容有针对性地选择分发对象，直接寄到用户手中，杜绝浪费。

3）制作简单，轻而易举，成本低于其他广告形式。

4）传递快、反馈快，能直接挂钩。只要对方满意，几天内就能得到答复。

5）吸引力大。广告中配有图文并茂的详尽说明和各类具体准确的参数，具有参考和保存价值。

（2）邮寄广告媒体的不足有以下几个。

1）由于针对性强，推销产品的功利性就特别明显，往往使消费者产生反感。

2）费时费力。要使广告对象选得准确、恰当，必须首先对广告对象做大量的了解。同时，通过邮局传递广告信息也需要大量的人力物力。

（3）邮寄广告媒体常见的形式有三种。

1）样本。样本是现代工商贸易活动中的重要媒体，有时可以替代商品实物作为议价的标准。同时，迅速地将不断创新的商品向买主做详尽的介绍，可以促使买主购买。

样本有多种商品的综合样本和单项商品的专门样本。样本广告必须及时、多样且有高度的真实性和可靠性。样本从设计到分发速度要快、时间性要强、形式要多样化。它可以由单页折叠而成，或者装订成册，有的简朴，有的豪华。如果是综合样本，每一商品应注明货号，顾客根据样本可选购商品。样本的商品图片要逼真，要真实地反映商品形、色、质的实际面貌。商品说明应该词能达意，商品名称、代号和有关数据正确无误，使买主见图如见其物，让使用者有据可查。

2）商品目录和说明书。企业在商品目录中将其经营的商品分类介绍，以供各类进口商、批发商或经销商订货时参考。每一种商品应有编号，并列出价格，还应列出商品包装、商品装运的重量及尺码单位，以便买主计算运费。

机械产品及耐用消费品等性能、规格、用途复杂的产品，还需要有说明书，并提供服务项目。

3）工商企业名录。将工商企业名录提供给经常联系的客户，客户可以在名录中找到所需产品的购买地点，效果较为显著。

此外，将广告内容印刷成便于散发的小传单，写明货物名称、特点及厂商地址、联系办法等，也可以作为厂商、经销商送给用户或个人的广告宣传品。

常用广告媒体的功能比较如表 6-1 所示。

表 6-1 常用广告媒体的功能比较

内容项目 \ 种类	印刷媒体	广播	电视	户外媒体	网络
作用器官	视觉	听觉	视觉、听觉	视觉、感觉	视觉、听觉

续表

内容项目＼种类	印刷媒体	广播	电视	户外媒体	网络
引起注意	刺激性一般,不易产生深刻印象	有较强刺激性,产生深刻印象,便于记忆	刺激性强,印象深刻	有较强刺激性,印象比较深刻	主动邀请公众点击,动态效果好、刺激性强,印象深刻
诱发兴趣	缺乏动感,不易启发兴趣	能诱发心理幻想,产生兴趣	能引入消费境界,产生兴趣	缺乏心理幻觉,不易启发兴趣	具有交互机制、能诱发兴趣
诱导欲望	通过平淡联想,产生消费愿望	通过心理联想,产生消费愿望	通过暗示、启发和激励,引发消费愿望	通过现场提示,引发消费欲望	通过详细介绍和价格比较,引发好奇心和购买欲望
引导行为	给人以真实感促进购买	具有较强号召力	具有较强的购买推动力	以直观、实在引导购买行为	通过电子商务引导购买行为
公众自主性	阅读完全自主	无法自己决定收听时间	无法自己决定收视时间	公众基本自主	公众完全自主
公众范围	对文盲、知识程度较低者传播功能小	对各种文化程度者基本有效	对各种文化程度者均有效	对各种文化程度者基本有效	对文化程度较高者有效
内容表达	可传播多方面内容,简单、详细即可	只能传播简单内容,且不可详细解释	只能传播简单、形象性内容,且不必详细解释	传播简单、直观内容,不必详细说明	可传播静态、动态信息,简单、详细均可
诱发想象力	容易产生实在感和真实感,形成消费动向	通过语言心理和音响氛围,形成消费动向	通过消费示范和形象展示,引发消费动向	通过直观提示和性能展示,引发消费动向	通过信息陈述、全方位形象展示和生动演示,引发消费动向

6.2 广告媒体的选择

广告媒体的选择就是根据广告目标的要求，以最少的广告投入选择合适的传播媒体，获得最大的广告效果。广告媒体的选择与组合是一项极其重要的工作，直接影响着广告宣传活动效果的大小和广告活动的成效，其计算公式如下：

6.2.1 广告媒体的评价指标

1. 视听率

视听率（Rating）主要是指媒体或某一媒体的特定节目，在某一特定时间内，特定对象占总量的百分比。广告公司与广告主根据视听率购买电视、广播节目，以决定他们的广告信息将达到多少人，以及计算这些人将暴露于广告信息下的次数。同样，媒体也将视听率作为广告作品刊播费率的判断标准之一。在通常情况下，视听率越高，广告发布费用也就越高。印刷媒体则用阅读率来表示，其计算公式如下：

$$视听率=收视（听）者÷电视机、收音机的拥有量×100\%$$
$$阅读率=阅读者÷发行量×100\%$$

2. 毛评点

毛评点（Gross Rating Points）又称总视听率，是指某一个广告安排表上的各个媒体所送达的视听率总和。通过这个指标，我们就可以测量出媒体计划中的总强度和总压力。例如，一个媒体或媒体栏目的视听率为15%，发布7次，其毛评点就是15%×7=105%；如果广告发布20次，毛评点则为300%。如果在同一媒体的不同栏目中发布广告，毛评点的计算就需要分别计算，然后相加。

3. 视听众暴露度

视听众暴露度（Impressions）是指某一特定时期内收听、收视某一媒体或某一媒体特定节目的人数或户数的总和，也就是毛评点的绝对值。其计算公式如下：

$$视听众暴露度=视听总数×视听率×刊播次数$$

4. 到达率

到达率（Reach）是指在某一时间段的媒体计划中广告信息经媒体到达不同个体的比率。其计算公式为：

$$到达率=广告信息所到达的个人数÷个人总数×100\%$$

到达率是一个广度指标,可以表示出接触媒体广告一次以上的人数比例。

到达率适用于任何媒体。不过在不同媒体之间,由于存在着各自的特点,所以其计算方法在时间周期上有所不同。一般而言,电视、广播、报纸、户外广告等媒体,通常用 1 个月的时间作为一个周期计算到达率;杂志等媒体则以特定发行期经过全部读者阅读的寿命周期作为计算标准。到达率在需要进行媒体的组合分析时运用。

5. 频次

频次(Frequency)也称暴露频次或频率。它是指在一定时期内,每个人或家庭接触到同一广告信息的平均次数。其计算公式如下:

$$频次=毛评点÷到达率$$

6. 有效到达率

有效到达率(Effective Reach)是指在某一限定的期限内,保证信息有效到达受众者的数目。也就是说,有多少人因接受足够的广告频次,才能知晓广告的信息,了解其内容,并付诸购买行为,真正使广告起到促销的作用。它可以解决"做多少次广告才有效"的问题。经验证明,在 1 个月(或在购买周期)时间内,有 3 次暴露才能产生传播效果,低于 3 次则无效。最佳暴露频次是 6 次,超过 8 次则可能引起人们的反感。

7. 千人成本

媒体费用分绝对费用和相对费用两类。绝对费用指的是使用媒体的费用总额。不同媒体或同一媒体的不同时间与版面的绝对费用是不同的。在现代四大媒体中,电视最高,其次是报纸、杂志和广播。在户外广告中,霓虹灯广告较高,电子三翻板广告、灯箱广告次之,路牌广告、墙体广告则较低。相对费用指的是向每千人传递广告信息所需支出的费用,俗称"千人成本"(The Cose Per Thousand Criterion)。其计算公式如下:

$$千人成本=广告媒体的费用总额÷媒体受众总人数×1\ 000$$

在考虑媒体费用时,研究媒体的相对费用具有特别重要的意义。因为广告的绝对费用高,并不等于相对费用高。

6.2.2 影响广告媒体选择的主要因素

广告宣传的基本途径是媒体,特别是大众传播媒体。选择最佳的广告媒体传播广告信息,目的就是以最少的广告投入获得最大的广告效果。影响广告媒体选择的因素很多,主要有以下几个。

1. 媒体的效用因素

影响广告媒体选用的首选因素是媒体的效用性，即看所选媒体是否与企业的市场战略、产品战略、经营战略、品牌战略、广告战略和公共关系战略的需要相一致，是否与企业广告目标的要求相吻合，能否有效地表现商品的形象特色和个性内容。

2. 媒体的投资效应因素

广告媒体的成本是媒体选择中备受关注的一项重要指标。选用广告媒体时，应该认真分析可选用媒体的投资效应，认真估算媒体的千人成本，即广告影响 1 000 人所需要的广告费用。千人成本越低，说明媒体投资效应越高；而千人成本越高，则说明媒体的投资效应越低。在媒体选择过程中，应该选择投资效应良好的媒体，实现广告以最小投资获取最大收益的目标。

3. 媒体的属性与地位因素

媒体的属性与地位影响着其覆盖面和权威性，而媒体的覆盖面和权威性又决定着广告宣传的影响力。一般而言，媒体的社会地位高，其权威性就高，辐射面就广，对公众的影响就大。如果运用这种媒体进行广告宣传，公众的信任度较高，有利于实现广告的目的。

4. 媒体受众因素

广告媒体受众即广告信息的传播对象，也就是接触广告媒体的视听众。媒体受众在年龄、性别、民族、文化水平、信仰、习惯、社会地位等方面的特性如何，以及经常接触何种媒体和接触媒体的习惯方式等，直接关系到媒体的选择及组合方式。

5. 广告产品的特性因素

广告产品特性与广告媒体渠道的选择密切相关。广告产品的性质如何，其具有什么样的使用价值；其质量如何、价格如何、包装如何；产品服务的措施与项目，以及对媒体传播的要求等，这些对广告媒体的选择都有着直接或间接的影响。因此，必须针对产品特性来选择合适的广告媒体，使之有效地展示商品的特性。

6. 媒体的覆盖范围因素

广告媒体选择应与广告目标相吻合，这样既可以有效利用广告费，又能够增强广告宣传的针对性。

7. 竞争对手的媒体策略因素

竞争对手的广告宣传媒体是企业选用媒体的重要参照体系，它可以有效地强化广告媒体的针对性和对抗性，强化广告的竞争效用。

8. 广告预算费用因素

一个广告主所能承担的全部广告费用的多少，对广告媒体的选择有直接的影响。因此，广告主应根据自己的财力情况,在广告预算许可的范围内,对广告媒体做出最合适的选择与有效的组合。

9. 政治、法律、文化因素

对于国际广告媒体而言,所在国的政治法律状况、民族特性、宗教信仰、风俗习惯、教育水平,对广告媒体渠道的选择也有重大影响。特别是该国对广告活动的各种法规限制和关税障碍等方面的情况要加以全面考虑。

6.2.3 广告媒体的选择过程

广告媒体的选择有一个循序渐进的完整过程,它体现了选择传播媒体的科学性与严肃性。广告策划人员只有严格地遵循选择程序,做好每一个环节的工作,才能选择出理想的广告媒体。当然,过程程序性并不要求人们机械地按照规则程序行事,按部就班,循规蹈矩。事实上,有些环节并不要求在每次媒体择用过程中都显露出来,有时它们不必一一外化。但这种环节间的跳跃并不是删略,它不是对选择过程基本程序的否定,而是在一定条件下在遵循选择程序的基础上提高工作效率的艺术表现。

1. 分析传播媒体的地位与性能

传播媒体类型多样,都能以自己独特的方式传播商务信息、展示企业形象和品牌形象。但是,不同的传播媒体由于其工作机制和经办单位的不同,它们在社会中的地位和影响是不一样的。不但在覆盖面、发行量上有差异,而且在公众的认可度方面也有高低之别。例如,同为报刊,《人民日报》、《光明日报》等属于中央级报刊,很多地方都有传真版,能迅速向全国各地发行,权威性也很高,公众对它们的认可度相应很高。在这些报纸上开展广告宣传,就可以利用它们在社会中的影响和威望及公众对它的较强认可,来增强广告的辐射范围与辐射力,在全国范围内有效地宣传企业和商品品牌。相对而言,一些地方性报刊由于只是介绍本地的社会主义现代化建设事业,向本地区范围内的公众传递信息,发行范围较小,因此相应的广告影响面也就比较小。不过有些大众传播媒体虽不具有很高的行政级别,但却拥有一些颇具开拓思想、经营灵活、水平上乘的编辑人员,使其拥有广泛的视听和读者群,或者拥有一批优秀的作者队伍,如记者、专栏作家、自由撰稿人等,或者能得到一些实业界、文化界知名人士的奖掖,都可能在一定程度上提高媒体的实际影响和社会地位。利用这些媒体开展广告宣传也是行之有效的。

不但传播媒体的社会地位影响广告的效果,而且传播媒体的性质也会对广告产生不可忽视的作用。同是印刷传播媒体,有的属于综合性报刊,读者对象众多,但不一定具有广告说服力;有的属于在行业中享有盛誉的专业报刊,虽然读者对象局限于同行公众,但具有专业权威性,广告说服力和扩散力较强。又如,人际传播媒体中的模特广告宣传队,有的属于专业表演队，表演艺术水平较高，容易吸引公众；有的属于企业自己组建的表演队，能够自然地展示企业的风格与面貌，说服力较强，但其表演艺术不及专业表演队，吸引力则较差。因此，在择用媒体时，不仅要分析传播媒体在社会的影响与地位，还要辨析传播媒体的属性，以此为基本依据，组织广告信息和宣传规模。

不同的传播媒体在宣传方面都有自己的作用机制特色和自己的缺点。在择用传播媒体时，事先应认真分析其性能机制，这对于提高媒体策划艺术是极其重要的。

2. 组合传播媒体

根据企业对各种可供选择的传播媒体的综合考察，以及商品定位、公众心理、广告费用预算、广告宣传的目的和广告信息的性质来组建传播媒体体系，以某种传播媒体为主体，多层次地利用其他传播媒体，形成一个有机的传播媒体阵容，保持各种广告渠道的畅通和多方位宣传的立体效应。这是媒体策划工作的关键环节。例如，某企业为了传递某种新问世的饮料信息，宣传新型饮料的形象，需要组建的传播媒体体系至少应包括：电子传播媒体（主要是电视、无线电广播），向广大公众推出饮料的品牌形象，介绍饮料的特点；印刷传播媒体，向公众详尽地介绍新型饮料的生产设备、经营管理、科学配方及营养学家对产品的评价等；实物传播媒体，可在繁华的公共场所提供饮料品尝服务，让饮料本身向公众宣传自己的形象。在这些传播媒体体系中，应以电子传播媒体为主体，用以提高新型饮料的知名度，扩大知晓公众队伍。这样，广告传播就可以形成一定的宣传规模，获得规模效应。

组合传播媒体的过程，实质上就是媒体优化过程。广告宣传过程受制于各种复杂的因素，而各因素的发展变化又是难以精确把握的。因此，我们在对媒体进行优化时，也只能是描述性的，而不能准确地把握它。由此，便导致方法优化过程中初选阶段的结果的多样性。一般来讲，初选阶段的结果会有三种情况出现：正好只有一种媒体符合各项要求；一种媒体也没有；各种媒体都符合初选阶段的各项要求。在媒体优化过程中，如果出现第一种情况，则说明优化是成功的，所选择的媒体为最优。如果是出现第二种情况，则说明初选阶段不成功，需要对各种因素、条件、标准进行重新认识和调整，并在此基础上，重新做出选择，以达到优化的目的。第三种情况，在媒体优化过程中是最为普遍的。对此，不能笼统地对待，还需对多种媒体进行比较、评判，以选出其中的最优媒体。媒体优化的综合比较，主要是对于这种情况而言的。具体地讲，综合比较方法是指运用系统的方法，把符合初选要求的多种媒体置于一个系统之中，根据择优的标准，对各种媒体的利弊得失进行周密论证、反复比较、全面衡量，针对各种可能取得的结果做出正确的判断，排除非优媒体，达到择优的目的。

3．试验被选传播媒体的宣传效果

组建传播媒体后,需要在较小公众范围内实验它们的传播效果。因为理论上的假设构思与客观现实总是存在着一定的差距的。所选用的传播媒体能否与所要传播的广告信息有机地结合起来,能否获得预期的公众反应,能否实现设想的广告宣传目标,这就需要检验,找出不尽理想的传播媒体。如果预先不试验传播媒体的宣传效果,一旦全部付诸实施后,再想调整就来不及了。不但会给企业带来不必要的经济损失,而且有时还会产生传播媒体相互抵消的现象,影响广告的传播效果。

企业进行传播媒体的效果实验时,所选择的公众对象一定要有代表性,接受传播实验影响的公众队伍应当是全体公众的缩影。这就要求企业在挑选公众代表时要讲究科学性,遵循随机性原则,即公众队伍中的任何一个公众都有被选中的可能性,同时也有不被选中的可能性。如果实验对象被限定为特定的公众,其他公众均无入选的机会,那么实验的结论就不可能真正反映整个公众,因而也就没有任何实际价值。

总之,当企业选择广告媒体时,不但要在思想观念上有科学的试验意识,认真检验被选用的传播媒体的影响效果,检验组建的传播媒体体系是否合理,主体传播媒体能否起到影响公众的核心作用,而且还要讲究挑选公众的方法,以确保实验结论的有效性。

4．调整传播媒体

广告策划人员根据实验结论,发现问题后就要及时修正原定方案,调整传播媒体。对于传播效果理想而原来属于次要地位的传播媒体,应调整为主体传播媒体,突出其传播功能。对于没有实际影响的传播媒体,应当取消或修改广告信息的组织,使之同传播媒体的性能相适应,起到宣传企业形象和品牌形象的作用。

6.2.4 广告媒体选择的方法

为了减少广告媒体选择的偏差和失误,广告策划者要善于运用媒体选择的方法,这是广告取得成功的关键。进行媒体选择的方法很多,常用的主要有以下几种。

1．按目标市场选择媒体

任何产品都有其特定的目标市场,因此广告媒体的选择就必须针对这个目标市场,使产品的销售范围与广告宣传的范围相一致,力求达到广告目标对象与广告媒体对象最大限度的重合。如果某种产品以全国范围为目标市场,就应在全国范围内展开广告宣传,其广告媒体的选择应寻找覆盖面大、影响面广的传播媒体,一般选择全国性的电台、电视台、报纸、杂志及交通媒体最为理想。如果某种产品是以特点细分市场为目标市场,则选择有影响的地方性报刊、电台、电视台、户外及交通媒体比较适宜。

2. 按产品特性选择媒体

由于市场产品的种类繁多，不同产品适用于不同的广告媒体加以宣传，因此要按产品特性慎重选择其传播媒体。一般来说，印刷类媒体适用于规格繁多、结构复杂的产品；色彩鲜艳并需要进行技术展示的产品最好运用电视媒体。硬性产品（工业品）属于理性型购买品，如果其技术性较强、价格昂贵、用户较少，通常选择专业杂志、专业报纸、直邮及展销现场媒体；如果其技术性一般、价格适中、用户较多，也可以选择电视和一般报刊。软性产品（生活消费品）属情感型购买品，通常适宜选择电视、杂志、彩页媒体。

3. 按产品的消费者层选择媒体

任何产品都有自己的消费者层，即特定的使用对象。一般来说，软性产品均拥有其比较固定的消费者层。因此，广告媒体的选择应根据其目标指向性，确定深受消费者喜欢的传播媒体。

4. 按消费者的记忆规律选择媒体

广告通过传递商品信息来促进商品销售，但广告是间接推销。人们接受广告传播的信息，却由于时间与空间的原因，一般不会听了或看了广告就立即购买，总是要经过一定时间之后才付诸行动。因此，广告应遵循消费者的记忆原理，不断加深与强化消费者对广告产品的记忆与印象，并起到指导购买的作用。

5. 按广告预算选择媒体

每一个广告主的广告预算是不同的，有的可能高达百万元甚至更多，有的可能只有几千元，这就决定了广告主必须按其投入广告成本的额度进行媒体的选择。对广告主来说，广告是一项既有益又昂贵的投资，广告主对广告媒体的选择要量力而行。这就要求广告主在推出广告前，必须对选择的媒体价格进行精确的测算。如果广告价格高于广告后所取得的经济效益，就不要选择价格高的广告媒体。

6. 按广告效果选择媒体

广告宣传是一项投资行为，必须考虑投资与广告宣传效果的对比关系。一般来说，广告主在选择媒体时应坚持选择投资少而效果好的广告媒体。例如，在发行量为400万份的报纸上做广告，广告价格为2 000元，经计算可知，广告主在每张报纸上只花费5厘钱，就可将自己的产品信息传播给一个受众，比寄一封平信要便宜得多。

6.3 广告媒体组合运用

广告媒体组合是指在同一广告活动中，使用两种或两种以上的不同广告媒体的方法。

每种广告媒体各有优缺点,运用一种广告媒体做广告,远不如同时连续用几种媒体做广告的效果好。

案例 6-1

健力宝的广告媒体组合

1988 年 10 月,健力宝在全国糖酒交易会期间的一周时间内运用多媒体、全方位、立体感的媒体组合,投下 39.6 万元的广告费,形成"要想不听健力宝广告,除非回家睡大觉"的顺口溜和"谁不想尝尝魔水健力宝"的市场欲望。他们在郑州火车站、体育馆、主要交通干道及公交车悬挂各种广告旗、横标;向路人分发产品介绍、画册;组织千狮千龙队、广告模特队深入市区,吸引了大量观众;在省市电视台播出节目;报纸上连续刊登统一规格的广告;举行记者招待会,在短时间内就得到了市场和客户的高度认可。

问题:健力宝的成功在今天的时代还能实现吗?说出你的理由。

6.3.1 广告媒体组合目的

1. 扩大对目标消费者的影响

广告活动要在多种媒体上推出广告,原因就在于单一的媒体无法触及所有的目标市场消费者。事实上,没有一种媒体能够百分之百地到达每一个我们所预订的消费者,不同媒体的组合则可以使广告活动影响范围扩大到单一媒体所遗漏的目标消费者。选用多种媒体,由于广告目标是统一的,所以在每一种媒体上推出的广告都要相互协调,从总体上把握,有计划地组合,才能共同促成广告目标的实现。

2. 弥补单一的媒体在频率上的不足

有的媒体能以较大的接触范围到达目标对象,但由于费用太高,难以多次使用或媒体出现目标对象的周期太长,无法在限定的时间内保证广告再现的频率。采用多种媒体组合则既可保证广告的接触范围,又能有较高的出现频率。

此外,有时因企业财力有限而无法使用效果好但成本高的媒体,这时将费用低、效果并非十分理想的媒体加以合理组合,也能达到预期的效果。

6.3.2 广告媒体组合的方式

广告媒体组合的方式多种多样,既可以在同类媒体中进行组合,也可以用不同类型的媒体进行组合。

1. 同类媒体组合

同类媒体组合就是把属于同一类型的不同媒体组合运用，刊登或播放同一广告。如把同属于印刷媒体的报纸与杂志组合运用，把全国性报纸与地方性报纸加以组合等。在电视台不同频道播出同一广告，也可视为同类媒体组合。这种组合形式不多，有时是以配套播出的方式出现。

2. 不同类型的媒体组合

不同类型的媒体组合是经常采用的组合方式，如视觉媒体与听觉媒体的组合。因为视觉媒体更直观，给人一种真实感；听觉媒体更抽象，可以给人丰富的想象。瞬间媒体与长效媒体的组合，可以弥补单一媒体传播的不足，从而得到更为理想的传播效果。

3. 大众传媒与促销媒体的组合

大众传媒与促销媒体的组合方式是把需要购买的大众传播媒体与企业自用的促销媒体进行组合，这种组合方式能做到"点面结合"，起到直接促销的效果。

在进行媒体组合时，常见的比较好的搭配有如下方式。

（1）报纸与广播搭配，视觉与听觉的组合，可使各种不同文化程度的消费者都能接受广告的信息传播。

（2）电视与广播搭配，利用电视在城市、广播在乡村的普及率，可使城市和乡村的消费者都能接受广告的信息传播。

（3）报纸、电视与售点广告的搭配，有利于在最终实施购买行为的场所提醒消费者购买通过电视、报纸广告已有印象或已有购买欲望的商品，尽量避免消费者的随意购买。

（4）报纸与电视的搭配运用，应该以报纸广告为先导，对产品进行全面详细的解释，使消费者对商品或服务有了初步的了解之后，再运用电视广告进攻市场，这样可使产品销售逐步稳固地发展，或者做强力推销。

（5）报纸与杂志的搭配，可利用报纸广告的连续性、高频率做强力推销，而用杂志广告的长期渗透来维持与稳定市场。也可把报纸广告作为战术性广告进行地区性的宣传，而把杂志作为战略性广告进行更大范围的宣传。

（6）报纸或电视等大众传播媒体与邮寄广告搭配，应先利用大众传播媒体进行印象性宣传，使消费者对广告商品或服务具备初步的了解，产生初级需求以后，再利用邮寄广告进行强力推销，促使消费者尽快实施购买行为。

（7）电视、报纸、广播等大众传播媒体广告与邮寄广告、售点广告、户外广告的搭配，可以在比较短的时间内，在某一特定的地区掀起强大的宣传攻势，且可以巩固和发展市场。

6.3.3 广告媒体组合运用应注意的问题

广告媒体组合是必然的，但要协调不同媒体有计划地、持续不断地推出广告，就必须进行科学的组合，才能事半功倍。

1. 应能覆盖所有的目标消费者

其方法就是将所有选用的具体媒体排列起来，把其覆盖面加在一起，可以看出在媒体组合的总覆盖下，是否可以将大多数甚至绝大多数目标市场消费者归入广告可产生影响的范围内；将具体媒体的针对性累加起来，看一下是否广告必须对之进行劝说的目标市场消费者都可以接收广告信息。如果上述两种方法的累加组合，尚不能保证所有目标市场消费者都可以接收广告信息的话，那么就应再考虑增加使用某些媒体，将不足或遗漏的目标市场消费者收入广告的影响范围内。

2. 选取媒体影响力的集中点

媒体组合在一起可能发生两种以上的媒体影响力重叠在一起的情况，这就需要分析媒体影响力重叠的形式是否合算。在目标市场上，虽然所有消费者都已经或可能购买广告主企业的产品，但是这些消费者对广告企业营销的重要性，绝不会是完全相同的。有一些消费者具有较强的购买能力，或者具有一定的影响力，他们一旦接受广告的影响，对广告主是十分有利的。因此，广告主所选用的多种媒体的重叠影响力应放在这些重点目标对象上，即使增加广告费投入也是十分值得的。

3. 应符合整合营销传播的要求

媒体组合要与企业营销目标、广告目标保持一致，要符合整合营销传播的要求，注意与企业公共关系战略相互配合，与促销策略相呼应，并在综合信息交流思想指导下，善于运用各种媒体，充分发挥整体效用。

6.4 媒体购买与广告发布

6.4.1 媒体购买考虑的因素

1. 以最低成本向目标受众传播广告信息

目标市场的印象度、到达率和暴露频次三者形成了一个有效媒体计划的核心，媒体计划人员要掌握各种不同媒体的费用计算过程，并以尽可能低的成本和最适宜的办法实施计划。

2. 与媒体供应商的关系

因为在媒体买卖交易中，如果不熟悉市场发生的情况，就无法预测媒体价格的变动，因此媒体计划人员应与媒体保持密切的联系，以此作为降低媒体成本的信息来源。

3. 成本评估

通过进行购买后分析，媒体计划人员可以通过检测原始数据来提高预测成本的能力。

各类媒体的价格费用有一定的规律性。不同类型的媒体具有不同的广告单位，价格差异也比较大。电视媒体最为昂贵，具体定价政策是根据收视率、到达率、媒体价值等因素决定的，同时也要考虑具体的版面位置、时间段位及广告排序等因素。

媒体购买价格随行就市，但购买量及与媒体的关系也决定着购买价格优惠的程度。

6.4.2 广告发布

1. 广告推出时间

广告在媒体上的发布时间，主要依据商品进入市场的状况，以及营销策略、产品特点来决定。一般有先期投放、同步投放和延迟投放等几种方式。

（1）先期投放。先期投放是指商品尚未投放市场，就进行广告发布，事先制造声势，先声夺人。这种策略往往运用于需要观念引导、进行消费教育的产品，而且这类产品多是高关注度的新产品。也适用于季节性商品在旺季到来之前的宣传。

（2）同步投放。同步投放是指广告发布的时间与商品推向市场的时间同步，选择这种发布方式最适用于老产品、供求平衡或供应稍偏紧张的产品。

（3）延迟投放。延迟投放是指发布广告的时间滞后于商品进入市场的时间。商品先上市试销，根据销售情况少做或多做广告。在商品上市后，先做试探性广告，视情况决定是否再做广告及其投放的规模大小。

2. 广告发布频率

广告发布频率是指在一定广告时期内广告推出的次数和频度。广告以什么样的频度推出，应依据公众记忆规律进行精心策划和安排。

（1）固定频率式。固定频率式是分散型广告发布常用的频度策略，即在一定时间内，广告均衡推出，广告费支出呈水平状况，以求有计划的、持续的广告效果。固定频率式有两种模型。

1）均匀序列型。均匀序列型广告的频率按时限平均运用。如一旬10次，每天1次，或者一旬10次，每隔1天2次。这种广告频度过于平稳，没有侧重，难与营销活动配合，一般适用于需要长期不断推出广告的企业，或者销售环境稳定、竞争不激烈的商品。

2）延长序列型。延长序列型广告频率固定，但时间间隔越来越长。如广告仍按总量

10次、每天1次的进度推出,但广告发布时间延长到20天。第一波每天1次间隔,持续4次;第二波每2天1次间隔,持续3次;第三波每3天1次间隔,持续3次。这是为了节约广告费,又按照人们的遗忘规律来设计的,使时距由密到疏。在广告费一定的情况下,可延长广告影响的时间,发挥较平稳的广告效果。

(2)变动频率式。变动频率式是指在广告周期内以发布广告的频率和进度不等的方式推出广告。这种方式机动灵活,可以根据销售情况的变化加强或削弱广告声势。广告费的投入随着广告频度的不同,有时先多后少,有时呈滚雪球式渐次加强。变动频率有三种模型。

1)波浪序列型。波浪序列型是指在一个广告周期内广告频率由低到高,再由高到低变换的策略。这种策略一般是在销售期来临之前就推出,频度逐渐加强。当销售期到来之际,广告推出达到高潮。这一时期过后,广告活动仍不停止,而是以渐弱的频度连续地以一定规模推出。这种方法适用于季节性和流行性商品的广告宣传,既能保证在关键时期发挥广告作用,又能在平时积累广告效果,是一种比较理想的推出方式,缺点是需要较多的广告费。

2)递升序列型。递升序列型是指在一个广告周期内广告频率由低到高,至高峰时戛然而止的过程。在广告初期,推出的频率较低,时间间隔较长,内容简短甚至不完整,让读者去猜测。广告持续一段时间后,再增加频率,缩短间隔,增加信息量,最后逐渐达到高潮,造成紧锣密鼓的热闹场面。这种方法适用于节日性广告或者悬念式广告,能有效地吸引消费者的注意,激发消费者的兴趣,创造热烈浓郁的促销气氛。

3)递降序列型。递降序列型是指在一个广告周期内广告频率由高到低,直到停止的过程。即先在特定时间内推出大量广告,在短时间内形成强大的广告声势,然后随时间推移,广告强度逐步减低,直到停止。这种方法只适用于文娱广告、企业新开张或优惠酬宾广告,在短时间内充分发挥广告的影响力,然后再将广告效果保持一小段时间。

(3)交叉协调。交叉协调是指根据媒体组合方案,合理安排各类媒体播出时间、频率、间隔、交叉与相互协调,形成综合的最佳广告效应。

本章小结

广告媒体是广告信息传播的物质载体或中介,是达成广告目标的一种物质技术手段。它的形式从传统看有实物广告、口头广告、声响广告、望子广告、幌子广告、彩楼广告等,从现代看主要有报纸、杂志、广播、电视、因特网及宣传单、橱窗、路牌、邮寄、交通工具等。

广告媒体的类型可以从时间角度分为长用媒体和暂用媒体;从空间角度分为国际性媒体、全国性媒体和地区性媒体;从内容分为混合媒体和专用媒体;从目标受众的感觉角度分为视觉媒体、听觉媒体和视听觉媒体；从媒体属性可分为印刷品媒体、电波媒体、邮政媒体、户外媒体、馈赠品媒体和消费者媒体。各种媒体各有优点和不足。

广告媒体的选择就是根据广告目标的要求，以最少的广告投入选择合适的传播媒体，获得最大的广告效果。

广告媒体的评价指标有视听率、毛评点、视听众暴露度、到达率、频次、有效到达率、千人成本。

影响广告媒体选择的因素主要有媒体的效用因素、媒体的投资效应因素、媒体的属性与地位因素、媒体受众因素、广告产品的特性因素、媒体的覆盖范围因素、竞争对手的媒体策略因素、广告预算费用因素，以及政治、法律、文化因素。

广告媒体选择过程包括分析传播媒体的地位与性能、组合传播媒体、试验被选传播媒体的宣传效果、调整传播媒体。

广告媒体选择的方法有按目标市场选择、按产品特性选择、按产品的消费者层选择、按消费者的记忆规律选择、按广告预算选择、按广告效果选择。

广告媒体组合是指在同一广告活动中，使用两种或两种以上的不同广告媒体的方法。

广告媒体组合的目的是扩大对目标消费者的影响，弥补单一的媒体在频率上的不足。

广告媒体组合方式有同类媒体组合、不同类型的媒体组合、大众传媒与促销媒体的组合。媒体组合运用时应注意：媒体组合应能覆盖所有的目标消费者；选择媒体影响力的集中点；媒体组合策略应符合整合营销传播的要求。

媒体购买应考虑的因素包括以最低成本向目标受众传播广告信息、与媒体供应商的关系和成本评估。

广告推出时间分为先期投放、同步投放、延迟投放。

广告发布频率有固定频率式、变动频率式、交叉协调。

复习思考题

1. 概念

广告媒体　　视觉媒体　　广告媒体组合　　广告媒体的选择　　广告发布频率

2. 选择题

（1）网络媒体传播速度快，形式多样，互联互通效果好，深受人们欢迎，它的广告费用_____。

A．低廉　　　　　　　　B．昂贵　　　　　　　　C．不高不低
（2）广告媒体评价指标包括_____。
　　　A．视听率、到达率
　　　B．视听率、广告费比率
　　　C．到达率、广告费比率
（3）按目标市场选择媒体，应该使产品的销售范围_____广告宣传的范围。
　　　A．大于　　　　　　　　B．小于　　　　　　　　C．等于
（4）广告媒体组合中常用的组合方式是_____。
　　　A．同类媒体组合
　　　B．不同类型媒体组合
　　　C．大众传媒与促销媒体的组合
（5）媒体购买价格随行就市，但_____也决定着价格优惠的程度。
　　　A．购买量及与媒体的关系
　　　B．购买量及媒体的大小
　　　C．购买量及媒体的经营状况

3．判断题
（1）凡能起传播作用的物体，都可视为媒体。（　　）
（2）选择最佳的广告媒体传播广告信息，目的是要获得最大的广告效果。（　　）
（3）媒体的覆盖面和权威性，影响媒体的地位和广告宣传的影响力。（　　）
（4）广告活动要在多种媒体上推出广告，是为了加强对某一特定群体的广告攻势。（　　）
（5）各类媒体的价格费用不等，其中报纸媒体最为昂贵。（　　）

4．填空题
（1）广告媒体的基本功能是_____、_____、_____。
（2）广告媒体的选择与组合直接影响着广告宣传活动_____的大小和广告活动的_____。
（3）选择广告媒体的方法通常有_____、_____、_____、_____、_____、_____。
（4）广告媒体受众既是广告信息的_____，也是接触广告媒体的_____。
（5）广告推出时间有_____、_____、_____。

5．思考题
（1）如何理解广告媒体？按不同标志广告媒体有哪些类别？
（2）四大媒体指的是什么？它们各有什么优点和不足？

（3）某数据机床厂，其产品只能销向全国固定的少量单位，每台设备造价昂贵，应如何选择广告媒体？请说明理由。

（4）某制药厂投资 50 万元，通过广播为其新药进行大规模的广告宣传。半年后，发现其产品知名度和销售额都没有明显变化。试分析原因。

（5）某民营高中学校计划投资 5 万元进行广告宣传，以期在短时间内吸引人们的注意力，扩大招生规模。请问他们应该选择什么媒体？为什么？

实训题

大起大落的秦池

1995 年年底，在通往北京的大道上，车轮滚滚，尘土飞扬。11 月 8 日，北京的梅地亚会议中心，中央电视台年度"标王"大会现场，是一个疯狂之地，所有进入这里的人都可能在瞬间失去理智，"秦池，6 666 万元！"一声声嘶力竭的高音将会场推向了无比亢奋的高潮，当秦池的名字和 6 666 万元的数字被主持人嘶哑的嗓音喊出后，台下的反应是——"谁是秦池？""临朐县在哪里？"

6 666 万元，意味着 3 万吨的白酒，是秦池酒厂过去一年所有利税之和的一倍，足以把豪华的梅地亚淹到半腰。

1994 年孔府宴酒夺标的数字是 3 079 万元，企业在一年中获得了飞速发展，秦池酒厂为确保夺标，比 1994 年的数字要翻一番，并取了一个吉利的数字 6 666 万元。

跟第一年推捧孔府宴酒一样，中央电视台对秦池给予了巨大的造势回报。秦池酒迅速成为中国白酒市场上最显赫的新贵品牌。1996 年，根据秦池对外通报的数据，当年度企业实现销售收入 9.8 亿元，利税 2.2 亿元，增长 5~6 倍。

1996 年是中国企业史上最激情四射的年份之一。就如李宁的广告语：一切皆有可能。每一个行业都充满了无限商机，似乎所有人都变得迫不及待，扩张、再扩张，企业家们还远远没有学会控制自己的欲望，"世界 500 强"变成了一个图腾，深深地植入中国企业家的"集体无意识"之中。

1996 年 11 月，早已名满天下的秦池酒厂再次来到梅地亚，此时，在厂子的周围已经聚拢了一批策划大师。

正是在这些自信而聪慧的新潮人物的诱惑下，秦池实施了他的品牌提升工程。1996 年后，秦池的广告风格发生了巨大的衍变。在策划大师们的指导下，秦池确定了"永远的秦池，永远的绿色"的形象宣传主题。公司投入数百万元资金，运用当时世界上最先进的三维动画技术拍摄了数条以此为诉求主题的形象广告片。同时，秦池也开始注重公司的形象包装，为了符合"中国标王"的身份，秦池一下子购买了三辆奔驰，并投入了数千万元用于改造办公大楼。

1996年11月8日，中央电视台的"标王大会"准时召开。夺标的战斗过程是惨烈的，但都是徒劳的。

"秦池酒，投标金额为3.212 118亿元"。

秦池酒厂长的一席话至今仍在江湖上流传：1996年，我们每天向中央电视台开进一辆桑塔纳，开出一辆豪华奥迪。今年，我们每天开进一辆豪华奔驰，争取开出一辆加长林肯。

悲伤的云雾一直笼罩着1997年。最重大的恶性事件是金融风暴袭击亚洲，在如此恶劣的大环境下，那些超速发展而对风险毫无预警的著名企业因各种原因发生了可怕的雪崩，使得该年度成为企业史上的一个"崩塌之年"。

树大招风。一个县城企业，喊出3.2亿元的天价遭到了质疑。1997年1月，当秦池酒厂获得"中国企业形象最佳单位"奖的时候，《经济参考报》刊出一条爆炸性新闻，该报记者调查发现，秦池在山东的基地每年只能生产3 000吨酒，根本无法满足市场的翻番增加量。因此，该厂从四川的一些酒厂大量收购原酒，运回山东后进行"勾兑"。

在如此巨大的危机面前，年轻的秦池竟然做不出任何有效的反应。

当年度，秦池完成的销售额不是预期的15亿元，而是6.5亿元，再一年下滑到3亿元，从此一蹶不振，最终从传媒的视野中消失了。

据测算，如果把这些钱全部在中央电视台做广告，每天要播出40分钟，这在事实上也是不可能的。

1996年的夺标已经陷入了怪圈：电视台要造势，秦池要扬名，两者不由自主地上演了一出双簧戏。

而事实上，秦池1997年的广告投放远远没有达到3.2亿元的"标王"价，当年度秦池支付给中央台的广告费只有4 800万元，还不到前一年的6 666万元。

现在秦池酒厂的厂房上有8个字：立足点滴，酿造真诚。秦池正脚踏实地，一点一滴地积累，用真诚去赢得消费者。无论如何，秦池白酒没有质量问题。

实训要点：秦池酒厂为什么要连续选择中央电视台标王？这种做法在今天有什么借鉴意义。

第 7 章

广告策略

◇ 本章学习目标 ◇

1. 了解广告策略是实现广告目标的重要手段。
2. 掌握广告策略概念、广告策略种类及策略的运用方法。
3. 熟悉广告策略的特点和作用。

引导案例

农夫山泉有点甜

农夫山泉股份有限公司原名浙江千岛湖养生堂饮用水有限公司,成立于 1996 年 9 月 26 日,2001 年 6 月 27 日改制成为股份有限公司。相继在国家一级水资源保护区千岛湖、吉林长白山矿泉水保护区建成 3 座现代化的饮用水生产基地,投资总额逾 10 亿元人民币,成为国内规模最大的专业饮用水公司。

其成功在于借助"农夫山泉有点甜"的 USP(独特销售主张)策略,并与体育这个健康媒体长期合作,使农夫山泉品牌不断深入人心,品牌资产持续增值。

1997 年 6 月,农夫山泉 4 升装产品率先在上海、浙江的重点城市(杭州、宁波、温州等)上市;1998 年,农夫山泉 550 毫升运动装在全国各地做推广,以"农夫山泉有点甜"作为核心价值主张,借助全国热点媒体进行传播。

1997 年养生堂公司推出农夫山泉时,另辟蹊径,围绕"农夫山泉有点甜",采用目标沟通和差异化营销策略,以差异化的包装及品牌运作,迅速奠定了农夫山泉在水市场的高档、高质的形象。

"农夫山泉有点甜",体现了农夫山泉甘冽的特点,诉求角度独特。天然水是农夫山泉的主体,通过天然水将环境(水源)、绿色、环保、野趣等回归自然的理念统摄在自己的旗下。当年,农夫山泉的市场占有率迅速上升为全国第三。

2000年4月,养生堂宣布停止生产纯净水,只出品天然水。由此引发了一场天然水与纯净水在媒体上的"口水战",树立了农夫山泉倡导健康的专业品牌形象,拉开了与竞争对手在品牌上的距离。

2001年1月1日至7月30日,农夫山泉支持北京申办2008年奥运会活动,"一分钱一个心愿,一分钱一份力量",公司从每一瓶销售的农夫山泉产品中提取一分钱,作为捐赠款,代表消费者来支持北京申奥事业。企业不以个体的名义而是代表消费者群体的利益来支持北京申奥,这在所有支持北京申奥的企业行为中尚属首例。

在1999年的春夏之交,中国乒协和中国乒乓球国家队选择了农夫山泉为乒乓球"梦之队"的合作伙伴。农夫山泉连续4年成为中国乒乓球国家队的主要赞助商。2000年,农夫山泉全力支持中国奥运代表团出征悉尼奥运会。2000年7月18日,中国奥运会授予浙江千岛湖养生堂饮用水有限公司"中国奥委会合作伙伴/荣誉赞助商"称号,成为首家2000—2004年中国奥委会重要合作伙伴。

2002年农夫山泉拉开"2008阳光工程"活动序幕。"2008阳光工程"由国家体育总局和农夫山泉联合发起,总跨度为7年。当年农夫山泉公司的捐助款累计达500万元左右,此款项将用于购买同等价值的体育器械捐献给全国范围内贫困地区的中小学校。

2002年3月,据AC尼尔森市场研究公司最新发布的"中国消费者市场调查"结果显示,在瓶装水行业,农夫山泉是消费者最受欢迎的品牌,是所调查类别中最受欢迎品牌中唯一的民族品牌。

独特的销售主张开启了农夫山泉市场营销的大门,在较短时间内使消费者对产品耳熟能详。在企业营销中、在广告宣传中如何换一个角度思考是值得我们去深深思考的。

7.1 广告策略概述

广告策略是实现广告目标的具体对策和重要手段,也是开展企业竞争的有力武器。在围绕广告战略目标和准确反映广告主题的基础上,要因时、因地、因商品的不同而灵活地运用广告策略。广告策略有很多种,常用的有广告产品策略、广告市场策略和广告实施策略。当市场、企业经营状况、消费形势、广告目标等发生变化时,广告策略应按一定原则迅速做出调整。

7.1.1 广告策略的含义

广告策略是企业经营策略的一个重要组成部分，是企业为实现其经营目标而对其规划期内的广告活动拟订的指导思想和总体设计。

广告策略是企业经营策略的一个具体策略，是促销策略的重要组成部分。促销的目的在于激发消费者的购买欲望，企业为了使产品尽快地销售出去，一般用两种促销策略，即推的策略和拉的策略。推的策略是指通过自己的推销人员把产品推到市场上去的一种策略，又称人员推销策略。这种策略的实质是利用大批推销人员推销自己的产品。它的优点是可以把产品直接送上零售柜台或消费者手中，减少不必要的中间环节。拉的策略是指企业主要利用广告等形式宣传产品，激发用户的购买欲望，从而扩大购买的一种策略。它的优点是当企业无力派出大批推销人员时，可以克服推销人员不足的困难。

在现代市场经济中，竞争日趋激烈，广告数量繁多，费用日渐增加，如何运用广告策略更好地达到广告目标的要求，就显得十分重要。广告策略是广告经验与智慧的结晶，是对广告内容、广告方式、广告媒体、广告时空的策略与运筹。

7.1.2 广告策略的特点

广告策略是对一个时期的广告活动进行的系统规划，具有全局性、长期性、导向性、竞争性的特点。

1. 全局性

广告策略是开展一系列广告活动的思想指南和行动指南。广告策略在总体上把握方向，确定广告在企业经营活动中的地位和功能。

2. 长期性

广告策略是广告在未来一段时期内展开活动的长期发展规划，是为了增强广告的影响，同时增强广告产品（或服务）的影响，因此广告策略具有长期性。

3. 导向性

由于广告策略对广告活动的全局性和长期性的影响，决定了广告策略对每一项具体的广告活动具有导向性。在规划期内，企业每一项广告的设计、制作和实施都必须以广告策略为指导，这样才能保证广告活动产生预期的整体效果。

4. 竞争性

广告是现代企业参与市场竞争的一个重要手段，而广告策略是为了增强市场竞争能力而产生的一种全方位、全过程的抗衡手段。因此，广告策略必须具备极强的竞争性，只有这样才能有效地掌握竞争的主动权，增强广告的影响效果，从整体上压倒对方，实现广告活动的最大效益。

案例 7-1

七喜饮料的广告策略

1968年，七喜饮料公司把其生产的柠檬和莱姆果饮料定为非可乐型饮料，这个成功的定位策略使该公司一举打入竞争十分激烈的饮料市场，成为广告战略史上具有戏剧性的、了不起的事件。其成功之处在于它巧妙地在更新观念上做文章，创造了一种新的消费观念，提出饮料分可乐型和非可乐型两种。可口可乐是可乐型的代表品牌，而七喜饮料则是非可乐型的代表品牌，这使七喜饮料成为可口可乐的替代品，成为非可乐型饮料中首屈一指的名牌。12年后，七喜饮料公司了解到美国人日益关心咖啡因的摄取量，有66%的成人希望能减少或消除饮料中的咖啡因，而七喜汽水正好不含咖啡因。于是七喜饮料公司又在1980年发起"无咖啡因"战役，它在广告中说："你不愿你的孩子喝咖啡，那么为什么还要给孩子喝与咖啡含有等量咖啡因的可乐呢？给他非可乐，不含咖啡因的饮料——七喜！"这一下击中了两大可乐的要害，产生了强大的冲击波，导致七喜饮料销售量大增，成为仅次于可口可乐、百事可乐两大巨人之后的第三大饮料。正确的定位为七喜的腾飞插上了翅膀。

问题：这种策略具有可复制性吗？请举例说明。

7.1.3 广告策略的作用

1. 实现广告目标和企业经营目标的重要手段

广告目标是通过广告宣传，在消费者中提高广告商品的知名度和喜爱率，促使消费者在购买同类商品时能指名购买，以达到扩大市场占有率的经营目标，从而使企业赚取更多的利润。企业必须采取一定的策略吸引消费者喜欢本企业和本企业的产品，并采取购买行动。广告策略作为广告决策实施的基础，是实现广告目标的手段，同时广告策略与其他经营策略一道成为实现企业经营目标的重要手段。

2. 完成广告规划的基础条件

广告策略的制定实施，是正确地确立广告创作方针，提出广告设计方案，制定广告活动步骤，使广告活动具有计划性和科学性的基础和前提。倘若广告媒体策略不恰当，尽管广告内容写得很好，广告文本制作也不错，但是这些劳动往往因不能恰如其分地得到体现而白费，导致广告活动的目标难以实现。

3. 决定广告效果的关键

广告活动是有价的传播活动，它需要付出费用，而广告预算是有限的。因此，要想靠有限的费用得到比较理想的传播效果，运用好的广告媒体策略是关键。

4. 企业树立声誉、开展竞争的有力武器

在市场经济条件下，竞争客观存在于经济活动的各个环节，为了在竞争活动中取得主动权，各个企业必须寻找出奇制胜的有效策略，如产品组合策略、价格策略、分销渠道策略等，而广告策略也越来越被企业家们所重视和运用。广告策略运用得好将收到事半功倍的效果，反之则前功尽弃。

7.1.4 广告策略的实施原则

广告是整体销售活动中的一项工作，能够向消费者传达有关公司及其产品的情况，改变、增强消费者的观感。但影响消费者购买的因素很多，要把这一宣传工具运用恰当，才能达到有效的宣传目的。广告策略在实施中，除了要随产品生命周期的变化进行宣传外，还应注意以下四个问题。

1. 要适合消费者和顾客的心理

广告与消费者之间的联系直接影响企业销售策略的全局。就企业的销售策略来说，主要是维持和扩大自己产品的市场占有率，以取得长期的、最大的利益。而能表现自己产品在某一市场上占有率的，则是顾客在这个市场上所购买的该产品的指数。消费者的购买动机和购买心理的作用，直接影响着他们的购买数量和购买次数，这是影响顾客购买产品指数的关键所在。因此，广告只有适应消费者的心理，满足他们的需求，才能达到应有的效果。反过来说，消费者为了购买各种生活必需品，一般需要求助于广告信息，并把它作为自己选购商品的向导。如果一种广告在消费者心目中真正树立起消费向导的形象，那么这个广告就是成功的。必须指出，广告毕竟是产品宣传的一种手段，而产品本身则是广告的前提和基础。由于受法律和道德的约束，尤其是要维护广告宣传美誉，广告宣传绝不允许弄虚作假，而商品本身的信誉如何是至关重要的。但是，如果没有广告这个媒体，没有广告与消费者之间这种合乎规律的内在联系，要实现产品的销售目标和广告战略也是困难的。

在研究广告活动与消费者心理之间的关系问题上，要探讨究竟是什么因素与消费者心理发生直接的联系。如果从对外贸易出口的角度考虑，主要有以下几种因素：消费者本身社会、经济地位的差异，教育普及程度的差异，年龄的差异，社会上流行的消费方式的差异等。由于以上这些不同因素的影响，消费者的购买动机和消费心理也会有显著的差异。广告策略必须针对这些消费大众的心理，才能取得较好的效果。

2. 要适应竞争对手的广告策略及竞争环境的变化

在国内外市场上，都存在着商品竞争的问题，尤其是在国际市场上同类产品的竞争更为激烈。事实证明，企业的生存和发展与竞争的胜负密切相关。出口商品更要十分重视商品的广告宣传与竞争环境变化的关系。用心观察和研究竞争对手在广告宣传上采取了哪些策略，并通过对方广告策略上的变化，摸清它的销售策略，这对于及时调整自己的部署和策略，具有重大的意义。这里要特别注意分析和比较双方在各种广告方式上的优势和劣势，善于扬长避短，对有利于竞争对手的广告方式和宣传阵地，不可轻易地去拼夺。这是因为对手的广告已在那里取得了明显的宣传效果，多数的消费者已被争取过去，双方在那里的竞争形势，对己方十分不利。如果硬性地去做宣传，势必导致失败。那么是不是说就无路可走了呢？当然不是。因为不管是多大规模的企业，在任何市场上，它都不可能占有所有的广告传播媒体和宣传场所，也不可能做到所宣传的广告效果都好。因此，企业不能被动坐守，而应采取积极的进攻方法。除了继续利用自己以往宣传效果较好的广告方式和阵地，扩大宣传效果外，还要利用竞争对手成功的广告策略进行广告宣传。

此外，在竞争市场上，产品的竞争常常不是一对一的，而是同种同类产品的多角竞争，形成竞争复杂化的状态。这就给分析自己的广告效果和分析竞争对手的广告策略和效果带来困难。在这种情况下，应先分析和研究反映销售策略和广告效果的指数表——市场占有率的资料，并走访经销商和消费者，调查研究包括自己产品在内的几家竞争产品在市场占有率方面发生变化的原因。如果发现消费者对自己的价格、质量、规格、包装、款式、花样、服务等方面有怨言，就要从根本上改变和调整其他销售策略和产品策略。如果是对产品本身很满意，但在市场上占有率低，那就说明在广告宣传上不得法，则应调整广告宣传策略，使广告真正成为消费者的向导。

3. 要适应销售国家和地区的情况

出口商品的市场涉及不同的国家和地区。不同的国家和地区，在政治制度、宗教信仰、民族文化、地理环境、风俗习惯、消费特点等方面都不尽相同，甚至有的差别很大。这些差别对广告活动有很大的制约作用。具体来说，它们对广告的方式、内容、画面、颜色都有喜爱和禁忌之别。这些由社会历史和地理环境所决定的意识形态和价值观，带有一种长期的、习惯性和固有的特点。此外，国家主权法和民族自尊感等因素，也制约着广告活动。广告只有采取对方可以接受的方式和内容，才可达到预期的效果。因此，在发布广告之前，要对具体国家和地区进行多方面的调查。调查的内容包括：销售地区和国家的社会制度、对外政策、宗教信仰、民族的风俗习惯、各种法令、普及教育的程度、国民消费水平、交通和运输状况等。根据调查情况，决定采用哪一种广告方式，用什么样的广告内容，研究如何宣传才能适应当地的情况，以达到预期的效果。调查的渠道很多，可以由企业派人员到预订的销售国家和地区进行资料收集和实地考察，也可以由中间商、代理商提供信息。总之，广告既要广泛宣传自己的商品，又能为当地政府、民族文化和消费大众所接受，否则会徒劳无益。

4．以广告运动促进广告策略的实施

每项具体的广告策略的实施，最好能结合开展广告运动进行。广告运动指的是在一定时期内集中地为同一目标而发布的各种个性化、系列化的广告。其所有广告作品的设计主题、广告口号、广告构思，以致表现风格，显示出一致性和连贯性，即同一家企业所有的广告，为创造一个统一、一贯的企业形象，其不同时期的各种形式的广告作品，都表现出统一的市场姿态和表现风格。由于广告策略为同一目标明确了方向，连续发布经过统一筹划和精心设计的系列广告，不仅可使广告在浩瀚的广告海洋中免遭湮没，还可使其广告效果集中，形象鲜明突出，加深被宣传者的印象。衡量一个广告运动的基本标准有以下几点。

（1）形象上的一致性。宣传广告的人物模特儿，不论是聘请的真人还是自制的商用人像，都要成为宣传本商品的代表。而且模特儿表演动作不变，服饰相同，不管在任何宣传场合，形象模特儿都频频出现，即使不看厂商名称，也能知道是什么产品的广告。

（2）广告文字语言的一致性。要设计出最能表达这个产品的位置和个性的广告语句，不断反复地刊播。如上海无线电十八厂的飞跃牌电视机广告，使用"飞跃目标——世界先进水平，飞跃精神——一切为用户着想"的语句，这个宗旨提升了企业的信誉。

（3）音响的一致性。在电视和广播广告中，采取某一特殊的声音，或者独特嗓音，或者一支歌曲，或者某种器物的自然响声，成为节目的主题声，令人一听就知道是何种商品广告。

（4）体现产品和使用者态度的一致性。主要是表现产品的质量和用户对产品态度的一贯性，加强广告攻势的说服力与效力。

每次广告运动的主体构思可以在宣传过程中逐步发展加强，对于运用某种媒体突出宣传哪个重点内容，需视产品而定。例如，汽车广告用电影、电视片展示汽车灵活的性能，用杂志媒体让人看到车子的颜色，用印刷品详细介绍车子的规格特点，用广播宣传各地区经销商的名称和地址，用邮寄广告投给可能购买的主顾等。不管用的什么媒体，它们都是广告运动的一部分。由于使用了统一的形象、声音、语言和表达态度的一贯性，宣传达到了"万变不离其宗"的目的。

究竟一次广告运动需要多长时间？这主要取决于产品的销量和宣传的效果。大多数广告由于受到预算经费的限制，一般以一年为限，有的广告运动也可持续三四年。如果一次广告运动已在消费者心目中赢得一定的位置，就要精益求精，以充分发挥它的潜力。同时，还应当设计一套可供替换的全新的广告运动材料作为备用。

7.2 广告产品策略

广告产品策略是指根据消费者对某种产品属性的重视程度,确定该产品在市场竞争中的方法,以及所采取的广告方法和手段。产品能否对消费者产生吸引力,主要在于产品的个性与特色所产生的魅力。广告对产品的宣传策略,关键是造成产品的差别化,使消费者在接受产品的过程中得到某种需要的满足。广告产品策略可分为产品定位策略、产品生命周期策略和产品附加值策略。

7.2.1 产品定位策略

产品定位就是确认产品在市场中的最佳位置。由于产品满足消费者需求可分为有形和无形两大类,因此产品定位策略可分为实体定位策略和观念定位策略两大类。

1. 实体定位策略

实体定位策略主要是在广告定位中突出商品的新价值,强调与同类产品的不同之处和带来的更大利益,是一种差别化的策略。

(1) 功效定位。从产品的功能这一角度,突出产品最显著的优异性能,以增强其竞争力。在同类产品中,虽然功效大体相似,但还是应当区别出其中的不同。如江西的草珊瑚牙膏,突出防治牙疼的功效,而广州的洁银牙膏则强调防治牙周炎。

(2) 品质定位。强调产品具体的良好品质,使消费者对本产品感到安全与放心,增强了产品的吸引力。如金霸王电池的承诺:"比一般电池耐用多至 7 倍。"这个定位给人们留下了该电池电力耐用持久、物有所值的良好印象。索尼公司的一则广告做得大胆、幽默、搞笑:它让石山上的四位美国大总统雕像带上索尼耳机,石头雕像顿时复活了,有的微笑;有的哼唱;有的闭着眼,做自我陶醉状;有的张着大嘴,做兴奋状。广告标题为"索尼耳机……能使顽石重生"。广告中,顽石都能被索尼耳机弄得如痴如醉,那索尼耳机的品质还用说吗?真可谓"一切皆在不言中"。

(3) 市场定位。运用市场细分策略,将产品定位在最有利的市场位置上,并把它作为广告宣传的主题和创意。如凤凰车的"独立,从掌握一辆凤凰车开始",定位在"16 岁花季"、步入青春转折点的中学生。而凯迪拉克汽车的定位,则是以富豪阶层的休闲、高级享受为基准的。

(4) 价格定位。在市场上的同类产品基本相似时,广告宣传中突出产品价格的优势,并以此吸引消费者,从而在细微的差别中击败竞争对手。如某电话机广告"旧机勿丢,仍值 50 元",空调广告"何止买得起,更能养得起",都是从价格定位上诉求的。

2. 观念定位策略

观念定位策略是指为产品确立一种新的价值观，以此改变消费者固有的消费观念，诱导消费者树立新的消费观念。

（1）改变消费观念定位。消费观念是促成消费者产生购买动机的重要因素。随着社会和消费潮流的变化，它直接影响着人们对商品的看法和态度。广告可以诱导或改变人们的消费观念，并加速某种产品的推销。如在海外市场已逐步流行的茶饮料制品，中国大陆的消费者一时还接受不了。广告定位上可打出："来一口甘醇的功夫茶"、"轻轻松松，喝杯好茶"，从而使茶饮料成为色、香、味俱全的现代生活饮品。

（2）反类别定位。反类别定位是指当本产品在自己应属的某一类别中难以打开市场时，利用广告宣传使产品概念"跳出"这一类别，借以在竞争中占有新的位置。如案例7-1中，七喜饮料创造了"非可乐"的定位，在宣传中把饮料市场区分为可乐型和非可乐型两类，而七喜饮料属于非可乐型饮料。这样确立七喜的地位和形象，使其取得销售的成功。

（3）逆向定位。逆向定位策略与正向定位策略不同。正向定位一般是突出本产品在同类产品中的特点及优势，而逆向定位借助有名气的竞争对手的声誉，在比较中表明自己的产品不如对手的好，甘居其下，但通过努力准备迎头赶上。这是利用人们同情弱者和信任诚实人的心理，而使广告策略获得成功。如美国DDBO广告公司为艾维斯出租汽车公司策划的广告：当时美国最大的出租汽车公司是赫兹公司，而艾维斯公司与之竞争多年，都持续亏损，于是DDBO抛出了一个广告"我们排行老二，我们要加倍努力"。这种主动将自己定位于领先者之下的广告，引起美国消费者的极大兴趣和同情，该公司立即受到众多租车者的惠顾，夺去了"老大"赫兹公司的许多市场份额，扭亏为盈，打开了市场。

（4）对抗竞争定位。逆向定位是承认强者，然后诚心诚意地准备迎头赶上，取得人们的理解与信任。而对抗竞争则是不服输，与强者对着干，以此显示自己的实力、地位与决心，并力争取得与强者一样甚至超过强者的市场占有率及知名度。美国的百事可乐就是采用对抗竞争方法，直接同位居首位的可口可乐展开竞争，并成为仅次于可口可乐的第二大可乐型饮料。

案例 7-2

帮宝适纸尿布的观念定位策略

20世纪50年代，美国宝洁公司生产出一种新型的帮宝适纸尿布，这种纸质婴儿尿布与同类产品相比，具有柔软、舒适、吸水、干燥等特点。但由于把这种纸尿布定位成给母亲们的一种"恩赐物"，造成母亲们的负疚感，使她们认为使用纸尿布，就会变成一个懒惰的、浪费的、未尽天职的母亲，因而很少使用。这种状况使该产品上市20年后销售仍不景气。广告策划人员经过深入细致的市场调查后，提出了新的市场定位策略：不从母亲们使用的角度去宣传纸尿布的方便与舒适，而是从帮助婴儿健康成长的新视野，突出这种纸尿布的柔软、舒适、吸水、干燥的特点。新的市场定位推出后消除了母亲们的负疚感，并很快地打开了产品的销路。

问题：纸尿布改变诉求目标而获得市场说明了什么？

7.2.2 产品生命周期策略

产品生命周期策略是根据产品生命周期的不同阶段，采取相应的广告策略。各种产品的生命周期各不相同。不但周期长短不同，而且发展过程也不一样。因而它们的广告目标、广告诉求重点、媒体选择和广告实施策略也不相同。

案例 7-3

强生婴儿洗发精的市场扩大策略

美国强生公司的婴儿洗发精为了拓宽市场，进入了另一个目标市场——洗发次数多的成年人市场，结果大获成功，在美国的市场占有率从3%一跃升为14%。这一策略又陆续推广到其他国家和地区。在我国大陆，它在包装说明中主次兼顾，首先说"Best for Baby"（宝宝用好），突出介绍它的"无泪配方"，然后又说"Best for You"（您用也好），因为它"性质纯净温和，适合每天洗发，不刺激头皮"。强生公司还将婴儿洗发精的成功策略，推而广之，即借由同样的做法，将婴儿肥皂、润肤油、爽身粉等产品，从单一的使用对象——婴儿，延伸到年轻女性阶层，使得整个公司的销售增长，一下子扩大了好几倍。

一个婴儿专用的产品如何让成年人也觉得适合自己？强生的婴儿洗发精刚进军成人市场时，发现婴儿洗发精的市场规模本身并不大。于是，强生公司按照它在其他市场上的一贯做法，把目标对象对准妈妈们。广告的创意陈述改成"强生婴儿洗发精，含无泪配方，质地温和，不伤发质，可以让你的头发像婴儿般的柔细"，可是效果并不理想。原因有二：一是原来的市场就很小；二是妈妈们的生活形态所致，整天忙于家务，不适合质地温和的洗发精。

那么哪些目标对象的生活形态可行呢？答案是18～24岁的女孩子，尤其是女学生，她们的生活形态最合适。处于这种年龄的女孩子，对于头发的柔软度比其他女性更为关心，而且她们有足够的时间可以经常洗发，特别是在约会前或运动后。所以创意陈述变成"强生婴儿洗发精,含无泪配方,质地温和,让经常洗发的你,不但不伤害发质,并且让你的头发能像婴儿般的柔细"。为了不丢掉婴儿市场,电视片的最后仍保留婴儿形象的片断作为提醒。除了广告当时选用女学生为代言人外,强生公司也及时在营销组合上给予配合:提供大容量包装,以顺应使用对象的转换等。

"婴儿洗发精"源自英文"Baby Shampoo"。"Baby"也可译成"宝贝",这样一来,顺理成章地有了广告语"用强生'婴儿'洗发精,'宝贝'你的头发"。

问题:强生婴儿洗发精是如何成功地实现了向成年人市场的扩大?

1. 产品的导入期

产品在进入市场的最初阶段,属试销性质,顾客还不大了解产品的性能,买的人不多,销售额增长缓慢,普及率低,市场尚待开发;产品设计、加工工艺尚未定型,质量有待改进,需要较多的研究开发投资;生产处于试制阶段,系单件、小批量,多采用通用设备;而且成本高,利润低,或者没有利润,甚至亏损;竞争者少或者没有。在这个阶段,该产品是否受到用户欢迎;能否满足社会需要;产品本身是否可靠;是属于光彩夺目的"明星产品",还是属于将被淘汰的"骨头"产品,都是吉凶未卜的。就生产单位来说,应尽量缩短导入期时间,否则产品在此时夭折的可能性很大。

(1)从广告学角度分析,导致导入期销售增长缓慢的原因有以下几点。

1)消费者对新产品缺乏了解、认识和信任。很可能有许多人对产品是否已进入市场还无从知晓。

2)消费者受原有消费习惯的影响,对新产品还存在某种抗拒性,对新产品的需求愿望不强烈。

3)销售渠道没有疏通,中间商对新产品缺少认识。

4)从主观上看,经营者忽视了产品宣传推广工作或错过了时机。

因此,在导入期中经营者主要的推销对策就是要利用广告大力宣传新产品,做到家喻户晓,用户皆知。让消费者在宣传声中及时检验产品性能,不让时间因素来扼杀或限制新产品的成长。

(2)根据导入期的产品市场特征,广告战略的决策要注意以下几点。

1)提高产品的知名度。在时间上要求及时,或者在产品上市前适当地提前宣传。在范围上要采取积极手段,使用户尽快地了解和熟悉新产品。并要注意广告的宣传对象,重点启发那些可能最先购买的用户,以求打开试销局面。

2)在广告内容上,主要是介绍这种新产品有什么新的特征和新的用途,它与过去的老产品有什么不同,使用这种新产品对消费者和用户有什么好处等,以激起用户的兴趣和关心,从而在市场上促成对这种产品的一般性需求。

3）广告宣传量可根据具体情况适当地增减。一般来说，此时广告的规模和声势都不宜过大，因新产品生产能力有限，只能承接少量的订货。这时最好采用样本说明书的形式，把印有产品种类和特点的精美样本，发给全国一些大的有关专业公司和百货商场；同时适当地做些报刊广告，可选择一些发行量不太大，而专业性较强、影响适中的报刊。在这个阶段，有节制地做广告，效果较好。当然，如果产品的潜在用户多，购买欲望强；或者产品的市场规模大，竞争激烈，广告活动量就要大一些，可以运用各种组合媒体造成较大的广告声势，以求迅速占领市场，提高市场占有率，在销售上争取主动。

2．**产品的成长期**

产品在市场上站稳了脚跟，产量、销售量迅速上升，开始大量进入市场，这意味着产品进入了成长期。这时成本不断降低，利润也逐步增大或大幅度增长，由于仿制的企业增加导致竞争逐步加剧。这个时期，由于产品在市场上已经构成了一定的需求，从而使该产品获得了大量生产的机会。同时也是竞争比较激烈的时期，不可掉以轻心，以致在竞争中败下阵来。

成长期广告战略要注意以下几点。

（1）广告内容由宣传产品转移到重点宣传品牌和商标。这时市场已出现同类产品或仿制品，广告宣传的重点，不是像导入期那样希望大家都来买这种新产品，而是转为品牌商标的声誉，宣传本企业的工作质量、产品质量与服务保证，突出介绍最重要的优点和特点，促使消费者选择性的形成，在创名牌上下工夫。

（2）扩大宣传范围，疏通分销渠道，提高包装和销售现场广告的质量，以赢得用户对本企业产品的购买，扩大企业的市场占有率。

（3）广告宣传方式上，假如第一阶段采用了集中性的广告宣传策略，并运用了多种广告方式，那么到了成长阶段，就要对已经使用过的几种广告方式的效果进行调查，对比优劣来决定取舍。在广告费的预算上可采取竞争均势原则和目标任务原则相结合的方法，在摸清竞争对手和用户情况以后，选择适当时机，形成第二次广告活动高潮，以争取优势。

3．**产品的成熟期**

产品的销售量经过成长期的快速增长以后，就会出现一个比较稳定的时期。这个时期延续时间比较长，可分为成长成熟期和稳定成熟期。前期销售量还会继续缓慢增长，后期则出现逐步下降趋势。

成熟期是经营者面临着艰巨挑战的时期。此时产品的质量已基本定形，消费者强调选择名牌，用户需求量趋于稳定，产品销售量逐步达到最大，市场需求量开始饱和。这时产品的饱和表现在三个方面：一是老化；二是质差；三是价高。这时多数购买行为是属于重复购买，新顾客的增加已十分缓慢。生产同类产品的各企业之间竞争异常激烈，竞争者产品的质量差距缩小,在价格、广告、服务方面的竞争加剧,产品相继降价,许多企业在竞争中感到了巨大的压力。

这一时期由于产品在市场上的销售趋势已经改变,处境发生了变化。因此广告策略也要随之调整,要配合本企业的市场策略,着重注意以下几点。

(1) 广告宣传重点,应强调提高服务质量、降低价格和其他优惠政策,以吸引顾客继续购买。更加突出商标宣传,对于名牌企业和名牌产品,应善于提高和保持其名牌地位,使用户继续产生偏爱动机。

(2) 广告宣传的对象,不只是消费者,还应包括那些经销商。不仅引导消费者继续相信和购买该产品,而且鼓励经销商树立对该产品的经营信心。在这一阶段,市场上来自同类产品的竞争压力增大,应注意防止自己的客户被同类产品的竞争者争取过去,突出宣传产品在同类产品中的差异性和优越性,稳定和扩大自己在该市场上的占有地位。

(3) 变换多种广告形式,深耕老市场,开拓新市场,吸引更多的购买者,向市场的深度和广度进军。广告攻势要根据销售策略的变化而加快频率,注意广告形式的变化组合,广告费不要缩减。

4. 产品的衰退期

由于同类新产品的出现、消费方式的改变或其他因素,原来尽管很热门的产品,最后也不得不从市场上退出来。在淘汰阶段,产品销售量、需求量急剧下降,利润大幅度减少,库存超过合理数量,消费者转向使用新一代产品。企业无利可图,有的陆续停止生产,少数企业可能继续设法坚守阵地,利用剩余市场,以求转机。

衰退期广告策略的决策要点有以下几个。

(1) 广告宣传最重要的任务,在于扩大产品用途,寻找和创造新的顾客,从而延长产品的生命周期。广告要注意更多地发挥创意,发掘新的消费方式,推广原产品的新用途,并说明可为消费者提供哪些服务和便利,以促进、巩固消费需求。这种宣传往往能达到出奇制胜的效果。国外这种例子很多,如洗头水加护发素、饮料中加维生素C、照相机加自动曝光和自动测距装置等。国内产品中电视机加耳机、录音、双喇叭等附件,牙膏中加中草药等新配方,都是以新性能达到维持销售、扩大市场占有率、延长产品寿命的目的的。

(2) 企业应以营业性推销为主,必要时辅以少量的广告宣传,不定期地使用一些费用小、效果尚好的广告媒体。

(3) 如果经过一定广告量的增加,销售仍无好转,就不要再继续增加广告费,应尽量使广告保持在最低限度上,以减轻企业负担。此时的广告预算,要根据企业对产品的决策,果断地予以调整。

由此可见,产品在市场销售过程中生命周期的变化,决定着广告宣传策略的变化。但是，广告策略上相应变化，不是消极被动的。在一定的条件下，人们可以依据广告活动的规律，改变产品生命周期的状况。在广告的这种反作用下，产品的宣传可以达到更好的效果（见表7-1）。

表7-1 产品不同生命周期的广告策略

产品生命周期	导入期	成长期 前期	成长期 后期	成熟期	衰退期
广告阶段	初期			中期	后期
广告目标	创牌			保牌	维持
广告战略	开拓市场			竞争市场	保持、转移、压缩市场
广告策略	告知			差别化 多样化 印象 劝服	提醒
媒体选用情况	多种媒体组合、刊播频率较高、造成广告声势、广告费用投入较多			广告的频率、费用较初期次之，说服和竞争消费者	广告压缩、采用长期间隔定时发布广告的办法，唤起注意、延续市场

7.2.3 产品附加值策略

产品是一个复合的概念。附加产品是消费者购买产品时得到的附加服务和利益，如运送、维修、安装、保险等。这种为产品增加内容的延伸服务，已日益成为吸引消费者的手段。

现代消费者的需求是多方面和复杂的。附加价值指的是产品所具有的心理价值、时髦价值、艺术价值及收藏价值等，是产品生命的重要组成部分，在市场竞争和销售中，正扮演着越来越重要的角色。比如，人们购买名牌手表或高级轿车是一种"炫耀式消费"，是在购买"荣誉"及"地位"。而飞亚达表"飞亚达，宇宙情侣表，一旦拥有，别无所求"、"金帝巧克力只给最爱的人"都是定位在情侣之间的。

产品的附加价值不是可有可无的，它能决定产品销售的畅与滞。而且随着社会的发展和消费者收入水平的提高，这种消费观念将越来越突出。广告策划与创意要努力去发掘产品的附加价值，并懂得巧妙地加以宣传。

7.3 广告市场策略

广告市场策略是指根据市场情况及产品在目标市场中所占的地位而确定的广告方法

和手段。任何产品都只能满足一定的市场需求范围与市场需求目标，必须在研究市场运动规律和消费者需求变化的基础上，制定相对应的广告市场策略。

7.3.1 产品细分市场策略

细分市场是根据消费者的需求和满足程度来区分市场的。企业可根据消费者的不同需求，以企业自身的经营条件，将市场细分成许多子市场。制定企业的营销策略和相应的广告策略，运用不同的策略手段，争取不同需求的消费者。

市场细分为广告策略的选择制定提供了重要依据，使广告策略更加有的放矢，目标准确。但有两点值得注意：① 要认真观察、了解并准确把握消费者挑选产品并做出选择时有关变数的顺序；② 密切注意消费者选购商品属性的层次变化，并适应这种变化，用动态的眼光去引导这种变化，为企业发展开辟新路。广告策划者应从市场细分研究中，制定相应的广告策略。

案例 7-4

娃哈哈的市场细分

杭州娃哈哈集团创业之初只有 3 个人，但现已成为中国食品业的领头企业。他们依据国家计划生育政策，以儿童市场为目标，研发了营养成分齐全、味道可口的儿童营养液，并取名"娃哈哈"，当年获得 183 万元利润。他们还针对城市儿童中普遍存在的挑食厌食现象，提出自己鲜明的广告主张——"喝了娃哈哈，吃饭就是香"。"吃饭就是香"成为许多孩子的口头禅。娃哈哈在儿童市场地位巩固后，开始将营养八宝粥、银耳燕窝推向中老年市场，纯净水推向青年市场，并请明星用歌曲做广告，一时间年轻人几乎都会唱"我的眼里只有你"。

问题： 娃哈哈产品是如何成功进行市场定位的？

7.3.2 广告目标市场策略

广告目标市场策略是企业在细分市场的基础上，选择出最有开发潜力的市场而采取的市场营销策略。企业所选择的目标市场不同，采取的广告市场策略也不一样。

1. 无差别式广告策略

这是指广告主在一定的时期内，针对一个大的目标市场，运用不同媒体搭配组合，做同一主题内容广告宣传的方法。这种策略一般多用于产品导入期和成长期，或者产品供不应求、没有竞争对手或竞争不激烈时的广告宣传。

案例 7-5

宝马汽车的广告策略

德国豪华轿车制造商宝马公司将以电影短片制成的宝马车广告搬上了网络。这个名为"雇用"的系列短片讲述了一位驾驶着宝马车的保镖是如何受人雇用、出生入死完成使命的。在夜色的掩护下,银灰色的宝马不仅把追踪的车辆甩得无影无踪,还愈发衬托出主角的勃发英姿。短文与分解的广告俨然是一部"缩水版"的"007"电影。这个短片在电视、电影院里也做宣传,但仅有30秒钟。

问题:本则广告是如何彰显产品的独特之处的?还有较之更好的策略吗?

2. 差别式广告策略

这种策略是广告主在一定的时期内,针对细分的目标市场,运用不同的媒体组合,做不同内容的广告宣传。一般用于产品成长期和成熟期后期的广告宣传。

3. 集中式广告策略

这是广告主把广告宣传的精力集中在已细分市场中一个或几个目标市场所采用的广告方法。这种广告策略一般用于资源有限的中小型企业。

根据企业的具体情况,上述三种策略既可以独立运用,也可以综合运用。

7.3.3 广告促销策略

广告促销策略是一种紧密结合市场营销而采取的广告策略。它既要告知消费者购买商品所能得到的好处,以说服其购买,同时又要结合市场营销手段,给予消费者更多的附加利益,以引起消费者对商品的兴趣,在短期内收到即效性广告效果,从而推动商品销售。

1. 广告促销活动的基本形式

广告促销活动是企业向消费市场推销商品的基本载体,影响对象不同,具体的活动形态也不相同。

针对顾客的广告促销活动主要有竞赛、抽奖、价格折扣、商品试用活动、附加赠送活动、退款消费活动、分期付款活动、现场演示活动、以新换旧活动、新品展示发布会、知识营销活动、消费者培训活动、顾客意见领袖推广与示范活动、消费者俱乐部活动、公益服务活动、公共关系活动、展销会、生活情趣活动(如结婚仪式、生日庆典)、文化仪式活动、游戏娱乐活动、商品文化节、专题庆典活动、社会节日文化活动等。商品只有成为顾客的消费品,企业的产值才有可能转化为销售额,实现投资利润。针对顾客的广告促销活动,其主要目标是通过开展知识营销、主题营销和服务营销活动培育消费市场,或者运用"短程激励"和让利机制刺激顾客迅速、批量购买企业提供的产品,提高商品的市场占有率和消费占有率。

针对中间商的广告促销活动主要有教育培训活动、旅游活动、招待活动、交易折扣、销售竞赛活动、贸易博览会、派员驻店指导、业务洽谈会、实地参观活动、公共关系活动等。中间商从生产企业批发批购商品,然后销售给顾客,通过商业活动谋取商业利润。针对中间商的广告促销活动,目标就是运用合作机制引导中间商重点展示、宣传、推销企业生产的商品,扩大商品展示面积,突出商品的品牌形象,积极向顾客推介商品。

针对销售员的广告促销活动主要有销售会议、销售业务培训活动、销售竞赛活动、公共关系活动等。其目标是运用竞争机制和奖励机制激励销售员的积极性和创造性,让销售员娴熟、热情地向顾客推介商品,借助其人格化的魅力和高超的服务艺术,吸引顾客,扩大商品的销售量。

2. 劝说促销策略

劝说促销策略就是企业、公司派专职人员或兼职人员向顾客或潜在的消费者面对面地介绍、推广和销售产品的经营策略。利用人际型传播途径向公众传递商品信息,使公众相信商品的功能与价值,并引导公众及时做出购买、消费决策,这是劝说促销策略的基本意图。

(1)劝说促销策略的基本形式如下。

1)从方向上看,劝说促销策略分静候型劝说促销和出击型劝说促销两种。静候型劝说促销策略就是促销人员在企业所在地、商品销售商场等候公众上门提出问题,然后运用各种工具和自己的语言艺术说服公众。这种说服形式的优点主要表现在以下几个方面:可以充分运用驻地心理优势,从容地说服公众;可以动用各种工具,如实物、模型、幻灯片、VCD、DVD等,形象化、立体化地展示商品形象,强化说服力等。出击型劝说促销策略就是主动深入公众所在地,寻找公众进行说服,其优点是能够体现出企业的主动性,以诚恳的态度增强说服影响力。

2)从对象上看,劝说促销策略分为以下四种:一对一型促销,即单个促销员对单个顾客进行促销;一对多型促销,即单个促销员对某个购买群体进行促销;小组型促销,即企业促销小组(一般由企业业务主管人员、推销人员、工程技术人员等组成)对某个购买单位进行促销;会务型促销,即企业通过召集、参与业务洽谈会、行业研讨会、商品研讨会、专题展销会的形式,向个体用户、单位用户进行促销。

(2)劝说促销策略的技巧。在商务促销活动中,劝说是一项技巧性颇强的工作。为了提高劝说促销策略的有效性,应该把握各种说服技巧,根据具体情形加以灵活运用。

劝说促销策略的运用技巧主要有以下几种。

1）信息式。信息式是指事先收集企业形象、商品形象、品牌形象各方面的信息，形成信息量优势，向公众充分陈述商品的性能、特点、原料甚至结构机理，使公众在众多的信息影响下，接受促销的商品。

2）煽情式。煽情式是指在特定的场所中，促销人员自己先酝酿出兴奋的情绪心理，然后借助情绪化的语言、情绪化的声音、情绪化的促销表演和理想化的成功典范，感化公众的情绪心理，使公众产生情绪化的消费欲望，并购买促销人员推销的商品。

3）利害式。利害式是指根据公众的消费心理和使用商品中的具体问题，从利害角度向公众展示商品的价值和功效，使公众自觉认同企业所推销的商品。

4）交际式。交际式是指利用人际交往方式，与公众建立密切的人际关系，借用人情效应开展关系营销，达到推销商品的目的。

5）服务式。在促销说服过程中，应该把公众视为上帝，一切以公众的需要为中心，把满足公众的各种需求作为自己最大的快乐，自觉地为公众提供各种服务，通过服务活动强化说服的感染力。

6）微笑式。在现实生活中，任何人都喜欢微笑。微笑具有特殊的效应，能够显示出亲热、友善、和蔼、热情、礼貌，并引发公众产生愉快的心绪和美好的联想。因此，在促销说服过程中，要善于微笑，熟练地运用各种微笑技巧，使自己的微笑自然动人，利用微笑效应有效地感化公众。

7）赞美式。赞美公众，不但可以创造融洽的交往环境，贴近公众，而且可以赢得公众的友善。在劝说促销过程中，应该重视赞美公众，以便赢得公众的好感，从而强化说服活动的影响力。

3. 奖赠促销策略

奖赠促销活动是一种利益互动性活动，两个直接的利益主体分别是企业和公众，公平、公正是完成商务促销活动的基本准则。在策划过程中，通过利益机制的巧妙设计，使利益杠杆略向公众方面倾斜，便可赢得消费公众，通过提高市场占有率，达到赢利的目的。因此，应该树立科学的奖赠促销意识，重视奖赠促销策略的灵活运用。

（1）奖赠促销策略的心理基础。企业策划奖赠促销活动是一种自利性行为，目的在于为企业赢利服务。但是公众还是乐意参与，说明奖赠促销策略具有良好的心理基础，能吸引公众。

1）生活成本最低化心理。公众在日常生活中，总是力图用最少的钱购买最多、最好的商品，在不影响生活质量的前提下，尽量降低生活成本，所以公众喜欢选购经济实惠的商品。奖赠促销活动迎合了公众这种求实、求廉的消费心理，因而能够有效地影响公众的消费心理，刺激公众迅速购买商品。

2）侥幸获大奖心理。公众在消费生活中，存在某种奢望，期望购买商品时能够获得中奖的机会，赢得超出消费金额的奖品。在奖赠促销活动中，一般都设计了中奖方案，这为公众实现自己的梦想提供了机遇。为了中奖，公众也会选购促销的商品。为了更有效地影响公众的侥幸获大奖心理，设计的获奖方案应该降低中奖率，在法律许可的范围内尽量提高奖品的规格，以巨奖来刺激公众的购买心理。

3）贪图小便宜心理。公众购买商品时，总体而言是理性消费心理占主导地位的，他们期望用同样的钱购买到更多的商品，贪图小便宜。在促销活动中，一般都设计了折价、兑奖、赠品方案，只要公众购买相应数量的商品，便能得到让利价格，能够有效地满足公众贪图小便宜的心理。利用这种心理策划促销活动的让利方案，应该降低奖品规格，突出中奖率，让每个消费者都能得到赠品或奖品，皆大欢喜。

（2）奖赠促销策略的运用背景。设计让利性方案，利用利益机制开展商务促销活动，并不总是有效的，打折让利并不是万能的。应该认真分析市场形势，及时策划出相应的奖赠促销活动。

一般而言，在下列情形下，应该及时策划、开展奖赠促销活动。

1）市场上同类商品的品种比较多，基本达到饱和状态，而且品牌之间的档次、特点彼此相近，没有明显的差异，竞争比较激烈。在这种情形下，企业应该策划奖赠促销活动，利用促销活动突出企业形象与品牌形象，引导公众选购企业的商品。

2）消费欲望不旺盛，市场有效需求比较小。此时企业应该策划让利促销活动，刺激公众的消费需要，扩大消费公众队伍。

3）竞争对手已经策划并开展让利促销活动，企业也应该推出对抗性的奖赠促销活动，以保证自己的市场占有率。

（3）奖赠促销策略的运用规范。奖赠促销是一种政策性、艺术性、谋略性很强的活动，在实际策划工作中，应该讲究科学性、规范性和技巧性，必须遵循以下要求。

1）着眼于刺激理性消费，即引导公众理性化地消费，而不是非理性化地消费。在购买过程中，公众有时会表现出非理性消费的特点，如出于中奖目的而去购买自己并不需要的商品。对于这种消费心态，要有科学的态度，在方案的设计中，不能利用这种心态诱导公众的消费行为，造成社会财富的浪费。奖赠促销的生命力在于让利，所以策划重点应该是影响公众的理性消费心理，为公众提供经济、实惠的商品，让公众以节俭的价格得到完美的享受，帮助公众实现生活成本最低化的目的。

2）符合政策法规规定。在奖赠促销活动中，涉及诸多法规规定，如《反不正当竞争法》《广告法》，这是策划促销活动的基准，绝对不能违反。如果违反了这些规定，将要承担法律责任,这显然是不利于企业开拓市场的。

3)讲究巧妙性和艺术性,强化谋略成分,以最大限度地影响广泛的消费者,创造出最大的商业利润。

(4)奖赠促销策略的基本形式。奖赠促销策略的形式比较多,常见的主要有以下几种。

1)价格优惠型。即通过折价、折扣优惠、自助获赠、退款优惠、贵宾卡和会员卡等途径,直接让利于公众。

2)赠送赠品型。即公众购买商品后,给予相应的赠品或印花券,影响公众的理性购买心理。

3)幸运抽奖型。即设计消费中奖方案,刺激公众侥幸获大奖的心理,诱导公众的消费行为。

4)财务按揭型。对于一些高档化的商品,公众一时缺乏消费能力,应该设计财务按揭方案,让公众提前消费。

7.4 广告实施策略

广告实施策略是指企业进行广告活动时所采用的战略战术。企业广告活动从方案确定到组织实施的一系列过程中,不同的阶段都有各自的特点和策略。广告实施过程是在时空变化中有序展开的,它与产品策略、市场策略、媒体策略的使用有许多交叉的地方,必须按照竞争制胜的总体原则,合理科学地筹划广告在时空上的推进策略,使广告策略在各种因素的制约中发挥最佳效应。

案例 7-6

白丽牌香皂的摄影广告

全黑的底色上衬托出一个浴后少女半躺的身姿:微抬的身体,昂起的头,向上的手臂,大而有神的眼睛,表现出少女的纯洁、天真、健美。身旁的商品品牌名"白丽",故意使人产生少女"姓名"的感觉,造成商品(香皂)与少女叠合的意象,令人联想回味。图片的左上方第一行写的"美丽离不开肥皂和水",用以揭示广告的主体(肥皂);第二行写的"白丽美容香皂的奥秘所在"是引导语,引出广告的主题"今年20,明年18……"和画面的少女形象呼应;最后一行写的"洗涤—护肤—美容,融三种功效于一体",点明广告的主旨,说明香皂的独特个性,令人豁然开朗。

问题: "白丽"广告运用了什么广告策略?你认为独特之处在哪里?

7.4.1 广告差别策略

广告差别策略是以发现差别、突出差别为手段，充分显示企业和产品特点的一种宣传策略。它包括产品差别、服务差别和企业差别三方面内容。

1. 产品差别

产品差别是突出产品的功能差别、品质差别、价格差别、花色品种差别、包装差别和销售服务差别的广告宣传策略。其中最重要的是功能差别，在设计、制作广告时突出出来，能给消费者获得利益的鲜明印象。

2. 服务差别

服务差别是突出同类服务中的差别，从而说明本企业的服务能给消费者带来更多利益和更大方便。比如，成都的一些火锅城广告，有的强调正宗川味；有的强调生猛海鲜，既有酸菜鱼，又有啤酒鸭；有的还外带卡拉OK、镭射或各种表演等，各有所长。如在法国，所有雀巢公司的婴儿产品包装上都附有一个电话号码。妈妈们每天10小时，随时都可以拨打雀巢热线，向公司4位领有执照的专业营养师询问宝宝的饮食需求，每天要做哪些事及不可以做哪些事。每个电话或通信内容都会被记录到计算机中，以供日后分析。

3. 企业差别

企业差别主要包括企业的设备、技术、管理水平、服务设施、企业环境等方面的差异。除此之外，还有一种心理上的差别，指消费者在使用产品上由于不同类产品有差别而产生的一种满足感。强调心理感受上的差别，这是加深消费者对产品印象的一种重要宣传策略。如三星电子公司在《商业周刊》中文版上做了一则广告："去年一年，全球2 200万名消费者不约而同地选择了同一品牌显示器，如此信赖，我们深感自豪。"该广告显示出的差别是"三星的技术"、"顾客对产品的信赖"。

7.4.2 广告系列策略

系列广告是一个有比较全面计划的广告活动。它是在一定时间内，连续发布有统一设计形式或内容的广告，增强广告的完整性和留给人们的印象。报纸媒体具有发布的连续性，是做系列广告的最佳工具。

1. 广告形式系列策略

在广告计划的时间里，有计划地发布多则广告，这些广告的设计形式相同，但内容则有改变，这种广告手段便是形式系列策略。形式系列广告策略适宜于内容更新快、发布频率大的广告，如旅游、文娱、交通、食品广告等。

2. 广告主题系列策略

广告主题系列策略是指广告主依据各时期目标市场的特点和市场营销策略的需要，不断变更广告主题，以适应不同广告对象的心理需求。

3. 广告功效系列策略

广告功效系列策略是指通过多则广告，逐步深入强调商品功效的广告策略。这种策略或是运用不同的商品观来体现商品的多用途；或者是在多则广告中，每一则强调一种功效，使消费者易于理解和记忆；或者结合市场形势变化，在不同时期突出宣传某一用途，起到立竿见影的促销作用。

4. 广告产品系列策略

如果厂商生产经营的是系列产品，就可以结合系列产品种类多、声势大、连带性强的特点来做系列广告宣传。如宝洁公司对旗下的洗发水分别定位，突出各自特点，在市场上拥有很大份额的影响。如海飞丝的"头屑去无踪，秀发更出众"、飘柔的"亮丽、自然、光泽"、潘婷的"拥有健康，当然亮泽"。

7.4.3 广告时机策略

广告时机策略是指在时间上利用与市场营销有关的一切机会的策略。把握和利用好机会，可使广告宣传事半功倍。

1. 节假日时机

节假日有政府法定的和民间风俗形成的等形式，由于人们闲暇时间增多，往往会形成某种消费高潮。假日消费以日常生活用品为多。零售企业和服务行业一般在节假日数天前便开展广告宣传，让消费者有充裕的时间酝酿和形成购物动议。节假日过后，广告宣传便告一段落。

2. 季节时机

季节性商品一般有淡旺季之分，企业往往抓住旺季销售的大好时机，投入较多的广告费，增大广告推销力度。转入淡季后，广告宣传在数量和频度上都适当减少。也采用反季节广告宣传方式。

3. 黄金时机

电视和广播均有广告发布的最佳黄金时间。在这些时段上发布广告接收率最高，广告传播效果最好。许多企业不惜重金，以竞争投标方式取得这些时段。

4. 重大活动时机

每年的几次重要节日，企业的开张、庆典或获奖时机，以及某些重要文化或体育赛事等活动，都是广告策划中推出广告的极好时机。这些广告由于注意融入节日或文化气氛，使广告信息具有易被接受、传播面广及效果好的特点。

> **案例 7-7**
>
> **收视率狂飙，央视收入高**
>
> 　　世界杯让中央电视台赚了个盆满钵满。借世界杯之际，央视收视率大幅飙升。央视提供的数据表明，中央电视台世界杯第一天的收视份额，就比 2006 年前 5 个月的平均水平提高了一倍之多，收视份额突破 60%。进入世界杯赛程第二周后，中央电视台全天收视份额上升至 35.4%。特别是午夜 12 点前开赛的 8 场比赛，收视率几乎都在 2% 以上，占据市场份额的 8% 左右。
>
> 　　而比收视率更居高不下的，是央视的广告收入。来自中央电视台广告部的数据显示，世界杯期间套播广告为 5 秒 419 万元，平均每秒 83.8 万元，整体广告价格比平常高 40%。还有统计表明，因为中国队此次没有进入世界杯 32 强，至少让央视损失了 2～3 亿元。
>
> 　　**问题：**重大活动带来巨大商机，带来巨额收益，一定是这样吗？为什么？

7.4.4 广告频率策略

　　广告频率指的是在一定时间内发布广告的次数。这种次数受到时间长短和频率间隔等的影响，并要依据市场竞争等多种因素的变化而灵活运用。

　　（1）集中式。集中式是指在较短的时间内，利用媒体组合的优势，向目标市场发起强大的广告攻势。集中式方法适合于新产品导入期，或者市场需求变化较大的流行时令商品等。

　　（2）均衡式。均衡式是指有计划、持续均衡地给消费者以信息刺激，以保持消费者对产品的持久记忆，其组合方式可以每天、隔天或间隔数天连续推出广告，不断提醒消费者对某种品牌的印象。此种策略适用于产品成长期、成熟期。

　　（3）阶段式。阶段式是把集中式与均衡式组合使用的一种方式。在商品销售的最佳时机采用密集攻势的形式，而在平时则采用均衡持续的策略。阶段式组合有利于保证重点，又能防止对广告的遗忘，形成波浪式有张有弛的宣传曲线，成为许多厂家乐于采用的方式。

7.4.5 广告地域策略

　　广告活动是在一定的空间地域内展开的。地域的变化，直接引起政治、经济、文化、科技、人口密度及传统习俗等方面的差异，也使人们的消费心理及产品的适用性发生变化。

许多产品不可能适用一切市场和一切消费者。有些产品可能只是地区性的，有些是全国性的或世界性的，广告策略就要针对这些不同的情况予以科学地运用。广告地域策略影响到广告的主题与创意，如在宣传某种产品或观念时必须适合某个地区，广告语言、色彩、图案、象征物与模特儿使用应尊重地域内的禁忌与习惯等。

在广告策划中，对产品的区域推进路线应有战略上的考虑。比如，先重点开拓哪些地区，再扩大到哪些范围，如何占领与转换市场等，这些都涉及广告策略的运用与配合。广告地域策略在营销中的使用有以下几种方式。

（1）重点扩散法。重点扩散法是选择最有可能率先打开市场的重点区域，取得巩固后再依次扩散发展，犹如放射式的传递。如新产品某茶饮料推销，先选择广东、福建作为重点市场，待开拓后再转向其他市场。

（2）稳定占有法。某些产品只能在一定的区域才有最大的销售量，企业就采取牢牢掌握这些区域市场的策略，广告策略也给予密切配合。

（3）灵活机动法。采取打一枪换一个地方的战术，依据市场变化不断地改换销售区域，一般适合于时髦流行、生命周期短的产品。广告策略也要灵活多变，适时跟进，保证产品销到哪里，广告的影响就扩大到哪里。

本章小结

广告策略是企业经营策略的一个重要组成部分，是企业为实现其经营目标而对其规划期内的广告活动拟订的指导思想和总体设计。

广告策略的特点是全局性、长期性、导向性、竞争性。

广告策略的作用体现在：它是实现广告目标和企业经营目标的重要手段，是完成广告规划的基础条件，是决定广告效果的关键，是企业树立声誉、开展竞争的有力武器。

广告策略的实施原则主要有要适合消费者和顾客的心理，要适应竞争对手的广告策略及竞争环境的变化，要适应销售国家和地区的情况，要以广告运动促进广告战略的实施。

广告产品策略是指根据消费者对于某种产品属性的重视程度，确定该产品在市场竞争中的方法、所采取的广告方法和手段。主要有产品定位策略、产品生命周期策略、产品附加值策略。

产品定位策略是以功效、品质、市场、价格为标准的实体定位策略和以改变消费观念、反类别、逆向、对抗竞争为标准的观念定位策略。

产品生命周期策略分为产品导入期、成长期、成熟期、衰退期的不同策略。

广告市场策略是指根据市场情况及产品在目标市场中所占的地位而确定的广告方法和手段，主要有产品细分市场策略、广告目标市场策略、广告促销策略。

广告目标市场策略主要有无差别式广告策略、差别式广告策略和集中式广告策略。广告促销活动基本形式有针对顾客的、针对中间商的、针对销售员的促销活动。

劝说促销策略的技巧有信息式、煽情式、利害式、交际式、服务式、微笑式、赞美式。

奖赠促销策略的心理基础主要是生活成本最低化心理、侥幸获大奖心理、贪图小便宜心理。奖赠促销策略的运用规范应该着眼于刺激理性消费、符合政策法规规定、讲究巧妙性和艺术性、利润最大化。常见的形式有价格优惠型、赠送赠品型、幸运抽奖型、财务按揭型。

广告实施策略是指企业进行广告活动时所采用的战略战术，包括广告差别策略、广告系列策略、广告时机策略、广告频率策略、广告地域策略。

广告差别策略包括产品差别、服务差别、企业差别。广告系列策略包括广告形式系列策略、广告主题系列策略、广告功效系列策略、广告产品系列策略。广告时机策略包括节假日时机、季节时机、黄金时机、重大活动时机。广告频率策略包括集中式、均衡式、阶段式。广告地域策略方法有重点扩散法、稳定占有法、灵活机动法。

复习思考题

1. 概念

广告策略　　广告产品策略　　产品定位策略　　广告市场策略　　广告实施策略

2. 选择题

（1）广告策略是对一个时期的广告活动进行的_____，具有全局性、长期性、导向性、竞争性的特点。

　　A. 系统规划　　　　B. 目标策划　　　　C. 内容策划

（2）广告策略是为了增强市场竞争能力而产生的一种_____的抗衡手段。

　　A. 全方位、全过程　　B. 针对性、实践性　　C. 主动性、抗衡性

（3）借助有名气竞争对手的声誉，表明自己产品不如对手，但准备迎头赶上的是_____。

　　A. 反类别定位　　　　B. 逆向定位　　　　C. 对抗竞争定位

（4）系列广告是在一定时间内，连续发布有统一设计_____的广告。

　　A. 形式或内容　　　　B. 格式或内容　　　　C. 形式或题材

（5）奖赠促销是一种策略性、艺术性、谋略性很强的活动，着眼于刺激_____。
　　A．理性消费　　　　　B．感性消费　　　　　C．消费

3．判断题
（1）广告策略是实现广告目标的具体政策和重要手段，是完成广告战略的基础。（　　）
（2）广告活动是有价的传播活动，要有好的传播效果，运用好的广告产品策略是关键。（　　）
（3）逆向定位策略是在不如对手时，与强者对着干，以此实现竞争的一种方法。（　　）
（4）企业差别主要包括企业的设备、技术、管理水平、服务设施、企业环境等方面的差异，不包括心理上的差别。（　　）
（5）产品的附加价值是可有可无的，不能决定产品销售的畅与滞。（　　）

4．填空题
（1）广告策略作为经验和智慧的结晶，是实现广告目标的_____和_____。
（2）广告策略的特点是_____、_____、_____、_____。
（3）实体定位策略是一种差别化的策略，主要是以_____、_____、_____、_____为标准。
（4）按产品生命周期理论产品分为_____、_____、_____、_____，各个时期要采用不同的广告策略。
（5）广告的差别策略包括_____、_____、_____三方面的内容。

5．思考题
（1）应如何理解广告策略，广告策略实施应遵循什么原则？
（2）试举例说明广告主是如何通过产品确定一种新的价值观，以此改变消费者固有的消费观念，诱导消费者树立新的消费观念，从而顺利打开销路的。
（3）通过打折、降价、赠送等形式，商家往往可以获得较好的销售效果。试分析它的心理基础，但为什么有些企业没有效果呢？
（4）当代农民通过将笼养鸡散放到山坡上，既降低了生产成本，又能够卖出好价钱。在同质化严重的市场上，你认为应如何运用差别广告策略？请举例说明。
（5）选择一种代表当代潮流的产品，试分析该公司使用了什么广告策略？你会推荐一种不同的策略吗？解释你推荐的原因。

实训题

华素片：咽喉药还是口腔药？
——品牌的类别定位策略

华素片是北京四环制药厂生产的一种治疗口腔咽喉疾病的西药，其产品主要特点是：具有独特的碘分子杀菌作用，是一种口含的西药，能长久留在口腔内发挥药力。在华素片推出之前，市场上已经有一系列新老同类产品了，如何定位更有效？

在为华素片制定营销策略之前，首先要分析它的市场状况。从适应症上看，华素片既治口腔病又治咽喉病，因此它参与咽喉类药品与口腔类药品两个产品类别的竞争。

先看咽喉类药品市场。市场上常见的咽喉类药品有六神丸、四季润喉片、草珊瑚含片、桂林西瓜霜、武汉健民咽喉片、双料喉风散、含碘片、黄氏响声丸、奎蛾宁、国安清凉喉片等。它们或凭借传统的知名度（如六神丸）和广告的知名度（如草珊瑚含片），或者以便宜的价格（如含碘片）、较好的疗效（如双料喉风散）各赢得了一部分市场份额。可见咽喉类药品市场品牌众多，竞争激烈。

再看口腔类药品市场。市场上治疗口腔疾病的药有牙周清、洗必太口服胶囊、桂林西瓜霜、双料喉风散。产品不算多而且基本上没有知名度高、疗效好的领导品牌。一些药物牙膏和口洁露等日化品也占据了一部分市场，但这些都处于市场补缺者的位置。华素片走进市场的机会在哪儿呢？

在咽喉类药品市场上，草珊瑚含片和健民咽喉片等药品上市时间较长，广告投入较大，在消费者中认知度和指名购买率相当高。如果华素片进入咽喉类市场，面对的竞争对手强大，有可能名列其后。而且企业需要投入更大的媒体预算，才有可能改变其在竞争中的认知劣势。而口腔类药品市场还没有形成有影响的品牌，很多口腔患者有时还需要靠一些药物牙膏来辅助。显然，在咽喉类药品市场激烈竞争、口腔类药品市场松散游离的状况下，华素片的市场机会点就是：定位于口腔类药，主攻口腔类药品市场。

在了解华素片面临的市场状况后，开元公司还了解了华素片的消费者，即它所治疗的患者。因为定位是针对消费者的，知道是什么样的人来买、为什么买、怀有什么样的心理等，才能使定位巧妙地进入消费者心中。

经过调查发现，华素片的患者群并不是固定的，男女老幼都可能是患者，其中成年人比例高，季节性变化大。他们选药标准是疗效第一。一份对患者的抽样调查显示：重视疗效的患者比例为93.4%，讲究服用方便的为67.6%，注重口感好的为40.3%。

再看看患者对口腔药的购买行为与心理。患者在关心自己生病的同时又不认为这是很严重的事,所以品牌的忠诚度并不高,他们很可能因为广告或别人口碑的影响而更换品牌。由于大多数患者认为口腔病不是什么疼痛难忍、生死攸关的大病,因此他们不到无法忍受的程度不会自觉用药。而患者一般状态下不会有什么病痛反映,只在想说、想吃、想唱时才有强烈的病痛感,因此患者普遍认为口腔病是很烦人的小病,希望能尽快治好。

在分析了华素片的市场状况及患者的购买行为与心理之后,开元公司充分地了解到,华素片不仅能满足患者希望尽快治好病的心理,同时还具有尽快治好的功能,它的卖点是"快速治愈"。于是,华素片的定位就清晰可见了,这就是:迅速治愈口腔疾病的口腔含片。

定位策略找到了,还要有把它与消费者沟通的语言。口腔病的患者,无论是患口腔溃疡、慢性牙周炎、牙龈炎,还是感染性口腔炎,都会有一种欲说不能、欲唱不成的感觉,也都会有小病烦人、想快快治好的心理。华素片在沟通中做出了"快治"入口的承诺,还有"病口不治,笑从何来"的呼唤,终于健步走进患者心中!

经过一年的广告投放测试表明,华素片的知名度由原来的20.7%上升到82.8%,66.6%的被访者认为华素片是治口腔炎症的药品。采用产品类别定位的方式定位于口腔类药品,并结合产品功能定位,这就是华素片成功的战略。

实训要点:(1)如果华素片要参与咽喉类药的竞争,如何定位?
(2)华素片口腔类药的定位策略是什么?
(3)最强大的咽喉类药是什么?属于哪种类型?华素片的特点是什么?

第 8 章

广告效果测评

> **本章学习目标**
> 1. 了解广告效果是广告信息通过广告媒体传播之后对受众产生的直接和间接效应的总和。
> 2. 掌握广告效果概念、测定方法的种类及应用。
> 3. 熟悉广告效果测定的原理和程序。

引导案例

哈勒尔与宝洁公司的清洁剂之战

哈勒尔在20世纪60年代初购进称为"配方四〇九"的清洁喷液批发权,并立即在全国展开了零售工作。到1967年,"配方四〇九"已经占领了将近一半的清洁喷液市场,生意非常成功,成功得让人眼红。宝洁就是这些眼红公司的最佳代表。1967年,宝洁开始试销一种称为"新奇"的清洁喷液。宝洁在创造、命名、包装和促销"新奇"这项产品时,投入了大量资金,进行了耗资巨大的市场研究。在丹佛市的试销也声势浩大,郑重其事。大家普遍认为,宝洁可以投入数百万美元的经费,不必计较是否立刻就有收获;金钱可以买到有关消费者的知识,从而知道如何投其所好而把哈勒尔打垮。

就在宝洁一步步展开行动时,哈勒尔听到了风声,并且得悉"新奇"清洁喷液将在丹佛市试销。哈勒尔决定从丹佛市撤出"配方四〇九"。当然,它不能直接从超级市场的货架上搬走,因为这样宝洁就会发觉,但它可以中止一切广告和促销活动。当某商店销完"配方四〇九"时,推销员面临的是无货可补的局面。这样,"新奇"清洁喷液在丹佛市的试销中表现极佳，宝洁负责试销的小组汇报时自然加上"所向披靡、大获全胜"的词语。

当宝洁公司开始发动全国"席卷攻势"时，哈勒尔开始采取报复措施了。它把16盎司装和半磅装的"配方四〇九"，一并以0.48美元的优惠零售价促销，比一般零售价降低很多，并且用大量广告来宣传这次促销活动。这样，大批消费者一次性购足了大约可用半年的清洁喷液。当宝洁的产品大量投入市场时，清洁喷液的消费者"蒸发"了，他们不再需要清洁喷液，家里都已经有了"配方四〇九"。新使用者市场有限，而且不一定会购买宝洁的"新奇"清洁喷液。最后，宝洁从货架上撤走了这项新产品，尽管它的试销十分"成功"！

广告效果是广告主、广告公司都极为关注的事情，本章引导案例中哈勒尔成功地运用广告效果调查结果，达到了自己的营销目标。这个案例告诉我们，市场不是一成不变的，不是可以随随便便就能做好的。

8.1 广告效果概述

广告传播内容对传播对象和整个社会将产生什么影响和作用？产生的效果又会怎样？这是广告测定的主要内容。人际传播的效果是直接的、迅速的、明显的，传播者很容易觉察到。而广告通过大众传播媒体所产生的效果则往往是间接的、潜移默化的、迟缓的，广告传播者不易觉察到。因此，测定接收者的信息反馈是了解广告效果的一个重要方法。

8.1.1 广告效果的含义

所谓广告效果，是指广告作品通过广告媒体传播、刺激引起的直接或者间接变化的总和。广告主利用媒体传播某个广告，会给消费者带来各种变化，这是广告本身的效果；也会给企业经营带来某些经济效益，这是广告的经济效果；同样会给社会环境带来文化上的影响等，这是广告的社会效果。

就广告对消费者的影响而言，广告作为企业的促销手段，其根本目的是促使消费者购买所宣传的商品。广告对消费者的影响着重表现在改变其态度，即通过广告宣传，改变消费者的心理活动状态，促成消费者的购买行为。

广告效果除了本身的效果之外，还有广告经济效果和广告社会效果。广告经济效果是指广告之后增加了多少销售额、利润率或市场占有率等。广告经济效果是广告活动成败的集中表现，是广告主最关心的问题。从这一角度讲，若广告没有经济效果，几乎可以肯定地说，也就没有任何企业或个人会去做任何广告。如"力士"香皂广告，它的中国市场代理商智威汤姆逊公司根据该广告企划，在广州进行广告宣传，3个月后就收到较为明显的效果：品牌市场占有率由15%提高到51%，品牌知名度由20%上升到30%，销售额半年增长1倍多。这一效果促使代理商筹划新一轮的广告宣传攻势。

8.1.2 广告效果的特性

现代广告活动是企业的一项复杂的经营活动，而且是与宏观经济活动乃至政治、社会、文化活动等有着紧密联系的一项社会综合性活动。广告活动的复杂性决定了其效果的独特性。

1. 迟效性

广告对消费者的影响程度，既受社会、经济、文化、时间和地域等多种因素的制约，又受竞争者行为和一些虚假广告的影响。因此，消费者对广告效果的反应程度各有不同，有的可能快一些，有的可能慢一些。再者，广告对消费者的心理刺激必须经过一定反映过程，即反复的刺激过程，才能达到购买行为阶段。因此广告对消费者的影响程度，总的来说是迟效性的，即广告效果必须经过一定的时间周期之后才能反映出来。除了某些特殊的促销广告之外，大多数的广告效果需要较长的时间周期，这就是广告效果的迟效性。

2. 竞争性

广告效果具有强烈的竞争性，其竞争性表现在争取顾客，向消费者推荐自己的商品而取代竞争对手的商品，以达到增加销售收入、提高市场占有率和经济效益的目的。广告的竞争力强，影响说服力大，企业和商品在消费者心目中的形象就会日趋巩固，就能争取更多的顾客、更广阔的市场，使广告的各种效果集中表现在销售效果上。

3. 间接性

广告效果最直接、最明显的反映，应该是销售额、销售利润率或市场占有率的提高。然而，影响销售效果的因素却并非仅仅广告活动而已，人员推销、营业推广、公共关系乃至商品的商标、包装、内在质量、价格、分销渠道等，均会影响商品的销售效果。广告效果是通过广告活动引起消费者注意、兴趣、记忆、欲望等心理活动过程而实现的。这些因素虽然大多数不能直接引起消费者的购买活动，但却能提高人们对商品的认知与信赖，从而间接地促进商品的销售。

4. 积累性

广告的反复发布是多种媒体反复宣传的综合效果，同一时刻的广告效果都是以前多次宣传的积累。消费者在尚未发生购买行为之前，也许已接受过多种广告媒体所做的同一商品广告的影响，在心理上积累起对该商品的广告印象。因此，消费者购买商品之前，是广告效果的积累期，广告效果是多种媒体广告综合作用的结果。

5. 难以预测性

由于广告效果的影响因素众多，同时又由于广告作用对象的广泛性和分散性，使信息的反馈十分困难。大多数广告是通过各种大众传播媒体进行的，由于受众分散，对广告的反应就不容易收集，从而导致广告效果难以测定。

8.1.3 广告效果的类型

1. 按广告涵盖的内容和影响范围划分

按广告涵盖的内容和影响范围，广告效果可分为传播效果、经济效果和社会效果，这是最为常见的划分方法。

（1）广告的传播效果。广告的传播效果又称为广告的本身效果或心理效果。它是指广告刊播后，受众对广告的印象及引起的各种心理效应，表现为广告对受众的知觉、记忆、理解、情感、态度和行为等方面的影响。广告活动能够激发消费者的心理需要和动机，培养消费者对品牌的信任和好感，树立企业的良好形象。广告的传播效果是广告效果的核心。它是一种内在的、能够产生长远影响的效果，主要是由广告自身产生的效果，其大小取决于广告表现效果和媒体效果的综合作用。

（2）广告的经济效果。广告的经济效果是指广告主通过广告活动所获得的经济收益或带来的损失，即由广告活动而引发的商品和服务销售及企业利润的变化程度。广告的经济效果主要指广告的销售效果。广告主运用各种传播媒体，把产品、服务及观念等信息传播出去，其根本目的就是刺激消费心理、促进购买，增加利润。因此，广告经济效果是广告主最关心的问题，是企业广告活动最基本、最重要的效果，也是测评广告效果的主要内容。

（3）广告的社会效果。广告的社会效果也称为广告的接受效果，是指广告对整个社会道德、文化教育及伦理等方面的影响和作用。广告所倡导的消费观念、道德规范、文化意识等都会产生一定的社会影响。因此，广告的社会效果不容忽视。

2. 按广告活动的测定程度划分

从广告活动的总体过程来看，广告效果可分为事前效果、事中效果与事后效果。与此相对应，广告效果测定可分为事前测定、事中测定、事后测定。

（1）事前测定。除了市场调研中所包括的商品分析、市场分析、消费者分析之外，还可能需要探究消费者的心理与动机，以及设法测验信息在传播过程中可能发生些什么作用，找出创作途径，选出最适当的信息。

（2）事中测定。事中测定是广告进行中的效果评估，主要目的在于设法使广告策略与战术能够依预订计划执行，而不至于脱离轨道，并予以及时修正。

（3）事后测定。事后测定是广告活动进行后的效果评估，重点在于分析和评定效果，以供管理者下一步决策和计划参考。

3. 按广告产生效果的时间长短划分

按广告产生效果的时间长短划分，广告效果可分为即时效果、近期效果和长期效果。

（1）即时效果。即时效果是指广告发布后，很快就能产生效果。如商场内的POP广告，会促使顾客立即采取购买行动。

（2）近期效果。近期效果是指广告发布后，在较短的时间内产生效果。通常是一个月、一个季度或者一年内，广告商品的销售额有较大幅度的增长，品牌的知名度有了一定的提高等。近期效果是衡量一则广告是否成功的重要指标。大部分广告活动都追求这种近期效果。

（3）长期效果。长期效果是指广告在消费者心目中所产生的长远影响。一般来说，消费者接受一定的广告信息之后，并不会立即采取购买行动，而是将有关的信息存储在脑海中，在需要购买商品的时候积累的信息就会产生效应。大多数广告效果的产生都需要一个较长的周期，因此对广告效果的间接性和积累性应给予特别的重视。

在检验广告效果时，不能仅从一时所产生的广告效果来评判广告活动的成败，更应从长远的角度看待广告的影响和作用。

4. 按广告对消费者的心理影响程度和行为表现划分

广告信息经由媒体传播给消费者，会对其产生各种心理影响和行为反应。按其影响程度和表现形式，广告效果可划分为到达效果、认知效果、心理变化效果和行动效果。

（1）到达效果。到达效果主要是指广告媒体与消费者的接触效果，通常以广告媒体的发行量、收视率和覆盖面等指标来测评。广告到达效果的测评，能够为广告媒体的选择指明方向。但这种效果只能表明消费者日常接触广告媒体的表层形态。

（2）认知效果。认知效果是指消费者在接触广告媒体的基础上，对广告信息有所关注并能够记忆的程度。主要测定和分析广告实施后给予消费者的印象深浅、记忆程度等，一般通过事后调查获取有关结果。广告认知效果的测评，是衡量广告是否有效的重要标准之一。

（3）心理变化效果。心理变化效果是指消费者通过对广告的接触和认知，受广告的影响所引起的对广告商品或服务产生的好感及消费欲望的变化程度。广告心理变化的测评，主要是通过知晓率、理解率、喜爱度、购买欲望率等指标，对消费者在广告前后的态度变化进行比较和分析。这种态度变化是消费者采取购买行动的酝酿和准备。因此，心理变化的测评在广告效果测定中是一项极受关注的内容。

（4）行动效果。行动效果是指消费者受广告的影响所采取的购买商品、接受服务或响应广告诉求的有关行为。这是一种外在的、可以把握的广告效果，一般可以采取事前事后测定法得到有关的数据。但是一般来说，消费者采取购买行动可能是多种因素促成的，并非仅是广告宣传的效果，因此对这类效果的测评，也应考虑广告之外的其他因素的影响作用。

此外，广告效果还可以按照广告所使用的具体媒体，划分为印刷媒体效果、电子媒体效果、OD（户外）媒体效果、DM（邮寄广告）效果及POP（售点）广告效果。

8.2 广告效果的测定原理

8.2.1 广告效果测定的意义和标准

1. 广告效果测定的意义

所谓广告效果测定，是指运用科学的方法，对广告活动全过程中的每个环节进行鉴定，评价其质量和效果。广告效果的测定具有十分重要的意义。

（1）有利于完善广告计划。通过广告效果的测定，可以检验原来预订的广告目标是否正确，广告媒体是否运用得当，广告发布时间和频率是否合适，广告费用的投入是否经济合理等。从而可以提高制定广告活动计划的水平，争取更好的方向效益。

（2）有利于提高广告水平。通过收集消费者对广告的接受程度，鉴定广告主题是否突出，广告诉求是否针对消费者的心理，广告创意是否吸引人，是否能起到良好的效果，从而可以引进广告设计，制作出更好的广告作品。

（3）有利于促进广告业务的发展。由于广告效果测定能客观地肯定广告所取得的效益，可以增强广告主的信心，使广告企业更精心地安排广告预算，而广告公司也容易争取广告客户，从而促进广告业务的发展。

2. 广告效果测定的标准

由于广告活动是集信息传播活动、经济活动、社会活动、文化活动于一身的综合性活动，因此广告效果测定的标准就不能以某一方面来评价，而必须建立一套科学的评价体系。一般来说，应该从广告的传播效果、经济效果、社会效果这三个方面来评价和测定广告所产生的客观影响。

（1）广告的传播效果是广告作为传播活动是否达到目的的体现，也是广告其他效果的先导和基础。如果广告传播的信息没有到达选定的广告受众，或者虽然到达了广告受众但是没有引起预期的心理准备，那么广告就无法使广告受众接受广告主的观点，也无法使他们采取相应的行动，如做出购买决定等，因而也就难以为广告主带来经济上的收益，当然其作为社会活动和文化活动的效果也难以发挥。

（2）由于广告的主体是经济广告，因此广告的经济效果是广告主最为关心的效果，尤其表现在广告对销售产生的影响上。

（3）广告的社会效果是广告会对广告受众的价值观、道德观等产生的影响，以及广告对市容、生态环境等产生的影响。

所以，评价广告效果要从这三个方面进行综合评价，而不能只从某一方面片面评价。

8.2.2 广告效果测定的原则

1. 目标性原则

因为广告效果具有迟效性、间接性等特点，因此对广告效果的测定就必须有明确具体的目标。比如，广告的目的是推出一项新产品，那么广告效果测定就应针对广告的新闻价值和刺激性；广告的目的是争取更多的消费者，广告效果测定应着重在测定尚未使用这类产品的消费者的态度的改变；广告的目的是冲销竞争者的压力，广告效果测定应着重产品本身的号召力及受信任的程度；广告的目的在于建立产品知名度，则广告效果测定应着重于对产品的认知与记忆等。有了具体而又明确的广告效果测定目标，才能选定科学的测定方法和步骤，才能收到预期效益。

2. 综合性原则

影响广告效果的因素是十分复杂多样的，具体广告测定中的不可控因素也是复杂多变的，因此不管测定广告的经济效益、社会效益还是心理效益，都要综合考虑各种相关因素的影响。从全面提高广告效益而言，广告效果的测定也应该是对广告的经济效益、社会效益和心理效益的综合测定。

3. 客观性原则

影响广告效果测定的各种因素，时时刻刻都处在不断的运动和变化之中，它们彼此以极其错综复杂的形式相互关联着、影响着、依赖着和制约着，形成了一个复杂的有机体。因此，我们对广告效果的测定切忌主观片面，不能以以往的经验和偏见来处理现时复杂的效果测定问题，必须以客观的、冷静的头脑对现实中复杂的广告活动进行综合性的、科学的分析，从中找出诸因素之间的必然性、规律性的联系，才能对广告效果加以科学的测定。

4. 可靠性原则

广告效果的测定结果只有真实可靠，才能起到提高经济效益的作用。我们在广告效果测定中，样本的选取一定要有典型性、代表性，对样本的选取数量，也要根据测定的要求尽量选取较大的样本；对于测试的条件、因素要严加控制，标准必须一致；测试要多次进行，反复验证，才能获得可靠的检测结果。

5. 有效性原则

广告效果测定是广告计划的有机组成部分，是提高广告效果的有力工具与手段，因此对广告效果测定本身也要讲求经济效益。广告效果测定工作要有计划、有步骤地进行，要根据测定目的的要求、经费的多少、测定人员的技术水平和测定对象等具体情况，选取最经济有效的测定方法，才能达到预期的测定效果。

6. 经常性原则

因为广告效果在时间上有迟效性，在客观形式上有竞争性，在效果上有间接性等特点，因此对广告效果的测定，就不能有临时性观点。长期的广告效果测定，只有在经常性的短期广告效果测定的基础上才能有效进行。

8.2.3 广告效果测定的要素

在一般的效果评估系统中，主要包含了目标消费者、企业及广告经营单位这三者对广告效果的期望。他们共同构成了广告效果的基础，如图8-1所示。

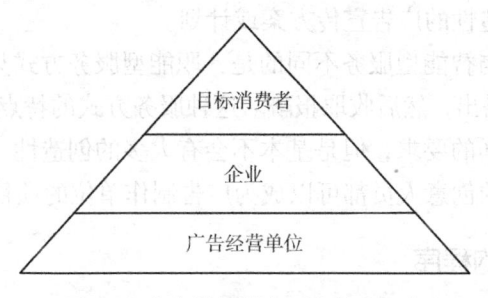

图8-1 广告效果测定要素的金三角

1. 目标消费者

目标消费者处在金三角的最上端。目标消费者关心的是：产品对自己是否存在使用价值；产品与同类产品相比是否具有特殊的功效；能否冲破现在的传播障碍等。另外，消费者"买的是商品，选的是印象"，"90%以上的产品是由90%的外行在购买"。因此，消费者的购买往往是非理性的，在购买过程中处于信息不对称的关系之中。

广告正是用来消除这种信息不对称的沟通手段，它使消费者感觉到购买这种产品是个正确的选择。因此，企业和广告制作者应该认真帮助目标消费者引出自我价值感觉，这样才能用听得明白的语言与消费者进行有效的沟通，直至最终满足用户的需求。

2. 企业

作为广告的投资者，企业对广告效果的评价指标主要有三个：销售额、品牌知名度和特定区域市场内的销售份额。其中，销售额以货币为单位，销售额是否能因广告的播出而大幅度提升是企业最为关心的问题；品牌知名度是指品牌在消费者印象中的排序，排序越靠前，说明广告效果越好；特定区域市场内的销售份额在广告播出之后的一段时间内是否提高也是企业所关注的。有了这三个评价指标之后，广告的创意也就容易得到评价。

3. 广告经营单位

作为企业的合作伙伴，广告经营单位同样也关心三个问题：广告之后的收益情况如何、合作对象是谁、广告发布后的效果如何等。其中，广告经营单位在广告之后的收益越大，他投入的精力就会越多，对企业各个方面要求的关注程度也会越高。这样就很容易形成一个智力高度集中的阵容。

当一个企业将它的广告委托给某一个广告经营单位之后，这个广告经营单位一般会用两种服务方式来为企业提供服务。

（1）智能型服务。在智能型服务方式下，广告公司内所有的专家甚至包括一些外来的专家群体共同参与项目。它不仅能为企业提供创意、制作、媒体播出和市场调研等程序性工作，同时还能够根据企业的产品和市场，包括企业的希望和要求，整合专家群体的智慧，为企业提供一个富有创造性的广告宣传方案或计划。

（2）职能型服务。与智能型服务不同的是，职能型服务方式只向企业提供市场调查、创意设计、制作、媒体播出，然后收取报酬。这种服务方式的特点是：给多少钱办多少事，有什么要求就满足什么样的要求，但是基本不会有太多的创造性。企业的广告科长、广告部长，甚至是企划中心的创意人员都可以成为广告制作单位的项目主管人员。

8.2.4 广告效果测定的程序

为了确保广告效果测定结果的质量，使整个测定评估工作有节奏、高效率地进行，必须加强组织工作，合理安排测定、研究程序。广告效果测定的研究程序如下。

1. 确定研究问题

从事广告效果测定首先要明确研究的问题，以作为收集材料和组织材料的基准和解释材料的依据。一般来说，涉及广告效果测定的研究问题主要有广告的表现手法、广告媒体、组成广告作品的各要素、广告不同刊载位置的相对价值、广告的易读性等。

2. 制定测定计划

为了保证广告效果测定有步骤、有系统地进行，达到测定的预期目的，必须制定一套科学的广告效果测定实施计划与方案。广告效果测定的计划，一般应包括测定的目的与要求、测定的步骤与方法、测定的项目与指标、测定的时间与地点、测定的范围与对象、测定人员的安排与分工、测定费用与预算等。

3. 实施测定计划

按照计划，到指定的具体地点，找具体调查对象开展有目的的访问、调查工作。同时，要注意方式方法，用事先准备好的表格、提纲等开展有针对性的测定、调查。测定人员对出现的问题，要善于随机应变、具体分析和对待。要紧密围绕既定目标与要求，保证测定计划的顺利完成。

4. 整理资料，分析结果

收集资料后，必须将获得的资料加以整理、分析和解释，看它是否与原来的假设相符合，找出实际效果与预期答案的差距，分析产生差距的原因何在，寻求问题的根源。

5. 提出研究报告

研究报告是广告效果分析、检验、评估过程的书面总结，也是正确测定广告效果、提高广告活动管理水平必不可少的步骤。研究报告的内容主要包括以下几个方面。

（1）前言。前言一般有该次测定的目的、所研究的问题及其范围、测定的组织及人员情况等。

（2）报告主题。报告主题包括测定的时间、地点、内容及所导致结果的详细情况；测定、研究问题所应用的方法；各种指标的数量关系；计划与实际的比较；经验的总结和问题的分析；解决问题的措施与今后的展望；改善广告促销的具体意见等。

（3）附件。附件包括样本分配、推算过程、图表及附表等。

8.2.5 广告效果测定的模式

1. 广告因果理论模式

广告因果理论模式又称 Bedell 模式，是由美国广告咨询专家 Clyde Bedell 在分析广告效果影响因素的基础上提出的一个复合表达式，以此说明广告效果是若干相关因素综合作用的结果。

Bedell 认为广告效果（Advertising Effectiveness，AE），是由广告主题因素、广告本身的因素及广告之外的其他影响因素共同作用的结果。具体表述为：

$$AE = P3A \cdot [(II \cdot PP \cdot CQ)A] \cdot [TF \cdot FT \cdot (S/D)]$$

（1）广告主题因素。广告所宣传的产品和服务的品质好坏、价格是否合理及品牌的社会声誉，是一则广告获得理想效果的基础性决定因素。能否针对特定情况进行广告主题定位，从根本上决定着广告的成败。广告主题取决于产品（Product）本质问题的三种魅力（Appeal），即产品本质魅力（Item Appeal）、商品价格魅力（Value Appeal）和品牌魅力（Name Appeal）。具体表述为 P3A。

（2）广告本身的因素。任何广告活动只有符合传播学规律，才能获得良好的传播效果，否则就会出现技术层面的失误或失败。广告本身因素是指广告作品所表现出的魅力及作品与媒体的配合。广告作品的表现魅力体现在广告要有趣味（Interest）、冲击力（Impact）和说服力（Persuasive Power）。作品与媒体的配合主要是指广告内容与媒体的吻合程度即广告传播质量问题（Communication Quality）。

广告本身因素是由趣味性、冲击力、说服力和广告传播质量等因素构成的，取其英文缩写即可表述为：II·PP·CQ。而要使广告本身有效还需考虑广告受众（Audience）问题。由此广告本身因素就表述为（II·PP·CQ）A。

（3）广告之外的其他影响因素。广告要取得理想的效果，还需要广告之后的一系列措施相配合，以及外部环境方面如舆论、消息等良性影响因素。广告之外的其他影响因素，具体是指广告作品推出的时机（Time Factor）、广告结束后公司的打算（Follow Through），以及广告推出后相关的刺激或抑制（Stimulants or Depressants）作用。

广告之外的其他影响因素即广告时机、公司下一步的打算、外界的刺激或抑制作用，用英文缩写可表述为：TF·FT·(S/D)。

通过对上述影响广告效果三个因素的分析，Bedell 模式表述即为：

$$AE= P3A · [（II·PP·CQ）A] · [TF·FT·(S/D)]$$

Bedell 提供了一种评价广告效果的思维方式，但是这一模式不适合于实际操作，因为各相关因素无法量化处理。同时该模式把广告效果各因素用乘积关系加以表述，着重说明各因素不可缺少的相互强化关系，如果其中一个要素是零，广告效果也就为零。这就意味着广告活动的最终效果是来自产品、广告本身和广告活动之外的各因素共同作用的结果，需要相关部门的通力合作，缺少任何一个部门的配合和努力，都无法取得理想的广告效果。

2. 达格玛模式

1961 年，美国广告协会出版了广告学家罗素·赫·科利（Russeu H. Golley）的研究成果——《确定广告目标以测定广告效果》一书，该书的英文名字为 *Defining Advertising Goals for Measured Advertising Results*，缩写即为 DAGMAR。科利提出的达格玛模式，也称为传播扩散模式，即信息传播以未知为起点，要经过"知名—理解—确信—行动"四个阶段。

DAGMAR 理论认为，可以用广告目标来管理广告。广告目标是指在一个特定的时期内向消费者传播扩散广告信息的程度。扩散的程度是根据消费者的行为划分的。广告所执行的只是传播任务，广告成败的关键取决于能否把信息在恰当的时间、以合理的成本传递给特定的受众。因此，极力说服广告主以传播效果衡量广告效果是合理的，以此为基础建立起广告传播的效果层级模式，主张每一阶段都必须确立能够以科学测定的量化指标，以便最后测定和衡量广告传播效果。凡未能达到预订的量化效果指标的，广告代理公司应该承担相应的责任。

在以往的广告经营中，一般来说，广告公司只向客户要求广告代理的权利，却不承担对客户销售效果的责任，理由是广告从属于企业的整体营销，只是企业整体营销的一个组成部分，或者说只是实现企业销售目标的手段之一。产品、价格、配销系统及其他推广促销手段都是影响销售效果的重要原因，要求广告代理对客户销售效果承担责任，这对广告代理来说是不公平的。因此，以往衡量广告效果、评估广告运动，一般不直接与销售效果挂起钩来，只是通过调查测试，以确认广告信息的送达率或认知率。以销售作为广告的绝对效果，显然值得怀疑，连科学的测定都困难重重。但是在DAGMAR模式中提出广告代理公司对客户的广告效果承担应有的责任问题，却并非没有道理，并且对广告经营更具有积极意义。它能促使广告代理公司以切实的态度和高度的责任心来从事广告代理，也让广告客户对自己的广告投入觉得放心、有安全感，从而有效地加强双方的合作，进一步提高广告运动的水平与质量，可以极大地提高广告运动的成功率，至少可将广告运动的风险降到最低限度。

DAGMAR模式把消费者的行为划分为四个阶段：知名—理解—确信—行动。由于广告的力量使消费者如爬阶梯一样，依次从不知名开始爬到知名、理解、确信、行动。知名即知悉品牌名称，产生印象；理解即了解产品特色及功能，产生热爱或厌恶的情感；确信即确立选择品牌的信念；行动是指购买的准备阶段和实施阶段，如索要说明书、去参观展览、到经销店等。此种阶梯，越往高处越窄。换言之，越往上人数越少，最上一段表示经常购买该品牌的人数即品牌忠实度。DAGMAR传播阶梯模式及其内容如图8-2和表8-1所示。

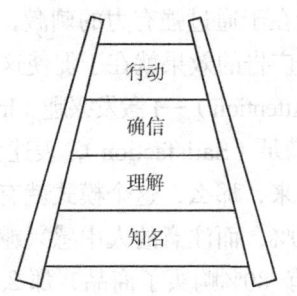

图 8-2　DAGMAR 传播阶梯模式

表 8-1　DAGMAR 传播效果模式

知　名	知晓品牌名称
理　解	了解商品特色、功能，予以理解

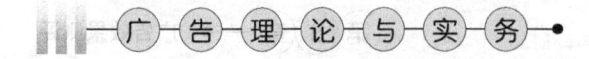

续表

确　信	确立选择品牌信念
行　动	索要说明书等资料，访问经销店

DAGMAR 模式是以传播扩散理论为基础，以传播的说服效果为评定的中心。在具体实施时按以下顺序进行。

第一步，按传播扩散（Communication Spectre）设定广告目标。

第二步，在广告活动之前先测定市场状况，以此作为评价的基准点，确定知名、理解、确信、行动的百分比。

第三步，在广告活动实施开展中再定期反复实施同样测定，将所得结果与基准位点进行对比分析，其增减变化即是传播效果。将传播效果与目标进行对比，检查目标计划完成程度，以有效进行广告管理和随时监控。

DAGMAR 模式在评价传播效果、测定消费者心理变化因素方面非常有效。同时，由于该理论是围绕广告传播目标提出的，因此在实施目标管理上具有明显的优势。但在 DAGMAR 理论模式的四个阶段中，除"行动"一项较为直观外，其余三个阶段均属于消费者的意识问题，是关于态度尺度的测定，一般使用问卷调查和实验室调查加以测定。因此需要调查人员有较好的心理学素质、高超的问卷设计能力和调查技巧。

总之，DAGMAR 模式不但是测定广告传播效果的基本模式和有效方法，而且是一种管理理念，至今仍有广泛影响。

3. AIDAS 模式

AIDAS 模式又称做广告因果理论或有效广告理论。该模式将广告理论和心理学理论有机地结合起来，认为广告的功能在于通过强有力的刺激，引起消费者的心理变化，最终发生购买行为，并从中得到满足。广告的效果就在于促使这一过程的顺利完成。

这一模式为：A 引起注意（Attention）—I 激发兴趣（Interest）—D 产生欲望（Desire）—A 采取行动（Action）—S 得到满足（Satisfaction），表述为 AIDAS。

如果预期率能准确地推算出来，那么，这个模式就有很高的利用价值。例如，现在刊播的某一广告，假定注意率为 50%，而注意的人中感兴趣的占 70%，感兴趣者有购买欲望的占 60%，有购买欲望的人中有 80% 购买了商品，那么受广告影响而购买商品的人就是 50%×70%×60%×80%=16.8%。这个数字是购买商品的人数占全体消费者人数的百分比。广告效果有二次传播性，假如购买者中接近一半的人满意，广告效果就会远远低于 16.8%。但究竟满意度达到多少时才能维持既定的广告效果，目前广告界尚无定论。

这个模式中表述的是消费者心理变化过程，并非适合于任何一个消费者，有些消费者购买商品时可能会越过某个阶段直接采取行动。

4．广告销售效果测定模式

（1）理夫斯的 UP 测定模式。1961 年，广告专家理夫斯（Reeves）在其出版的专著《广告现实》中首次提出"使用牵引率"（Usage Pull，UP）测定模式。

牵引率模式实际上是一种询问调查法，也就是在全国广泛的范围内抽样，并访问他们。按照该模式，将在全国范围内抽取的大样本分为两类，即未受广告影响者和受广告影响者。首先调查出那些不知道广告内容却使用了产品的群体，即对目前所实施的广告一无所知却在使用产品的人，计算出该类人在被调查者中所占比例，假定比例为 2%。再去调查受广告影响的群体，调查出对所实施广告有深刻印象且正在使用广告产品的人所占的比例，假定比例为 20%。

显而易见，上述假定事实足以说明，若不做广告，只有 2%的人购买产品；若做广告，购买产品的人数为 20%。其差额 18%就是受广告影响或引导而购买使用广告产品的人数，这个差额称为使用牵引率。

理夫斯认为，这是判断广告效果最为简便的算术计算法。

（2）沃尔夫的 PFA 模式。沃尔夫（Wolfe）在理夫斯的"牵引率"模式的基础上，通过进一步细化提出了 PFA 模式。"PFA"是英文"Plus for Ad"的缩写，其意为"因广告而带来的销售效果"。

PFA 模式同样是将被调查者分成接触广告者与非接触广告者两大群体，进而确知购买者与非购买者人数，由此测定因广告而带来的销售效果。此模式在具体实施时，首先通过调查明确消费者是否看到或听到该品牌的广告，然后再询问是否购买了该品牌的产品，取得确切数据后，就可计算出 PFA 的各项指标。

PFA 的购买率，即因接触广告而购买的人数占接触广告者人数的比率与未接触广告而购买人数占未接触广告者人数的比率之差。PFA 的购买率相当于理夫斯的牵引率。

总体 PFA 比率，即相当于全体人口的 PFA 的购买率，是 PFA 的购买率与接触广告者人数占全体人口百分比的乘积。

PFA 的购买者数，即全体人口中因广告牵引而购买的人数。

所有购买者 PFA 比率，即全体人口中因广告牵引而购买的人数占所有购买者人数的百分比。

例如，我们假定广告营销效果如表 8-2 所示。

表 8-2　广告营销效果调查数据示例

广告接触情况 / 购买情况	接触广告者 人数（人）	比重（%）	未接触广告者 人数（人）	比重（%）	总计 人数（人）	比重（%）
购买者	1 400	35	1 500	25	2 900	29
非购买者	2 600	65	4 500	75	7 100	71
总计	4 000	100	6 000	100	10 000	100
	40%		60%		100%	

根据表 8-2 所列数据，可计算出 PFA 指标值：

PFA 的购买率=35%−25%=10%

总体 PFA 比率=40%×10%=4%

PFA 的购买者数=10 000×4%=400（人）

所有购买者 PFA 比率=400÷2 900≈13.8%

（3）斯塔奇的 NETAPPS 模式。由美国广告专家斯塔奇（Starch）首次提出纯广告销售效果（Net Ad Produced Purchases，NETAPPS），表示在购买者中纯粹受广告刺激而购买的效应。该模式的分析思路与理夫斯的牵引率模式和沃尔夫的 PFA 模式基本相同，但比理夫斯和沃尔夫的分析更加清晰和精密化。

理夫斯是以大规模的广告活动效果作为问题，而斯塔奇是以销售量作为效果测定的指标，将商品的销售量与广告的接触关系，用数学方法加以分析。具体地说是限定特定媒体的读者，再限定商品的购买期限，限定在最近的一周内。在斯塔奇看来，接触广告与购买商品之间不一定有直接的因果关系，在阅读广告且购买广告商品的人中，有的是受广告的刺激而购买的，有的不是受广告的刺激而购买的。广告销售效果应剔除看到广告但非广告刺激而购买的情况。

NETAPPS 模式由四个阶段测定：一是看到广告而购买的；二是未看到广告而购买的；三是看到广告的购买者中，非广告刺激而购买；四是看到广告的购买者中，因广告刺激而购买。其操作原理是：在"阅读广告而不受刺激的购买者比率与未阅读广告而购买的比率相同"的假定前提下，依据统计分析结果，计算 NETAPPS 分值，以此测定广告的销售效果。下面举例说明其实际操作步骤。

将 x 商品的广告刊登在某一报纸或杂志上，调查计算出有多少人读过 x 商品的广告。假定 100 个读者中有 33 个人看到过该商品的广告，其中购买 x 商品的有 5 人，而在没看过 x 商品的 67 个广告者中有 8 人购买了 x 商品，那么购买者中全部购买人数为 5+8=13（人）。

没看过 x 商品广告而购买 x 商品的购买率是 8 人/67 人=12%。按照 NETAPPS 法的假定，看过广告而不受刺激的人数也应为 12%，即 33×12%≈4（人）。那么，看过广告而购买的 5 人中，有 5-4=1（人）是因为广告刺激而纯粹购买商品的，它占总购买者的百分比 1/13×100%=7.7%就是 NETAPPS 分数。

斯塔奇认为，纯粹受广告刺激而购买的消费者百分比即 NETAPPS 分数，可用来比较新旧广告活动的效果或比较竞争者厂商相互间广告活动的效果，也可比较不同媒体之间的广告效果。

（4）AEI 综合测定模式。AEI 是"Advertising Effectiveness Index"的简称，即广告效果指数，是 UP、PFA、NETAPPS 依次排列比较后，真正因广告而唤起购买的效果 NETAPPS 与全体调查者的比值。可以说 AEI 法是在综合上述广告效果测定模式的基础上，关于广告销售效果测定的更为一般化、更有涵盖力的综合模式。

在广告刊播后，调查广告对象的以下两种情况：看没看过广告；有没有购买广告的商品。假定调查结果如表 8-3 所示。

表 8-3　广告销售效果综合测定模式

单位：人

购买情况 \ 广告接触情况	接触广告人数	未接触广告人数	总　计
购买者	a	b	$a+b$
未购买者	c	d	$c+d$
总计	$a+c$	$b+d$	n

注：a 表示看过广告而购买的人数；b 表示未看过广告而购买的人数；c 表示看过广告而未购买的人数；d 表示未看广告也未购买的人数；n 表示总计人数。

由表 8-3 可以看出，即使在未看过广告的人群中，也有 $b/(b+d)$ 的比例购买了广告商品，因此要从看过广告而购买的 a 人中，减去因广告以外影响而购买的 $(a+c)\times b/(b+d)$（人），才是真正因为广告而导致的购买效果，将这个人数除以被调查者的总人数所得的值，称为广告效果指数，简称 AEI，其计算公式为：

$$AEI=\frac{1}{n}[a-(a+c)\times \frac{b}{b+d}]\times 100\%$$

例如，某企业为提高产品销售量，共发起两次广告活动，经调查所得资料如表 8-4 和表 8-5 所示。

表8-4　第一次广告活动调查结果

单位：人

	看过广告	未看过广告	合　　计
购买广告商品	41	24	65
未购买广告商品	51	84	135
合　　计	92	108	200

表8-5　第二次广告活动调查结果

单位：人

	看过广告	未看过广告	合　　计
购买广告商品	52	20	72
未购买广告商品	45	83	128
合　　计	97	103	200

运用上述公式，两次广告活动的广告效果指数如下：

$$AEI_1=[41-92\times24\div108]\div200\times100\%=10.28\%$$

$$AEI_2=[52-97\times20\div103]\div200\times100\%=16.58\%$$

从计算结果可以看出，第一次广告活动后效果指数为10.28%，第二次广告活动后效果指数为16.58%，第二次广告活动效果要比第一次广告活动效果更显著。

利用广告效果指数进行测定可以得出因广告实施而获得的实质效果的指标。

5．盖洛普广告测试法

盖洛普广告测试法是盖洛普和罗宾逊公司（Gallup & Robinson）首创的一种广告测试方法。它是一种文字–逻辑模式。据资料显示，到1990年止，采用该方法已测试过12万则印刷媒体广告和6 000则电视广告。

（1）测试工作的基本要求如下。

1）接受测试者可以自己选择常看的媒体，但要求最近的一次没看过。

2）受测试者的年龄应在18岁以上。

3）每次测试的人数要在150名左右。

4）测试样本分布于10个城市。

（2）测试要点如下。

1）对市场上各个广告的表现进行评估。

2）分析全盘广告活动及其策略的效果，并与其以前的广告策略和其他相同商品广告做比较。

3）针对同一类型产品或某一行业的销售及执行方案进行广告效果评估。

（3）测试方法。测试人员事先不透露测试内容，同时要求被调查者不要在访问当天阅读有关杂志。利用电话访问时，首先询问被调查者在一期杂志的所有广告中记得哪几则广告，以此确定这些广告的阅读率。对于记得的人继续提出以下问题。

1）那则广告是什么模样的？内容说些什么？

2）广告的销售重点是什么？

3）你从该广告中知道些什么？

4）当你看这则广告时，心里有何反应？

5）看完该广告后，购买欲望是增加了还是减少了？

6）广告中的什么因素影响你的购买欲望？

7）最近购买的此类产品是什么品牌的？

（4）测试效果。根据被测试者的这些答案，经过整理归纳，可得出该广告的三种传播效果。

1）品牌认知效果，即广告吸引受众注意的能力。该能力的测试以百分比来评判，版面大小、色彩等其他影响因素事先已量化。得分越高，表示其吸引力或使消费者记住广告内容或广告的能力越强。

2）观念传播效果，即被测试者对某广告的心理反应或对销售重点的理解能力。

3）说服购买效果，即广告说服媒体受众购买广告商品的能力，商品的销售主要受购买欲望的影响，注意力高的广告并不表示购买欲也高。说服购买效果说明受众看了广告后，购买该产品的欲望是否增加，以及受影响的程度大小。

8.2.6 广告效果测定应注意的问题

1. 广告投入与广告效益直接挂钩

无论广告活动的规模大小，都应该注意广告投入与广告效益直接挂钩。每项广告效果的测定都是一次总结经验教训的过程。广告是企业经营活动的构成要素，在现代化社会大生产的条件下，规模生产必须以规模销售为前提，而规模销售又必须与大量的广告活动相配合。因此，广告效益的高低，直接影响到企业销售的业绩，直接影响到企业扩大再生产的能力。对于广告活动本身，开展广告效果的测定，可以有效地控制广告活动的进程，实现预订的广告计划与目标，这样就可以有效地提高广告水平，进一步提高广告的经济效益和社会效益。

2. 对广告效果的测定要客观公正

影响广告效果的因素很多，各种因素之间又彼此形成错综复杂的相互联系、相互制约的有机整体。因此，在广告效果测定时不能主观片面，不能凭偏见和简单盲目的处理来进行，而应客观冷静地对复杂的广告活动进行科学的分析，找出其联系，才能对广告活动的效果加以科学的测定。

3. 对广告效果测定的标准要适宜

广告效果的测定是多方面的，既要注意量化、具体化，看得见、摸得着的，可以定量统计；又要注意有适当的测定和评价标准，一个适当的测定标准往往会使广告效果的测定工作变得简单易行。

此外，在广告效果的测定评价过程中，还要注意总结提高。通过测定和评价，总结经验，吸取教训，既有利于下一步工作的开展，又能丰富业务知识，积累工作经验，提高工作水平。

8.3 广告效果的测评方法

广告效果测定虽然具有不同的目的和要求、各式各样的分类形式和测定方法，但应对整个广告活动过程效果进行测定，即对广告活动事前、事中、事后效果进行测定，这样才能保证广告活动能以最有吸引力的诉求手段、最有说服力的信息创意、最恰当适宜的传播媒体，来获取最为满意的宣传效果。

8.3.1 广告效果的事前测定

广告效果的事前测定是指在广告活动实施之前对广告的策划方案、表现效果及媒体效果进行测定。事前测定只在众多被测对象中判断出较好者，但不是最好者。事前测定应是既实际又实用的。

事前测定通常是在广告活动实施前采用现场访问或心理实验等方法，以测定广告策划方案，广告作品的创意、设计和制作，各种媒体及媒体组合效果。

1. 对广告媒体的事前测定

（1）媒体的组合方式及传播的时间和空间的事前测定。在广告活动中，80%以上的费用都用来购买媒体的时间和空间。媒体选择不当或运用不当，会造成广告费用的极大浪费。对媒体的组合方式的测定，主要根据媒体的自身特点和媒体的受众的各类统计数字，计算、分析出这种媒体组合方式能否用比较合适的成本达到预期的目标。这种分析测定工作的前提条件是：既要有大量的有关媒体的各种资料和数据，又要对传播规律极为熟悉。在分析过程中，除了考虑广告目标、媒体特征、媒体的能量（如覆盖面等）、产品特性外，还要从消费者的角度考虑媒体在消费者心中的地位、消费者使用媒体的习惯等（见表8-6）。

表8-6　人们利用媒体的动机

动　　机	性　别	报纸（%）	电视（%）	杂志（%）	广播（%）
了解国内外情况	男	61.3	32.0	0.4	4.9
	女	46.6	47.4	1.9	3.7
了解舆论动向	男	65.4	24.8	4.1	3.8
	女	54.9	26.6	4.9	3.0
为判断意见收集资料	男	62.0	23.3	7.1	5.6
	女	59.0	34.0	3.4	3.0
为提高修养	男	61.3	19.2	6.0	4.9
	女	61.6	26.5	3.4	5.6
为了工作	男	54.1	26.7	6.8	7.1
	女	38.4	44.4	6.3	9.3
为了有趣	男	23.9	41.7	22.9	6.0
	女	16.4	57.1	14.6	7.1
为了丰富谈话材料	男	26.7	41.7	21.1	6.8
	女	20.9	50.4	17.9	9.3
为了娱乐	男	3.0	79.7	7.5	7.1
	女	2.2	81.0	11.9	3.7

表8-6只是对某个时期日本人利用媒体的动机的分析。事实上，不同时期、不同地区、不同民族的人们利用媒体的动机是不同的。

（2）日记式调查法。通过调查问卷获取被调查对象每天收听、收看的节目名称、台名、日期、时间、视听众的年龄等信息。通常调查期限为一周。如表8-7所示为个人收视率调查问卷。

（3）电话调查法。通常是随机抽取10个样本户，同时向各样本户家庭打电话，询问他们的收视情况，然后由访问员填写调查表。表8-8是电话调查记录表。

（4）自动记录法。在选定的调查对象的家庭电视机上，安装一种"自动记录仪"，仪器用电话线与专业调查机构的计算机相连，按预先设计的时间自动记录受测试者的收视情况。由于自动记录法准确性高，因此各国调查机构纷纷采用。

表8-7 收视率调查问卷

　　　　　　　　　　　　　　　　　　　　　　　　　　　　年　　月　　日

时间	电视台	节目	4~12岁 男	4~12岁 女	13~19岁 男	13~19岁 女	20~34岁 男	20~34岁 女	35岁以上 男	35岁以上 女	合计
21：00—22：00	CCTV										
	BTV										
	GTV										
	STV										

表8-8 电话调查记录表

《　　　》节目调查问卷　　　　　电话号码_____

　　　　　　　　　　　　　　　　被调查者姓名_____

（1）请问您现在是否在看电视？

　　是↓　　　　　　　　　　　　　　　　否↓

（2）请问您在看哪个台？　　　　　（2）请问您是否看过《　　》节目？

　　CCTV　BTV　GTV……　　　　　　是↓　　　否

（3）请问您是不是常看这个节目？　（3）您认为这个节目好不好？

　　是↓　　否　　　　　　　　　　　　好　　　不好

（4）请问现在几个人在看电视？

性别：　　男　　　女

年龄（岁）：20~30　　31~40　　41~50

2．对广告作品的事前测定

广告作品事前测定是对广告创意构想、文案创作的效果等进行测定。

创意测定多采用自由表述法、联想法、成对比较法等。文案测定采用残象测试法、德尔菲法、检核表法、仪器测定法等实验心理学测验的方法进行。

（1）自由表述法。自由表述法是指用指示性的语言询问被测试者的建议或意见。

（2）联想法。联想法是指就给定的一些单字、文章或图形，让被测试者说出所想到的事物。

（3）成对比较法。先提供几个广告样本，请被测试者将每一个与其他各广告进行对比并加以评分，如广告1针对广告2评分，广告1针对广告3评分，广告2针对广告3评分。这样就会使每一个广告都会与其他广告进行对比，通过比较判断出他们认为最恰当的广告。

（4）残象测试法。人在短时间内的记忆是有限的，能够留下残留印象的一定是具有强烈刺激的内容。此方法实际上就是利用人的记忆特点进行广告主题的测度。具体操作时，是将设计好的广告作品经短时间显示后，立即询问被测试者对广告作品的印象。假如被测试者描述的印象与广告主题不相吻合，则需要重新提炼广告主题。

（5）德尔菲法。德尔菲法即专家意见综合法，是指将设计好的广告作品分别交与有经验的广告专家、社会学家、心理学家、销售专家等，进行多角度的评审，并以书面形式将评审结果寄回组织者，这是第一轮评审。之后组织者以匿名的方式进行综合整理后，再分发给各位专家征询评审结果。经过3~5次背对背的反复评审，各专家意见渐趋一致，以最后一轮分值高低作为判断标准，选出最佳的作品。这种专家小组评议的方式，往往既有效，又省时省力。

（6）检核表法。检核表法又称要点采分法，是指在广告刊播之前，预先根据测评要求，列出评价项目，制成广告要点采分表，由调查人员将为同一商品制作的多份广告原稿，交由预订的诉求对象逐项打分，以此测定出对广告的印象，根据分值高低判断优劣。广告评价要点如表8-9所示。

表8-9　广告评价要点

评价项目	评价依据	满分（分）	效果积分（分）
吸引力	吸引注意力的程度	20	
认知性	对广告销售重点的认知度	20	
易读性	能否了解广告的全部内容	10	
说服力	广告引起的兴趣及对广告商品的好感程度	20	
行动率	由广告引起的立即购买行动 由广告唤起的潜在购买准备	20 10	
优劣标准	最佳　　优等　　中等　　下等　　最差 80~100　60~79　40~59　20~39　0~19		

（7）仪器测定法，简称仪测法，指运用一些心理测试仪器进行广告效果的测定方法。其最大的价值在于被测试者无法控制无意识反应，而这种无意识反应能作为客观的信息被记录下来。但用这种方法会产生"顺应"效应，即将相似的刺激反复4~5次时，反应显示就会逐渐变小，因此仪测后再与被测试者面谈加以补充是十分必要的。仪测法主要有视向测试、GSR测试、瞬间显露器测试、节目分析法等。

1）视向测试。用视向仪测定被测试者观看广告文案的顺序、在每一个广告文案上停留的时间长短及瞳孔大小的变化，以此来判断广告方案的吸引力。当人们看广告时，往往最先被刺激最强烈的部分所吸引，然后逐渐将视线移向其他部分。使用这种技术可以测出被测者不自觉的眼球转动情形，并将其如实地记录下来，以作为修正或变更广告内容时的参考。

2）GSR测试（Galvanic Skin Response）。GSR测试即皮肤电反射测试，又称生理电流计测试。测试时将被测试者的两个手指系上电线，一旦给予电流刺激，在被测试者看到或听到广告作品时，通过监视仪显示出的信号，观察被测试者的情绪对电流变化的影响，据此检测文案的可行性。

3）瞬间显露器测试。瞬间显露器测试是指通过控制照明时间，在极短的时间内给被测试者以刺激，让被测试者辨认瞬间闪现的广告作品，借以判断广告作品的辨别度和记忆度。瞬间显露装置种类很多，一间暗室或整个橱窗都可以作为显露器。

4）节目分析法。让被测试者看到或听到所播放的广告，当他感到所观看的广告有趣或无趣时分别按不同颜色的按钮，通过自动仪器统计结果，就可以检测出视听者对所观看广告好恶的反应。使用这种测试可以测出视听者对哪部分感兴趣、对哪部分不感兴趣，但却无法知道被测试者为何对此不感兴趣，因此有必要对广告内容进行研讨，并听取受测试者对广告好恶反应的原因解释。

8.3.2 广告效果的事中测定

广告效果的事中测定是在整个广告活动期间内对广告效果的测定。测定可以直接了解消费者在实际环境中对广告活动的反应，得出的结论更加准确可靠。

广告效果的事中测定主要是依靠专业的调查机构来完成的，企业也可以自行进行一些小规模的调查研究工作。

广告效果的事中测定主要是对广告实施过程中的传播效果和营销效果进行测定。常用的方法有以下三种。

1. 市场实验法

市场实验法又称市场销售试验法，是指在广告推广过程中，对某地区或市场推出广告前后销售状况进行纵向比较，或者将广告推广的"实验市场"与没有广告推广的"比较市场"进行横向比较，根据销售量变化的大小，测定出广告活动效果。该方法要求所选择的测试销售地区，一定要具有代表性。

这种方法的优点是简便易行，能够较为直观地显现出消费者的反应和市场的销售情况，从而可以间接地测量出广告的相对效果，尤其适合于周转率极高的商品。但受广告效果滞后性的影响，测定效果的时间难以准确把握，因此会影响广告效果的真实性。

2. 回函测定法

回函测定法是邮寄调查的一种。在不同的媒体上刊登两幅广告，其中一幅广告构成要素（如文字、图画、标题、布局、色彩或广告语）是不同的，每幅广告中含有两个项目：广告主希望消费者对其广告产生反应而做的邀请或提供有关物品；便于核对广告及刊登媒体的编号。回函表格寄回后，根据编号进行统计，就能判断出哪幅广告、哪种广告标题或哪家媒体效果是最好的。这种方法简便易行，但费用较高，因为寄回函的消费者要获得一定的好处才会配合行动，而且有时很难确定回函者是否是现实的消费者。过去这种方法仅限于报刊广告效果的测定，现已扩展到广播广告和电视广告效果的测定，或者广播电视广告与报刊广告组合使用。

3. 分割测定法

分割测定法又称分割刊载法，是回函测定法的分支，也属于邮寄调查的范围。这种方法是对同一种所要广告的商品做出两种广告文案，将其中一种广告文案刊登在同期、同一版面媒体的一半份数上，另一种文案刊登在另一半份数上，然后将两者平均寄给各市场的读者，经过回函统计后就可以测定出哪种广告作品效果更好。优点是测定的对象明确，测定条件一致，信息反馈率较高。但我国的报纸一般拒绝在同一期上刊登两种版本的广告。有时读者不同也会为准确测定广告效果带来风险。

8.3.3 广告效果的事后测定

广告效果的事后测定是指在整个广告活动结束之后所进行的综合测定，是整个广告效果的最后阶段，是评价和检验广告活动的最终指标。在一次广告活动结束后，广告公司或广告主自己会委托专业评估机构对广告效果进行事后测定。通过事后测定，可以全面考察和测定出整个广告活动的传播效果、销售效果和社会效果，这样一方面可以用来评价企业广告策划的得失成败，积累经验，总结教训，以指导以后的广告策划；另一方面可以很好地衡量本次广告促销活动的业绩。广告效果的事后测定可以是广告刊播过程一结束，就立刻对其效果进行测定，也可以是在广告宣传活动结束后一段时间再对其进行测定。

1. 广告传播效果的测定

广告传播效果测定的对象主要是广告传播后对消费者心理的影响程度，反映对其认识过程、情感过程和意志过程的影响。从心理反应过程来看，一般表现为注意感知、理解记忆、情感激发、态度改变和购买行为等传播手段和影响层面。

（1）广告到达率。广告到达率是指广告到达所选定的目标广告受众的比率。其公式为：

$$广告到达率 = \frac{该媒体目标广告受众人数}{某一媒体接触者总数} \times 100\%$$

比值越大，说明广告到达率越高，广告效果越好。

（2）广告注意度。广告注意度是指在媒体接触者中，注意到某一广告的人所占的比率。该比率越大，说明广告注意度越高，广告效果越好。有两种计算公式。

1）电视、广播等电子媒体中的认知率公式：

$$认知率=(b/a)\times 100\%$$

式中，a 是广告节目收视（听）人数；b 是认知广告的人数。

由此可见，认知率的含义是认知广告的人数占广告节目收视（听）人数的百分比。

2）报纸、杂志等印刷媒体中的注意率公式：

$$注意率=(b+c)\div a\times 100\%$$

式中，a 是阅读报纸的总人数；b 是似乎看过报纸广告的人数；c 是确实看过报纸广告的人数。

由此可见，注意率的含义是似乎看过报纸广告的人数与确实看过报纸广告的人数之和占阅读报纸的总人数的百分比。

（3）广告理解度。广告理解度是指在对广告引起注意的人中，能够充分理解广告内容含义的人数所占的比率。同样，该比率越大，说明广告理解度越高，广告效果越好。

（4）广告记忆度。广告记忆度是指在理解广告内容的人中，能够记住或回忆起广告重点内容（如商标、产品名称、企业名称、产品主要功能、广告语等）的人数所占的比率。该比率越大，说明广告记忆度越高，广告效果越好。对广告回忆的评估主要有两种方法，即提示回忆法和无提示回忆法。提示回忆法是给受测者某些提示以帮助其回忆。无提示回忆法是不给受测者任何有关品牌、商品信息的提示，只是询问他们是否记得曾经看到或听到过有关某产品类别的广告，从而使他们自然而然地回忆起某产品类别中的某一品牌。

在以上两种回忆法中，无提示回忆法更能评估广告的影响力和穿透力，它表示有关某一品牌的广告运动已在被测试者心目中形成了持续较长、较深的印象。

（5）广告对态度改变的影响度。广告对态度改变的影响度是指广告受众在广告发布前后的态度转变率。以购买态度的转变为例，其公式为：

$$广告对态度改变的影响度=\frac{广告前由另一品牌转向购买广告品牌人数 - 广告后由另一品牌转向购买广告品牌人数}{单位购买人数}$$

式中"单位购买人数"可以自己设定，如百人、千人、万人等，但要求前后的单位购买人数应该一致。该公式的值大于0，说明广告对态度改变有效果。

2. 广告销售效果的测定

（1）广告效果比率。广告效果比率是指在广告活动结束后用取得的销售或利润的增长同广告费用增长进行对比测定广告效果。广告效果比率越大，广告销售效果越好，反之则越差。测定公式为：

$$广告效果比率 = \frac{销售增长率}{广告费用增长率} \times 100\%$$

类似测定广告效果的计算方法还有：

$$广告费比率 = \frac{广告费总额}{广告后销售总额} \times 100\%$$

广告费比率越小，广告销售效果越好，反之则越差。

$$单位费用销售增加额 = \frac{本期广告后销售总额 - 未做广告前销售总额}{本期广告费总额}$$

单位销售增加额越大，说明广告效果越好。

$$广告费用年平均增长速度 = \sqrt[n]{\frac{a_n}{a_0}} - 1$$

根据公式可分别计算出广告费用年平均增长速度和销售额年平均增长速度。如果广告费用年平均增长速度快于销售额年平均增长速度，说明广告效益欠佳。

（2）市场占有率。市场占有率是企业某种产品在一定时期内的销售量占市场同类产品销售总额的比率，或者单位广告费用销售增加额与行业同类产品销售总额的比率。它在一定程度上反映了本企业产品在市场上的地位、竞争力和广告的市场拓展能力。

（3）统计法。这是运用统计有关原理与运算方法，推算广告费与商品销售的比率，测定广告的销售效果。广告设计大师威廉·伯恩巴克说："广告界中的任何人，如果说他的目的不是销售，那他不是无知就是骗子。"因此，广告销售效果的测定是衡量广告促销最终效果的中心环节。广告促销效果测定时可以用一些指标对其进行定量分析。

1）销售费用率及单位费用销售率。为测定每百元销售额支出的广告费用，可以采用销售费用率这一相对指标，表明广告费与销售额之间的对比关系。计算公式为：

$$销售费用率 = \frac{本期广告费用总额}{本期广告后销售总额} \times 100\%$$

销售费用率的倒数称为单位费用销售率，它表明每支出 1 元或 100 元广告费所能实现

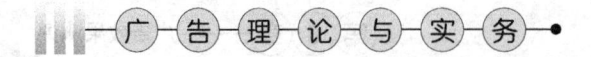

的销售额：

$$单位费用销售额=\frac{本期广告后销售总额}{本期广告费用总额}\times100\%$$

2）单位广告费用销售增加额。为了测定投入广告和刊登广告以后增加的销售额，可以计算单位广告费用销售增加额：

$$单位广告费用销售增加额=\frac{S_2-S_1}{C}$$

式中，S_1 是本期广告前的平均销售额；S_2 是本期广告后的销售总额；C 是本期广告费用总额。

3）利润费用率和单位费用利润率、单位费用利润增加额。其公式如下：

$$利润费用率=\frac{本期广告费用总额}{本期广告后实现的利润总额}\times100\%$$

$$单位费用利润率=\frac{本期广告后实现的利润总额}{本期广告费用的总额}\times100\%$$

$$单位费用利润增加额=\frac{P_2-P_1}{C}$$

式中，P_1 是本期广告后实现的利润总额；P_2 是本期广告前的平均利润总额；C 是本期广告费用总额。

4）市场占有率与市场扩大率。市场占有率是指本企业商品在一定时期的销售量占同类商品销售总量的比例。其相关公式如下：

$$市场占有率=\frac{本企业商品销售额}{本行业同类商品的销售总额}\times100\%$$

$$市场扩大率=\frac{本广告后的市场占有率}{本广告前的市场占有率}\times100\%$$

如果市场扩大率大于1，表示该企业的市场地位上升了；市场扩大率小于1，表示该企业的市场地位下降了。

3．广告社会效果的测定

广告社会效果是指广告对整个社会道德、文化教育及伦理等方面的影响和作用。测定时，要从法律法规、社会伦理道德、文化艺术、风俗习惯、宗教信仰等各个方面进行综合考察评估。

广告社会效果的测定依据是：广告必须符合国家各项法律法规的要求；广告所传达的信息内容必须真实；广告所传达的信息内容及所采用的形式符合社会伦理道德标准；广告应对社会文化产生积极的促进作用，推动艺术创新。

广告社会效果的测定可采用回函法、访问调查法、问卷调查法等，及时收集和整理受众对广告的意见反映，分析研究受众对广告的态度、看法等，据此了解广告的社会影响程度，为进一步的广告活动决策提供借鉴。

本章小结

广告效果是指广告作品通过广告媒体传播、刺激引起的直接或者间接变化的总和。它的特性表现为迟效性、竞争性、间接性、积累性和难以预测性。

广告效果的类型按广告涵盖的内容和影响范围可分为广告的传播效果、广告的经济效果、广告的社会效果；按广告活动测定程序可分为事前测定、事中测定、事后测定；按广告产生效果的时间长短可分为即时效果、近期效果、长期效果；按广告对消费者的心理影响程度和行为表现可分为到达效果、认知效果、心理变化效果、行动效果。

广告效果测定是指运用科学的方法，对广告活动全过程中的每个环节进行鉴定，评价其质量和效果。

广告效果测定的意义在于有利于完善广告计划，有利于提高广告水平，有利于促进广告业务的发展。

广告效果测定应从广告的传播效果、经济效果、社会效果等方面进行。

广告效果测定应遵循的原则是：目标性原则、综合性原则、客观性原则、可靠性原则、有效性原则、经常性原则。

广告效果测定的要素包括目标消费者、企业、广告经营单位。

广告效果测定的程序是：确定研究问题制定测定计划；实施测定计划；整理资料，分析结果；提出研究报告。

广告效果测定的模式有：广告因果理论模式、达格玛模式、有效广告理论、广告销售效果测定模式、盖洛普广告测试法。广告效果测定应注意广告投入与广告效益直接挂钩，对广告效果的测定要客观公正，对广告效果测定的标准要适宜。

广告效果的事前测定是指在广告活动实施之前对广告策划方案、表现效果及媒体效果进行测定。

对广告媒体的事前测定应该有媒体的组合方式及传播的时间和空间的事前测定、日记式调查法、电话调查法、自动记录法。对广告作品的事前测定方法有自由表述法、联想法、成对比较法、残象测试法、德尔菲法、检核表法、仪器测定法。

广告效果的事中测定方法有市场实验法、回函测定法、分割测定法。

广告效果的事后测定包括广告传播效果的测定、广告销售效果的测定、广告社会效果的测定。

复习思考题

1. 概念

广告效果　　广告效果测定　　广告传播效果　　广告经济效果　　广告社会效果

2. 选择题

（1）广告通过大众传播媒体所产生的效果往往是_____。

　　A. 直接的、迅速的、明显的

　　B. 间接的、潜移默化的、迟缓的

　　C. 间接的、累积的、可控的

（2）一般来说，应该从广告的_____三个方面来评价和测定广告所产生的客观影响。

　　A. 传播效果、经济效果、社会效果

　　B. 事前测定、事中测定、事后测定

　　C. 即时效果、近期效果、长期效果

（3）PFA 模式是在_____模式的基础上细化而来的。

　　A. UP　　　　　　　B. AIDAS　　　　　　C. NETAPPS

（4）广告事后测定的方法包括_____。

　　A. 自动记录法　　　B. 广告到达率　　　　C. 回函测定法

（5）广告效果的事中测定主要是依靠专业的_____来完成的。

　　A. 评估机构　　　　B. 调查机构　　　　　C. 企业广告组织

3. 判断题

（1）广告对消费者的影响着重表现在改变其态度，即通过广告宣传，改变消费者的心理活动状态，促成消费者的购买行为。（　　）

（2）广告的到达效果、认知效果、心理变化效果、行动效果是按广告产生效果的时间长短来划分的。（　　）

（3）广告效果测定的要素包括目标消费者、市场状况、广告经营单位。（　　）

（4）广告效果的事前测定要求在众多被测对象中判断出最好的。（　　）

（5）回函测定法仅限于报刊广告效果的测定，不适合广播广告和电视广告效果的测定。（　　）

4．填空题

（1）广告作为企业的促销手段，其根本目的是促使消费者购买_____。

（2）广告效果按广告涵盖的内容和影响范围可分为_____、_____、_____。

（3）广告效果测定应遵循的原则是_____、_____、_____。

（4）广告销售效果测定的方法是_____、_____。

（5）广告效果的事中测定方法主要有_____、_____、_____。

5．思考题

（1）说明广告效果及其特性。

（2）简述广告效果测定的原则及影响因素。

（3）广告效果研究报告由哪些部分构成？

（4）试分别说明 Bedell 模式、DAGMAR 模式、AIDAS 模式。

（5）广告效果事前测定的内容和方法各有哪些？

实训题

日本 A 牌速食面新发售广告的活动效果测定

近年来由于日本工商业的惊人发展，人民生活方式发生了变化，忙碌的生活成为普遍的现象，于是速食面成为生活必需的食品。速食面的市场竞争激烈，各种广告活动花样百出，盛极一时。现就日本 A 牌速食面新发售广告的活动效果测定介绍如下。

测定期间为秋季计 24 天，广告媒体主要为电视。活动前半期间（14 天）将该牌每包实价 30 元的速食面降低为 17 元，目的是尽量争取更多人食用，是一种"试食"销售的活动，广告战略的重点是令消费者彻底知悉这种速食面。广告活动后半期间（10 天），停止"试食"销售，恢复原来价格，其后以提高知名度为目的的商品广告取代。

（1）效果测定的目的。在 A 牌速食面新发售广告活动期间，测定 A 牌速食面的大众传播媒体广告在消费者购买行为的心理方面及实际购买方面的影响——零售店的销售量效果。从这两方面测定大众传播媒体的广告效果。

（2）效果测定的方法有以下两种。

1）消费者调查。对进入两家 DISO（Dentsu In Store Operations）商店的顾客进行访问。在广告活动期间这种访问调查共实施两次，第一次调查于活动开始后第 6 天实施，第二次调查于活动刚刚结束后（活动开始后第 23 天）马上实施。被调查人数第一次 300 名，第二次 301 名。

2）销售量调查。用盘存方式每日调查品牌及竞争品牌的销售量，被调查的商店系两家 DISO 商店。

（3）广告投入量。活动期间所用的广告媒体包括电视、报纸、POP 及传单，其中以电视媒体使用最多。电视广告只用插播，报纸广告是用某全国性报纸全页广告刊登一次。POP 广告分厂商制作者及商店制作者两类，活动期间在零售店陈列。

（4）测定结果如下。

1）广告的认知效果。

① 广告接触率如表 8-10 所示。

表 8-10　广告接触率统计表

项　　目	第一次调查（%）	第二次调查（%）
接触过	47.3	47.9
从电视插播	24.7	32.9
从报纸	2.3	0.7
从厂商的 POP 广告	4.6	4.3
从零售店的 POP 广告、传单等	15.7	10.0
未接触过	52.7	52.1
合　计	100.0	100.0

② 知名度如表 8-11 所示。

表 8-11　知名度统计表

项　　目	第一次调查（%）	第二次调查（%）
知　道	29.3	29.2
不知道	18.0	18.7
合　计	47.3	47.9

③ 广告内容的记忆率如表 8-12 所示。

表 8-12　广告内容的记忆率统计表

项　　目	第一次调查（%）	第二次调查（%）
正　答	10.3	17.3
无记忆	31.7	30.5
误　答	5.3	0.1
合　计	47.3	47.9

2）广告的销售结果。

① 购买率如表8-13所示。

表8-13 购买率统计表

项目	第一次调查（%）	第二次调查（%）
接触过广告且知道商品名称而购买者	14.7	28.6
接触过广告且知道商品名称而未购买者	14.6	0.6
连广告活动都不知道而购买者	14.6	18.5

② AEI法的销售效果比较如表8-14所示。

表8-14 AEI法的销售效果比较统计表

单位：人

项目		看过广告	未看过广告	合计人数
第一次调查	购买广告商品	44	8	52
	未购买广告商品	98	150	248
	合计人数	142	158	300
第二次调查	购买广告商品	88	20	108
	未购买广告商品	57	136	193
	合计人数	145	156	301

③ 品牌占有率如表8-15所示。

表8-15 月品牌占有率变化表

	$t-5$	$t-4$	$t-3$	$t-2$	$t-1$	t	$t+1$	$t+2$	$t+3$	$t+4$	$t+5$	$t+6$
A（%）	—	—	—	—	—	35.8	7.8	9.9	10.8	10.0	6.2	9.8
B（%）	22.0	23.3	34.2	42.1	29.8	17.6	8.1	6.8	10.8	12.0	9.4	9.4
C（%）	—	—	—	—	2.9	6.7	2.6	3.5	3.8	2.0	0.9	1.4
D（%）	78.0	76.7	65.8	57.9	67.3	39.9	81.5	79.8	74.6	76.0	83.5	79.4

实训要点：（1）试对A牌的广告效果进行评估。

（2）根据广告效果测定的结果，该企业可采取哪些对策？

第 9 章

广告的组织与管理

◇ **本章学习目标** ◇

1. 了解广告公司是广告市场活动的运作主体。
2. 掌握广告组织的构成类型及运作机制。
3. 熟悉广告管理的意义、基本内容及相关法律。

引导案例

脑白金广告缘何停播

2001年3月，上海市工商行政管理局向上海东方电视台、上海有线电视台发出停播通知书，要求即日起停止发布脑白金"送礼送年轻"版的电视广告。对此，上海市工商局广告处有关负责人在接受记者采访时，道出了脑白金广告被停播的原因：该广告违反了《中华人民共和国广告法》第十二条，即"广告不得贬低其他生产经营者的商品或服务"。

据了解，由姜昆和大山师徒拍摄的脑白金"送礼"广告播出后，"今年过节不收礼，收礼只收脑白金"的广告语曾引来了不少争议。有媒体直接用《"收礼只收脑白金"，这个广告在煽动什么？》做标题，对此广告语进行分析。有关专家认为，"送礼篇"没有太多的创意，并且有明显贬低同行的倾向，这与《广告法》是相违背的，应修改后再播。上海工商局广告处有关负责人表示，此次对脑白金广告做出停播决定，就是为了更好地维护广告市场的公平、有序。

另据消息，脑白金"送礼送年轻"版电视广告被停播后不久，脑白金"为啥'不觅仙方求睡方'"的广告又收到了上海市广告监测咨询中心发出的违法广告通知单。原因是，其广告中称"睡眠质量与体内脑白金含量有关,中年后体内脑白金含量会减少"没有根据,广告有暗示产品可延年益寿、延伸解释保健功能之嫌,违反了《广告法》第四条。据悉,上海市的广告监测咨询中心已开始对这类有违法之嫌的医药、保健品广告采取相应措施。

有关人士介绍,为了减少歧义和避免消费者误解,新的脑白金广告创意正在酝酿之中,原则是健康、规范。而此次对脑白金的处罚,应该是给保健品企业敲响了警钟,那就是,做广告一定要守法。

广告在为经济繁荣和人民生活带来众多便利的同时,也不可避免地带来许多不足和弊端,高速发展的经济需要蓬勃发展的广告,更需要健康合法的广告。加强广告管理已成为当今迫切需要解决的问题,教育部门要动起来,从业人员要动起来,行业协会更要动起来。

9.1 广告组织

为了实施完整的广告计划,完成广告任务,管理部门必须建立广告工作所必需的有序的组织,才能更好、更协调地完成各项广告业务。广告组织是对广告活动进行计划、实施和调节的经营机构。

广告组织包括专业广告公司、广告媒体组织、企业广告组织、广告团体组织,也包括广告研究机构。

9.1.1 专业广告公司

广告经营业,一般简称广告业,更确切地讲,应称做"广告代理业",即专业为广告主代理广告业务的经营行业,其基本组织形态就是广告公司。《中华人民共和国广告法》中将广告公司界定为广告经营者,它接受广告主的委托,为其提供广告设计、制作、代理相关的广告业务。

1. 广告公司的作用

广告公司是独立的企业组织,通常为客户构思、制作和发布广告。广告公司具有专业化的知识、人才和服务,能更好地实现广告职能。广告公司能为客户提供下列几种服务。

(1)协助广告客户进行广告的规划和设计。如需要做多少广告、广告的内容如何安排、使用什么样的广告信息,是几句话,还是一个画面、一种表现,并建议广告客户采用何种有效的广告信息。

(2)为广告客户选择广告媒体。提出是用报纸、杂志,还是使用电视、广播、网络,还是这几种广告媒体同时使用。并建议广告客户如何在几种媒体中合理分摊广告费用。

(3)帮助广告客户进行市场调查和广告预测,让广告客户知道在何时和何地区发布广告最有利。

（4）帮助广告客户进行产品的商标设计和包装设计，使之更适应当地的市场需要。也可以为广告客户提供某些商业信息。

在竞争激烈的市场上，广告公司为客户提供有关广告服务的同时，也要尽可能地为客户提供产销、产需信息，并共同研究市场营销策略和广告促销的科学与艺术。既要为消费者或用户创造购买商品或劳务的便利条件，也要为他们提供尽可能周到的商品或劳务的信息咨询服务。

2. 专业性广告公司的类型

随着市场的不断发展，广告代理分工越来越细，专业化程度越来越高，由此出现了主要从事某类广告业务或经营广告活动某部分业务的专门性的广告经营企业，为广告主提供某一特定领域的广告服务，它们的服务更专业化、更细致。

（1）广告调查监测公司。广告调查监测公司是指专为广告主提供有关广告活动信息数据收集和反馈方面业务的公司。调查和监测的内容主要包括：市场信息，如广告对象特点及分布、竞争对手情况等；媒体信息、各类媒体的主要特点及各类有关指标确定、发行量调查等；广告效果的监测和调查，包括对广告作品的分析和监测，对广告效果各方面的调查等。

（2）广告策划公司。广告策划公司是指专门为广告主进行广告及营销策划和咨询服务的专业性广告公司。这类业务都是大型广告公司的主干业务，所以专营此项业务的公司一般不多。

（3）专业媒体代理公司。专业媒体代理公司是指专门从事各类媒体的代理业务的专业广告公司。媒体自营广告业务，会造成条块分割、垄断经营、恶性竞争。

专门的媒体公司自成立之日起，就可以为所有的广告公司进行媒体服务，并且更专业化，提供包括年度媒体计划、年度媒体排期计划表、月度媒体计划排期表、媒体购买、媒体监测及媒体投放后分析等服务。

（4）广告设计制作公司。广告设计制作公司的业务范围较小，它们专门从事广告作品的设计与制作，包括影视广告、广播广告、平面广告（杂志、报纸、POP海报等）、户外广告。开办这类公司的人员一般是影视行业的艺术创作和传播技术工作者，他们拥有较强的专业影视广告制作力量。

多数制作公司以工作室的形式出现，擅长于开发创造性的观念，撰写创造性的文字和提供艺术方面的服务。

3. 广告公司的组织结构

（1）按基本职能设置部门。如图9-1所示为按职能设置部门的广告公司的组织结构。

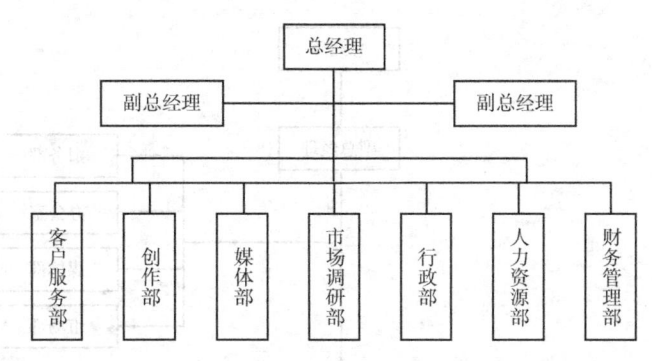

图 9-1　按职能设置部门的广告公司的组织结构

1）客户服务部。在海外也称 AE（Account Executive），是企业整个广告活动的组织中心，其主要职能是联系客户并为客户的广告活动进行策划、管理及支配广告公司的内部资源。公司中客户服务人员分为三个层次：客户总监、客户经理、客户执行。他们一方面代表广告公司深入了解客户的营销组合、问题和营销目标，并参与制定和执行广告目标及策略；另一方面他们又代表客户，把上述详情和要求传递给广告公司创作和媒体人员。作品初稿完成后，业务经理还要通过自己的演讲，让客户接受广告初稿和媒体计划。如有不合适的地方，还要协调各方意见，帮助修改。最后还要代表客户监督实施。

2）创作部。常见的广告招牌、招贴画、报刊和电视广告等，都是由创作部制作的，制作广告稿本的有广告作家和广告设计师。

3）媒体部。广告作品完成后，广告公司按其广告策略安排媒体刊播，利用大众媒体及其他媒体传递广告信息。媒体部负责制定广告的媒体策略、广告媒体的选择和有关媒体部门的接洽联络。媒体人员分为媒体总监、媒体经理、媒体执行人员三个层次，媒体工作分为四类：媒体计划、媒体购买、媒体调查、媒体监测。这些工作要求媒体部门的工作人员有丰富的媒体知识，熟悉各种媒体的特性和有关媒体部门的情况，妥善掌握好广告的发布时间，保证广告的质量。

4）市场调研部。主要任务是为客户提供商品市场信息和广告效果反馈。负责收集针对某一种商品、消费者和顾客喜欢哪一种广告、消费者的生活方式、价值观等一些对广告或者对销售活动具有价值的信息。市场调研部通常设有市场调研总监、调研经理、调研主管和调研助理。

此外，广告公司还设有行政部、人力资源部、财务管理部等职能部门。

（2）按客户设置部门。这是广告公司中典型的组织结构形式，又被称做小的作业式的组织结构，如图 9-2 所示。

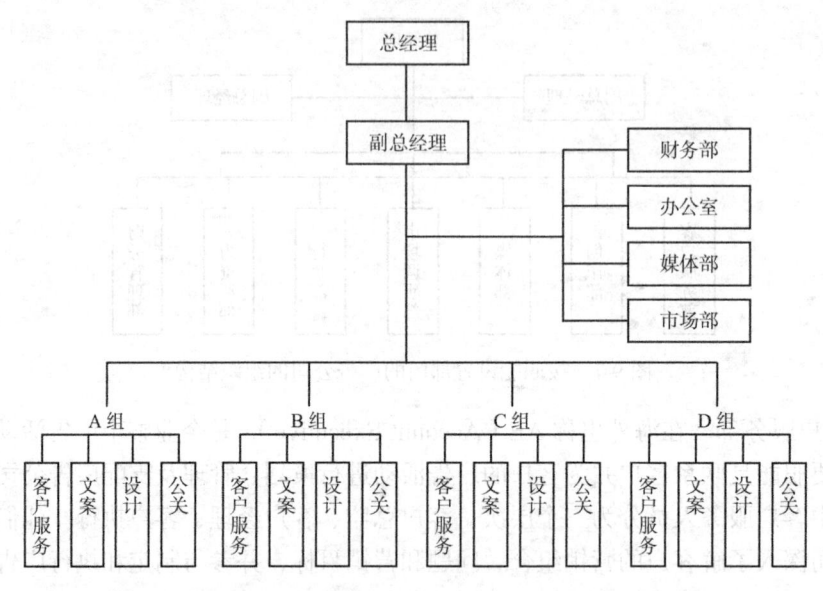

```
                        总经理
                          │
                        副总经理
                          ├──── 财务部
                          ├──── 办公室
                          ├──── 媒体部
                          └──── 市场部
     ┌──────────┬──────────┼──────────┬──────────┐
    A组         B组         C组         D组
  ┌─┼─┬─┐    ┌─┼─┬─┐    ┌─┼─┬─┐    ┌─┼─┬─┐
 客 文 设 公  客 文 设 公  客 文 设 公  客 文 设 公
 户 案 计 关  户 案 计 关  户 案 计 关  户 案 计 关
 服          服          服          服
 务          务          务          务
```

图 9-2　小组作业式广告公司的组织结构

公司将人员分为小组，每个小组负责某一广告客户或某一品牌的全部广告活动，每个小组成员都由 AE 及广告活动涉及的各类广告专业人员组成。

按客户划分部门的优点是公司能满足客户的特殊需要，人员沟通便利，针对性强，同时便于公司掌握整个公司客户情况，避免业务冲突。各工作小组独立作业，有利于各小组之间开展竞争，提高员工积极性。其缺点是：由于每个客户或品牌的大小不一，容易形成各小组在使用公司资源的时候，由于分配不均，造成公司各部门之间的冲突；另外容易给客户造成误解，认为别的小组比自己的小组业务能力强而影响其继续与公司的合作；再有就是一旦客户离开广告公司，解散部门将造成人员重新安排的困难。

（3）按地区设置部门。对于地理上分散的公司来说，按地区划分部门是一个较为普遍的方法。许多大广告公司尤其是全球性或全国性广告公司，往往采用按职能划分和按地区划分相结合的组织结构，其组织结构如图 9-3 所示。

（4）按照公司自身的定位设置部门。这种方式是根据公司自身的实际情况进行组合的，按照经营定位设置部门，这种组织结构值得规模较小的广告公司借鉴。

这种组织结构的优点在于分工机动、灵活，便于随时调整，既节约了沟通成本，又提高了公司现有人员的效率。但这种组织结构缺乏执行长远计划的能力。

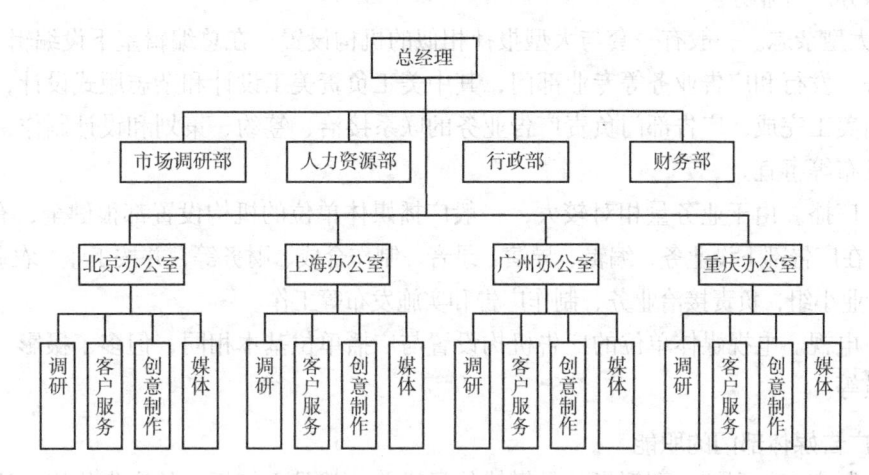

图 9-3 按地区设置部门的广告公司组织机构

9.1.2 广告媒体组织

广告媒体是指传递广告信息的物体。凡能在广告主与广告对象之间起媒介作用的物质都可以称为媒介物或媒体。广告媒体是广告信息传播过程中的载体，是广告信息从发出者到接收者的中介。没有广告媒介，企业的广告信息就无法到达目标消费者。

1. 广告媒体组织的机构设置

广告媒体组织因其广告业务规模不同，有的比较精简，有的则发展得很完善，职能齐全，机构也很复杂。

（1）报纸。报纸媒体的机构设置有以下两种形式。

1）在报社总编辑下设编辑部、发行部、印刷业务部、广告部等各主要业务部门。① 编辑部负责报纸各版面的编辑出版，在广告业务上则负责为广告安排版面。② 发行部专门负责报纸的发行、收订及发行事务的安排、发行渠道的组织、报纸的发放等。③ 印刷业务部则负责报纸的印刷事务，包括与印刷厂的联系工作、印刷时间安排和印刷计划安排，并监督印刷工作，检查印刷质量。④ 广告部是专门负责报纸广告业务的职能部门，承担广告业务的接洽、签约、设计制作和实施发布等工作，并对外来的广告作品负责编辑、检查审核和安排发布时间与版面的事宜。

2）在总编辑下设编辑部，编辑部内设广告科，下设编辑、营业、分类广告等组，为一般小报所采用。

（2）杂志。杂志广告部门同报纸一样，根据机构大小、业务量多少而设置。

1）小型杂志。小型杂志由于业务量小，一般不单独另设广告机构，由编辑、美工和发行人员兼办广告业务。

2）大型杂志。一般有一套与大型报社相似的机构设置。在总编辑室下设编辑、美工、印刷业务、发行和广告业务等专业部门，其中美工负责美工设计和杂志版式设计，图画创作一般由美工完成，广告部门负责广告业务的联系接洽、签约、策划和设计制作，以及广告实施发布等事宜。

（3）广播。由于业务量相对较大，一般广播媒体单位的机构设置都很健全，有独立的广告部。在广告部下设业务、编辑、导演、录音、制作合成、财务等，并按工业、农业、商业等设立专业小组，负责接洽业务、制作广告和实施发布等工作。

（4）电视。电视媒体单位的广告机构设置与广播单位基本相同，但多了摄影、摄像、美工人员等。

2. 广告媒体部门的职能

（1）制定广告刊例。刊例指的是媒体价目详单，就是不打折前的广告价格。比如，电视媒体"中央一套"的节目时间安排表包括各个时段价格等信息，还有套餐优惠等内容。报纸、杂志、广播、户外等媒体，都有各自的刊例。

（2）广告业务洽谈。对广告主和广告公司进行广告版面和时段的推广、签订广告刊播合同、收取广告刊播费用。广告媒体部门通常与本地或外地的广告公司签订合约出售一定的广告版面或广告时间，以便各广告公司有计划地安排广告发布。

（3）设计制作广告。广告媒体单位在接受广告任务时，一部分广告已制作成广告作品，只是负责安排版面或时间，但有的广告客户只提供广告资料和广告要求，须由广告部门负责策划、设计和制作，如报纸、杂志广告的文稿撰写、美工设计，电台、电视广告的脚本撰写、演员排演、录音、录像、拍摄、剪辑等。

（4）广告来稿审查。审查广告公司代理资格和广告主刊登广告证明文件的合法性，审查广告内容是否真实、合法，是否符合本媒体的要求。

（5）发布广告。广告的来源主要有两方面：一是直接受理广告客户的广告；二是广告公司代理承揽的各项广告业务。

（6）收集广告反应并及时向客户反馈发布情况。广告媒体部门在发布广告之后，往往收到许多来函来电，提出查询或投诉。媒体广告部门应定期整理，向广告主反映，加强与广告主或广告代理公司之间的联系，及时掌握广告反应，稳定广告客户的信心。

（7）向客户通报本媒体的受众、视听率及传播效果等资讯，以增进客户的了解。

9.1.3 企业广告组织

一个企业要完成一次广告活动，必须首先要确定广告目标，然后才能由合适的广告公司、媒体来完成。确定广告目标，选择、监督广告公司和媒体来完成这一目标的任务，是由企业内部广告组织来承担的。

现代企业都非常重视运用广告来推动商品销售，企业广告部门是负责协调组织企业广告方面事务的职能部门，它与其他职能部门共同构成企业组织管理系统。其主要职责是：面向市场，通过市场研究、销售预测，依据企业市场营销的总体要求来确定企业的广告计划、广告目标、广告战略、广告战术，使企业的广告时机、程度、范围、内容、形式适应多变的消费需求和激烈的市场竞争及企业自身条件的要求，以达到广告预期目的。

1. 企业广告组织的行政隶属关系

企业自设的广告部的地位及其隶属关系因企业的情况而异，这都是各企业根据实际需要而自己决定的，以获取最大效率为标准。

（1）总经理直辖制。即企业的广告部门与其他部门并列，直接由总经理领导。

（2）销售经理直辖制。即企业的广告部门设在销售部门之内，由销售经理领导。

（3）广告部集权制。即大型企业在总厂和总公司领导下，有多个分厂或分公司，总厂或总公司只设立一个广告部门，经营全部广告工作。

（4）广告部分权制。大型企业下属各分厂或分公司都设立有广告部门，专职分部的广告工作。

（5）附属广告公司制。一般在大型或特大型工商企业中才有。广告公司作为一个独立法人单位，在组织机构和功能上具有一般专业广告公司一样的特点，其行政关系和财政关系不具有完全独立的性质，在业务上专门负责其总公司的广告业务。

2. 企业广告组织的机构模式

（1）职能组织模式。职能组织模式是企业的广告组织，是以广告的对象来分工的。这种形式是在广告部内先进行职能划分，然后再按职能设立各种分部门（见图9-4）。

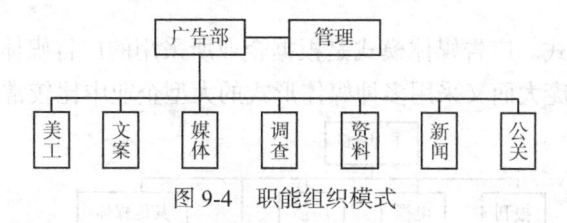

图9-4 职能组织模式

（2）产品组织模式。产品组织模式是企业的广告组织，是以企业的产品来分工的。在制造不同产品的公司，常采用此种形式（见图9-5）。

（3）市场组织模式。市场组织模式是按照产品销往各个地区的不同而加以组织的形式。对产品品种单一，而又同时销往各个不同市场的企业，这种组织形式最为有效（见图9-6）。

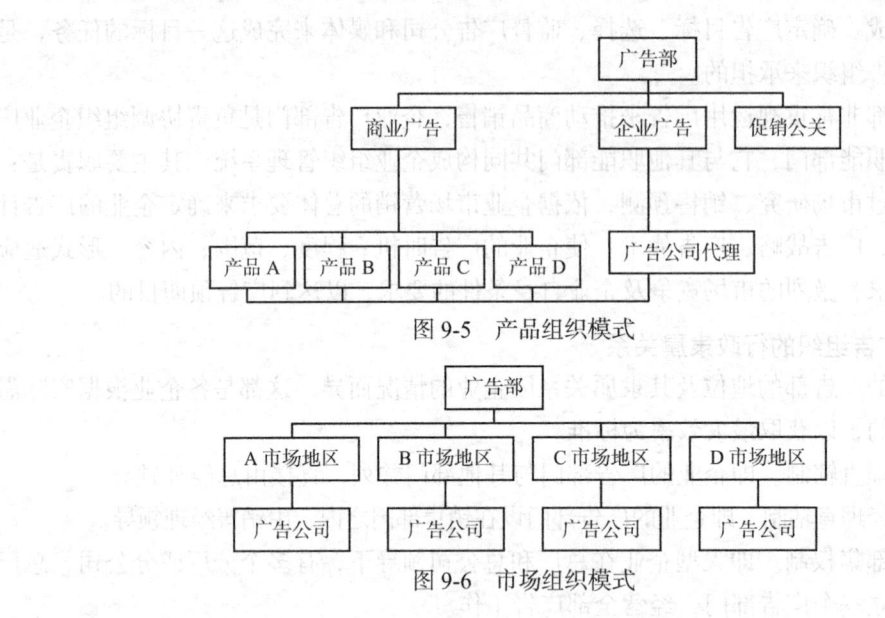

```
                    广告部
         ┌────────────┼────────────┐
      商业广告       企业广告      促销公关
    ┌───┬─┴─┬───┐      │
   产品A 产品B 产品C 产品D   广告公司代理
```

图 9-5　产品组织模式

```
                    广告部
         ┌────────┬────┴───┬────────┐
      A市场地区  B市场地区  C市场地区  D市场地区
         │         │         │         │
       广告公司   广告公司   广告公司   广告公司
```

图 9-6　市场组织模式

（4）广告对象组织模式。广告对象组织模式是根据产品的最终使用者的性质不同而加以组织的形式。在企业产品销售对象较为集中、销售量又大的工业企业和批发商企业中采用较多（见图 9-7）。

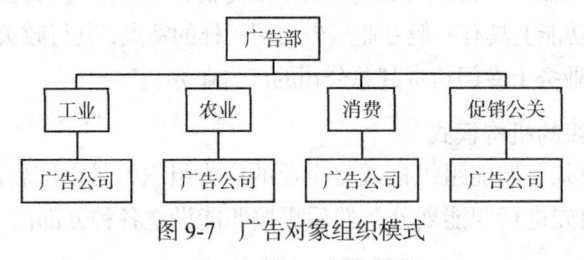

```
                    广告部
         ┌────────┬────┴───┬────────┐
        工业      农业      消费     促销公关
         │         │         │         │
       广告公司   广告公司   广告公司   广告公司
```

图 9-7　广告对象组织模式

（5）广告媒体模式。广告媒体模式是根据企业所采用的广告媒体的不同而加以组织的形式。这在广告预算庞大而又采用多种媒体形式的大型企业中比较常见（见图 9-8）。

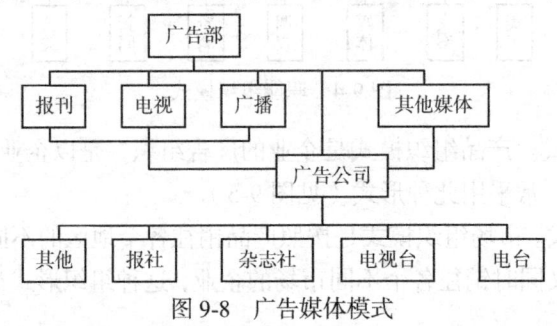

```
                    广告部
         ┌────────┬────┴───┬────────┐
        报刊      电视     广播     其他媒体
                          │
                        广告公司
         ┌──────┬──────┼──────┬──────┐
        其他    报社   杂志社  电视台   电台
```

图 9-8　广告媒体模式

9.1.4 广告研究机构

随着广告业务的增长和媒体单位的发展,一支新生的力量即广告研究机构正在形成和发展。广告研究机构是从市场与民意调查机构中分离出来,而专门从事广告行业服务的专业性机构。

广告教学研究机构主要由新闻传播院校转变而来,侧重培养广告理论研究、管理和策划人才;研究广告作为一种传播信息手段的带规律性问题推动广告理论和教学向广度、深度发展的机构,有商业、财贸院校,侧重研究经济广告、商业广告的作用;研究广告与市场销售的机构,有美术院校,侧重广告理论,以提高广告美术设计人员的素质和设计水平。

广告研究机构的主要工作是接受委托人如广告公司或广告客户进行民意调查、消费行为分析和广告实施效果的评价分析,并对广告事业及相关的问题进行理论分析,为广告活动实际操作提供资料和咨询建议,同时还承担广告行业以外的如企业营销活动、公共关系活动等的效果分析评价,以维持自身的生存和发展。因此,广告研究机构不是纯学术研究机构。

9.1.5 广告团体组织

广告团体一般是指民间设立的广告行业协会或学术组织,如广告学会、广告协会、广告业联合会等。广告团体是从事广告业务、学术研究或其他与广告业有密切关系的组织,其任务一般是代表政府对广告业进行管理,实现行业自律,开展对外联络,召集研究讨论会等,以求广告行业的共同发展。其机构设置模式如图9-9所示。

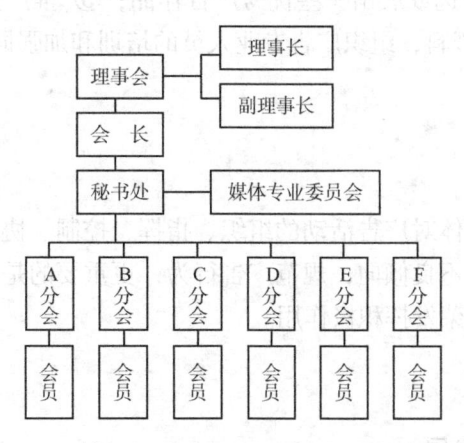

图9-9 广告团体组织的机构设置模式

1. 中国广告协会

中国广告协会是全国广告经营系统联合组成的行业组织,是由本行业中的企业自愿地、平等地组织起来的民间组织,是广告企业之间非行政性的经济管理的联合体。

中国广告协会是在国务院有关部门指导下,对全国广告经营单位进行指导、协调、咨询及服务的机构。其基本任务是:① 研究和制定整个广告行业的章程、标准和发展方向,对整个行业的经营管理实行统一规划和领导,以贯彻国家有关广告的方针、政策、法规;② 加强各企业之间的专业化协作与技术交流,协调各广告经营单位之间的关系;③ 组织开展国内外学术交流、培训广告人员;④ 代表本行业对体制、价格和广告发展规划向政府提出要求和建议。

2. 中国广告联合总公司

中国广告联合总公司是由全国各地一些不同所有制、不同隶属关系的专业广告公司,在自愿参加的基础上组织起来的一种松散的经济联合体。其主要任务有:① 认真执行政策、法规和计划;② 组织和接受国内、国际大型广告代理业务和广告技术委托;③ 协调和仲裁所属各成员单位之间的广告纠纷;④ 开展广告业务交流;⑤ 进行广告业评比、科研培训工作等。

3. 中国广告学会

中国广告学会是从事广告制作、设计、理论研究的人员及教育工作者组织的群众性学术研究团体。它是在国家工商行政管理局指导下进行工作的。主要任务有:① 组织广告理论的研究工作,开展学术交流,提高会员的思想水平、理论水平和艺术、技术水平;② 组织编辑广告学术书刊,评选或展出一些优秀广告作品;③ 推广先进的设计思想和创作艺术;④ 收集、整理广告资料,组织广告专业人员的培训和加强同国外广告界的联系。

9.2 广告管理

广告管理是指管理主体对广告活动的组织、指挥、控制、协调和监督。广告管理的目的不仅是限制广告活动的不良倾向,规范广告行为,更重要的是指导广告业务健康发展,为社会主义市场经济的繁荣发挥积极作用。

9.2.1 广告管理的意义

1. 促进市场经济的发展

加强广告管理是市场经济的客观要求。企业通过广告互通信息、沟通产销、扩大消费、活跃市场,这样直接推动了市场经济的发展。

2. 保护企业权益,维护市场经济秩序

为了保护企业合法权益,促进公平竞争,必须加强广告管理。通过广告法规,禁止企业利用广告攻击别家企业及其产品,或者有暗示性的诋毁;严禁广告宣传违法商标和冒牌商品,因为这些行为不仅扰乱市场,损害消费者利益,而且损害正牌商品的信誉,破坏企业声誉。

3. 保护消费者权益

广告是消费者购买商品的指南,因此必须真实地传递商品信息,不得欺骗公众,牟取暴利,损害消费者的利益。特别是一些关系到人身安全与健康的医药、食品、化妆品、家用电器,不实的广告宣传会使消费者上当受骗,危及人身财产安全,直接影响社会秩序的稳定。工商行政管理部门必须加强对广告的管理,防止违法者利用广告妨害社会秩序,损害消费者权益。

4. 防止精神文化污染

社会主义广告内容必须健康,符合社会主义的政治思想原则和伦理道德观念,禁止内容不健康的广告毒害人民,造成精神污染。

5. 有利于市容和环境美化

为了美化市容,保护文物古迹和自然风光,必须有计划地设置各种广告招贴、路牌、霓虹灯、灯箱等户外广告。

6. 有利于加强对广告业的统一领导

随着广告业的蓬勃发展,广告业之间的竞争也日益加剧,为了使各广告经营部门彼此之间能协调发展,共同担负繁荣广告业的重任,国家必须加强对各个广告经营部门的领导和管理,健全组织管理机构,保证我国各个广告经营部门都被纳入国家的统一领导、管理和监督下,认真执行国家的广告方针、政策、法令,使我国广告事业健康发展。

9.2.2 广告管理机构

1. 政府管理机构

政府对广告的行政管理主要通过国家工商行政管理总局和地方县级以上各级工商行政管理机构来实施。

根据我国《广告法》规定,县级以上人民政府工商行政管理部门是我国的广告监督管理机关。国家工商行政管理总局下设的广告监督管理司(简称广告司)是我国广告的最高管理机关,各省、自治区、直辖市、计划单列市的工商局下设广告处,各地市、市、县工商局也设相应的广告科、股。

在我国，广告管理机关在组织结构上有如下设置。

（1）国家工商行政管理总局下设广告司，管理全国的广告行业。广告司负责贯彻全国性的广告管理政策，规定、指导、协调、监督全国的广告管理工作，审批全国性的广告企业、中外合资、中外合作经营广告业务企业。全国性的临时广告经营活动也由广告司批准。

（2）各省、自治区、直辖市及计划单列市的工商行政管理局设广告处，管理本辖区的广告业务。

（3）地、市工商行政管理局设广告科，管理本辖区的广告业务。

（4）县、自治县工商行政管理部门设广告股，管理本辖区的广告业务。

2．行业管理机构

我国的广告行业自律管理主要由中国广告协会组织实施，即由中国广告协会对全国广告业者进行指导、协调、咨询和服务，协助政府进行行业管理。该协会目前下设有报纸、广播、电视、广告公司、学术、公交、铁路7个专业委员会，并在直辖市、省、自治区、地区（市）、县等设立地区性广告协会，从而形成了全国性广告行业自律管理组织系统。

3．消费者管理机构

消费者组织监督是指消费者组织从保护消费者利益出发，对广告进行日常监督，向有关部门投诉违法广告。同时，针对广告活动中存在的问题，向有关管理部门提出建议。

消费者组织是依法成立的对商品和服务进行社会监督的保护消费者合法权益的社会团体，是公众进行广告监督的主要阵地。

现在全国县级以上的消费者组织就有2万多个，工商企业建立的各种监督站1万多个，形成了全国性的消费者组织网络。各级消费者组织根据《消费者权益保护法》《反不正当竞争法》《产品质量法》《商标法》等相关法律，积极开展工作，履行自己的职责。《消费者权益保护法》规定消费者协会应当履行的职责主要有：① 向消费者提供消费信息和咨询服务；② 参与有关行政部门对商品和服务的监督、检查；③ 就有关消费者合法权益的问题，向有关行政部门反映、查询、提出建议；④ 受理消费者的投诉，并对投诉事项进行调查、调解；⑤ 投诉事项涉及商品和服务质量问题的，可以提请鉴定部门鉴定，鉴定部门应当告知鉴定结论；⑥ 就损害消费者合法权益的行为支持受损害的消费者提起诉讼；⑦ 对损害消费者合法权益的行为，通过大众传媒予以揭露、批评。

另外，随着大众传媒事业的发展，新闻舆论的社会作用越来越重要，在揭露虚假广告、促进广告健康发展方面发挥了极其重要的作用。新闻舆论对广告的监督主要有开展新闻揭丑活动、宣传优秀广告活动和广告作品。

9.2.3 广告管理的内容

1. 政府管理

政府管理是指国家的广告管理机关对整个社会广告活动的规划、指导、监督。政府对广告管理的任务是：制定广告法规；贯彻执行广告法规及相应规章、管理办法；制定广告业发展规划；核发广告营业执照；监督检查广告经营活动；保护合法广告经营；制裁非法广告经营；保障广告活动依法有序进行等；其根本目的是为人民谋取经济利益。广告管理的内容包括对广告宣传和经营活动的管理。

（1）对广告主的管理。广告主是广告信息的发布者和广告活动的主体，对广告信息是否真实起着关键作用，在造成虚假违法广告案件中应承担主要责任。加强对广告主管理的重点是宣传广告管理法规，使他们认识到广告宣传的社会责任，实施合法的广告宣传行为，从根本上消除虚假违法广告发生。

（2）对各类广告发布标准的管理。对各类广告发布标准的管理，有利于在广告发布环节上对广告内容进行控制。广告发布标准为广告管理者、广告经营者、广告主、广告发布者提供了共同的客观依据，有利于识别、确认、审查、监督广告内容是否真实可靠。

广告发布标准由下列五个要素组成：① 广告主的资格合法；② 广告内容合法；③ 广告中涉及的技术、质量、数据、荣誉、承诺、产权的陈述符合规定的要求；④ 广告证明合法；⑤ 广告内容经过审查、验证程序。

（3）对广告内容的管理。根据《广告法》的规定，"利用广播、电视、电影、报纸、期刊及其他媒体发布药品、医疗器械、农药等商品的广告和法律、行政法规规定应当进行审查的其他广告，必须在发布前依照有关法律、行政法规由有关行政主管部门对广告内容进行审查。未审查，不得发布"。所有广告内容都应经过审查验证才能发布。

（4）对广告费用的管理。广告费用是广告主用于开展广告宣传而支付给广告经营者或广告发布者的费用。应当加强同财政、审计、税务部门的工作配合，共同管好企业在广告费用上的投资。企业的广告费必须委托经国家批准的广告经营者承办，广告费必须用于广告宣传。

（5）对广告经营资质标准的管理。广告经营资质标准是指广告经营者是否能向广告主提供全面或部分的良好服务。不同的广告经营者应有相应的技术、设备、人才条件。全面服务型的广告公司应当有较强的广告策划、市场调查能力和媒体计划人员。设计、制作型广告经营者要突出对设备、场地和技术力量的要求。从事广告发布业务必须有媒体手段。

（6）对广告行业发展规划的管理。广告行业发展规划是对广告行业的发展战略、发展目标、发展总量、行业结构及相应政策措施等进行的总体规划，作为广告行业发展的蓝图和依据，应使其发展与国家、地方经济发展水平相适应，避免盲目超前发展引起经营秩序混乱等。

（7）对广告经营活动的监督管理。监督管理的内容包括：① 设计、制作、发布、代理、策划等广告经营活动要有合法经营资格；② 使用的广告媒体须经国家主管部门批准；③ 广告的代理费、占地费及广告收费标准要符合国家规定；④ 广告经营的程序要合法，如签订合同、审查证明等。

（8）对户外广告的管理。根据《广告法》的规定，工商行政管理机关负责会同城建、环保、公安等部门制定户外广告规定，并监督实施。户外广告的管理地方性很强，涉及各部门工作。

（9）对进出口广告的管理。进出口广告的管理具有涉外特点，管理工作的重点是：审批进出口广告经营权；控制经营规模和水平；依据国家对外开放和外交、外贸管理的方针政策，针对不同国家和地区的政治、经济状况，制定不同的广告管理措施。同时，在涉外广告中，必须维护国家和企业的正当利益。

（10）对违法违章广告的管理。根据《广告法》的规定，对广告违法违章行为，依照事实和情节进行认真查处，接受当事人的复议申请，对案件及时进行复议。

2．行业自律管理

行业自律管理是指广告业主（包括广告主、广告经营单位、广告发布者及其相应的行业组织等），通过制定公约、章程、规则、倡议书等形式进行自我协调、自我约束、自我管理、自我负责，使自己的行为更符合国家法律、社会公德和职业道德，确保广告市场有序进行。

我国广告行业自律管理的主要内容有以下几个。

（1）广告活动力求广告的经济效益和社会效益的统一，并以此原则检验广告效果。

（2）制作、发布的广告内容要健康向上，符合社会主义精神文明的要求。除非有充分的论证，广告中不应有"独家"、"首创"、"独创"、"第一"、"最好"等绝对声明用语。广告中不得有诽谤、贬低他人和竞争者的内容。

（3）广告经营单位之间的竞争应体现在优质服务方面，不得采取不正当手段；要按规定支付国内外广告代理费用，不得随意压低或抬高代理标准；广告发布价格标准应根据媒体的收视率、收听率、读者范围、媒体的权威性及服务水平等来制定。各经营单位需按媒体价格标准统一报价，不得随意提高或压低广告价格。在接受广告时，要认真审查广告内容，查验有关证明文件，建立经营管理制度。

（4）承办广告应进行市场调查，特别是进行消费者研究及相关法规许可范围的研究，以保证广告的科学性、合法性，避免盲目性。广告创作要坚持创新，尊重版权，不得抄袭他人创意，不得侵犯公民的肖像权。

（5）广告经营单位之间应当友好合作，密切配合。对于广告公司经过认真策划、设计制作的广告，各媒体单位应予以支持。广告公司应按媒体的特点和技术要求代理广告，保证广告质量。

3. 消费者监督管理

所谓消费者监督管理，是指消费者为了保护自身的经济利益而自觉地组织起来的一种群众性活动。它通常由代表消费者利益的消费者组织来实施对广告活动的监督管理。

消费者监督管理的主要任务是：对企业的产品、服务质量，通过市场和用户的反映进行监督；并督促企业执行国家标准，重视商标信誉，促进商品质量和服务水平的提高；维护用户和消费者的利益，杜绝虚假广告。

4. 广告管理的要求

（1）广告宣传内容的要求。广告宣传内容必须真实、合法、健康。《广告法》第三条规定："广告应当真实、合法，符合社会主义精神文明建设的要求。"这就要求在制定、宣传商品内容的广告时必须做到：以事实为依据，准确、具体、客观地传播商品或服务信息，不得虚夸、伪造；广告内容及其宣传形式必须符合我国宪法、法律、行政法规和地方性法规文件；广告宣传必须为社会主义精神文明建设服务，做到经济效益和社会效益兼顾协调，尊重社会主义的社会公德和社会公共利益。

（2）从事广告活动的细则。从事广告活动应当遵循守法、公平和诚信的原则。《广告法》第五条规定："广告主、广告经营者、广告发布者从事广告活动，应当遵守法律、行政法规，遵循公平、诚实信用的原则。"

（3）广告内容和形式应当符合基本的要求。我国的《广告法》从广告的内容和形式两方面，对广告内容的导向、广告禁止的内容、广告的可识别性、广告内容的组织等做了明确的规定，这方面的内容主要在第七条至第十三条。

9.3 广告管理法律

9.3.1 广告内容的法律规定

《广告法》第七条规定："广告内容应当有利于人民的身心健康，促进商品和服务质量的提高，保护消费者的合法权益，遵守社会公德和职业道德，维护国家的尊严和利益。"

1. 广告发布内容的禁止性标准

（1）广告不得使用中华人民共和国国歌、国旗、国徽。广告不得使用中华人民共和国国歌、国旗、国徽，包括不得以任何形式使用或者变相使用国旗及其图案、国徽及其图案、国歌及其词曲。曾出现在某广告中展示我国一位奥运冠军身披国旗绕赛场奔跑的画面，该广告就违反了这一禁止性规定。违反此项规定的较为常见的情形是将国歌或其旋律作为广告的背景音乐等，这些均构成违法广告，但这一规定在公益广告中例外。

（2）广告不得使用国家机关和国家机关工作人员的名义，包括各级国家权力机关、行政机关、司法机关、政协、工会、共青团、妇联及军队、武警等机关、组织及其工作人员。在商业广告中禁止以任何形式使用上述机关、组织及其工作人员的名义、形象、言论等。

可以使用国家机关及其工作人员的名义的例外情况：一是公益广告；二是重大政治题材类影片广告宣传。

（3）广告不得使用国家级、最高级、最佳等用语。在对绝对化用语的认定和掌握上，根据国家工商行政管理总局的规定，以下情形均属于绝对化用语。

1）顶级、最佳、极品、至尊、第一品牌等表述。

2）商品包装中使用"极品酒"、"极品烟"等字样。

3）在商品或服务的名称中使用绝对化用语。利用广告宣传商品或服务名称的，应当认定为广告用语，其内容同样受广告法律法规规范。因此在广告中出现的商品或服务名称中的诸如"顶级"等绝对化用语同样受此规范的约束。

（4）广告不得妨碍社会安定和危害人身、财产安全，损害社会公共利益。

（5）广告不得妨碍社会公共秩序和违背社会良好风尚。

（6）广告不得含有淫秽、迷信、恐怖、暴力、丑恶的内容。

（7）广告不得妨碍环境和自然资源保护。

1）广告不得宣传不符合环保标准的产品。

2）广告不得宣传不利于环保和自然资源保护的产品，如在国家工商行政管理总局规定禁止传播的电力捕鱼工具广告。

3）广告不得出现破坏生态平衡，经营国家保护野生动、植物等的内容。

（8）法律、行政法规规定禁止的其他情形。

1）乱评比、乱排序。1996年，中共中央办公厅、国务院办公厅发布《关于严格控制评比活动有关问题的通知》，据此国家工商行政管理总局发布了《关于严格控制评比类广告的通知》，1999年又发布了《关于停止发布含有乱评比、乱排序等内容广告的通知》等一系列规范性文件。

2）将人民币变相作为奖券使用。

3）有奖销售价值超过5 000元，在抽奖式的有奖销售中，下列几种表现形式不得发布广告：① 经营者单独或与有关部门利用各种彩票设置奖励推销商品，最高奖的金额超过

5 000元的；② 以价格超过 5 000 元的物品的使用权作为奖励的；③ 以提供就业、聘为顾问等名义，并解决待遇、给付工薪等方式设置奖励，不论奖励现金、物品或其他经济利益，也不论是否要求中奖者承担一定义务，最高奖的金额超过 5 000 元的；④ 商品销售与彩票相结合，该彩票的最高净额低于 5 000 元，由于中奖概率的不确定性，广告中不得将彩票的奖励作为经营者有奖销售的奖额进行宣传，以免误导消费者。

4）擅自利用重大政治题材进行商业牟利。

2．广告发布内容的命令性标准

广告发布内容的命令性标准是相对其禁止性标准而言的。禁止性标准是规定广告不得出现的情形的标准；而命令性标准则是规定广告必须或者应当如何的标准，是一种作为义务。

（1）保护儿童和残疾人的身心健康。《广告法》第八条规定："广告不得损害未成年人和残疾人的身心健康。"广告的内容不得对未成年人和残疾人的身心健康造成不利影响。

广告对未成年人的保护标准主要体现在对儿童广告的具体规范上。

1）具体内容包括：① 儿童广告必须有利于儿童的生理和心理健康，有利于培养儿童优秀的思想品质和高尚的品德；② 不适于儿童使用的产品的广告，不得有儿童参加演示，如药品、烟草、酒类广告等，也不宜使用儿童的形象或卡通等儿童喜闻乐见的形象进行宣传；③ 针对儿童宣传的广告，应当进行浅显的、能够为儿童正确理解的描述；④ 广告中出现的儿童或家长，应当表现为具有良好行为或态度的典范。

2）要求不得发布下列儿童广告：① 有损儿童的身心健康或道德品质的；② 利用儿童给家长施加购买压力的；③ 影响儿童对长辈或他人尊敬或友善的；④ 影响父母、长辈对儿童的言行进行正确教育的；⑤ 以是否拥有某种商品使儿童产生优越感或自卑感的；⑥ 儿童模特对宣传的商品演示超出一般儿童行为能力的；⑦ 表现不应由儿童单独从事的某种活动的；⑧ 可能引发儿童任何不良事故或行为的；⑨ 利用超出儿童判断力的描述，使儿童误解或者变相欺骗儿童的；⑩ 使用教师或儿童教育家、儿童文艺作家、儿童表演艺术家等名义、身份或形象的。

（2）关于商品或服务性能、产地、价格、赠送礼品等的表示问题。根据《广告法》第九条规定，广告中对商品的性能、产地、用途、质量、价格、生产者、有效期限、允诺或者对服务的内容、形式、质量价格、允诺有表示的，应当清楚、明白，不得使人产生误解。

广告中表明推销商品、提供服务附带赠送礼品的，应当标明赠送的品种和数量。一旦经营者对其商品或服务有虚假表示，足以使一般消费者受到欺骗或误导，并且消费者因此而接受了经营者的商品和服务，则可认定经营者对消费者构成了消费欺诈行为。

（3）关于广告使用的数据、统计资料、调查结果、文摘、引用语问题，《广告法》第十条规定："广告使用的数据、统计资料、调查结果、文摘、引用语，应当真实准确，并表明出处。"

（4）关于专利广告问题。《广告法》第十一条规定："广告中涉及专利产品或专利方法的，应当标明专利号和专利种类。未取得专利权的，不得在广告中谎称已取得专利权。"

（5）关于广告使用他人名义、形象问题的内容如下。

1）有关人物形象运用的基本的原则性规定见《广告法》第二十五条。

2）关于名人广告问题。对名人名义、形象的使用，要严格按照合同约定的使用方式和期限等使用，不得超出公司许可的范围。

3）关于药品、医疗器械、农药、医疗广告中的形象问题。《广告法》第十四条中规定药品、医疗器械广告不得利用医药科研单位、学术机构、医疗机构或者专家、医生、患者的名义和形象做证明。

4）关于化妆品广告中的形象问题。《化妆品广告管理办法》第八条规定："化妆品广告禁止使用他人名义保证或以暗示方法使人误解其效用。"按照这一规定，化妆品广告中不得出现使用化妆品前后形象对比的情形。

5）关于食品广告中的形象问题。《食品广告发布暂行规定》第八条、第九条规定："食品广告不得使用哺乳妇女和婴儿的形象。不得使用医疗机构、医生的名义或者形象。食品广告中涉及特定功效的，不得利用专家、消费者的名义或者形象做证明。"

9.3.2 广告活动的法律规定

在广告活动中，广告主、广告经营者、广告发布者之间不但存在利益关系，而且存在工作关系。

1. 关于取得合法经营资格的规定

《广告法》第二十六条规定："从事广告经营的，应当具有必要的专业技术人员、制作设备，并依法办理公司或广告经营登记，方可从事广告活动。广播电台、电视台、报刊出版单位的广告业务，应当由其专业从事广告业务的机构办理，并依法办理兼营广告的登记。"

申请经营广告业务的公司，除符合《公司法》、《公司登记管理条例》、《企业法登记条例》及有关规定之外，还要具有特殊的业务专项条件。根据广告经营业务的不同，对广告公司应当具备的条件又有不同的规定。

（1）综合性广告公司应具备的条件如下。

1）有与广告经营规模相适应的经营管理机构、市场调研机构和广告设计、制作、编审机构。

2）有与广告经营范围相适应的设备和流动资金。

3）有与广告经营业务相适应的从业人员，有熟悉广告管理法规的管理人员，有专业市场调研、广告策划和代理人员，有设计、制作、编审及财会人员，大专以上学历的各类专业人员不少于从业人员的1/2。

4）有不小于200平方米的经营办公场所。

5）有健全的各项广告管理制度。

6）承办或代理外商来华广告或出口广告业务，还应有了解国家进出口政策的有关人员，并有稳定的外商来华广告和出口广告业务渠道。

（2）广告设计、制作公司应具备的条件有以下几个

1）有与广告经营规模相适应的经营管理机构、广告设计、制作、编审机构。

2）有与广告经营范围相适应的设备和流动资金。

3）有与广告经营业务相适应的从业人员，有熟悉广告管理法规的管理人员，有专业广告设计、制作、编审及财会人员，大专以上学历的各类专业人员不少于从业人员的1/3。

4）有不小于60平方米的经营办公场所。

5）有健全的广告管理制度。

兼营广告设计、制作的企业，其应具备的条件参照广告设计、制作公司应具备的条件。

（3）中外合资、合作的广告公司，除应具备综合性广告公司或者广告设计、制作公司的条件外，还应具备以下条件。

1）合作各方必须是具有一定规模的以经营广告业务为主的企业法人。

2）能够引进国际先进的广告制作技术和设备。

3）具备市场调研、广告等级和广告效果测定等能力，能够为中方合营者培训广告专业人员。

4）投资金额不低于30万美元。

对符合条件的广告经营者，由登记机关在经营范围内登记事项中赋予其广告经营权，并颁发《企业法人营业执照》、《中华人民共和国企业法人营业执照》（与外商合资合作企业）或《营业执照》（不具备法人条件的其他经济组织）。

对从事广告设计制作的个体工商户，除具备国家对个体工商户管理的有关规定外，还要对其进行制作设备、技术人员等项内容的审查。对符合条件的，由登记机关在其经营范围内赋予其广告经营权，并颁发《营业执照》。

经过上述程序，广告经营者才具备了合法经营资格。

2．关于经营活动的规定

（1）广告法要求广告经营者、发布者依据法律、行政法规证明有关文件，核实广告

内容。

（2）广告法规要求广告经营者、发布者按照国家有关规定，建立健全广告业务的承接登记、审核、档案管理制度。

（3）广告法规要求广告收费应当合理、公开，收费标准和办法应向物价和工商行政管理部门备案。

（4）广告发布者向广告主、广告经营者提供的媒体覆盖率、收视率、发行量等资料应当真实。

（5）法律、行政法规规定禁止生产、销售的商品或者提供的服务，以及禁止发布广告的商品或服务，不得设计、发布广告。

3. 关于户外广告的规定

《广告法》规定，有下列情形之一的，不得设置户外广告：① 利用交通安全设施、交通标志的；② 影响市政公共设施、交通安全设施、交通标志使用的；③ 妨碍生产或人民生活、损害市容市貌的；④ 国家机关、文物保护单位和名胜景点的建筑控制地带；⑤ 当地县级以上地方人民政府禁止设置户外广告的区域。户外广告的设置规划和管理方法，由当地县级以上地方人民政府组织广告监督管理、城市建设、环境保护、公安等有关部门制定。

4. 对广告合同的规定

《广告法》规定，广告主、广告经营者、广告发布者之间在广告活动中应当依法订立书面合同，明确各方的权利和义务。广告主和广告经营单位在签订书面合同之前，广告主应出示符合广告管理法规要求的证明文件。倘若双方不能严格履行验证手续，出现重大事故，将由工商行政管理机关视情节轻重追究责任。验证手续完毕后，方可签订书面合同，以明确双方的责任。双方按规定及相互协议的结果，形成书面合同后，必须严格遵守，不得单方面撕毁合同，否则就要向对方支付违约金。

9.3.3 几种特殊广告法律规定

1. 对烟草广告的法规管理

吸烟有害健康这一观点已被社会公众普遍接受。严格限制烟草广告，是一个国际发展趋势。

我国的《广告法》对烟草广告的限制主要表现在以下三个方面：第一，禁止利用广播、电视、电影、报纸、期刊发布烟草广告；第二，禁止在各类等候室、影剧院、会议厅堂、体育比赛场馆等公共场所设置烟草广告；第三，烟草广告中必须标明"吸烟有害健康"。

2. 对化妆品广告的法规管理

我国《广告法》第十九条规定，化妆品广告必须遵循以下准则：第一，化妆品广告的内容必须符合卫生许可的事项；第二，化妆品广告不得使用医疗用语或者易与药品混淆的用语。

3. 对药品、医疗器械广告的法规管理

药品、医疗器械是一种特殊的商品，直接关系到人的健康和安全。

我国法律规定5类药品不得发布广告：① 麻醉药品、精神药品、医疗用毒性药品、放射性药品；② 医疗机构配制的制剂；③ 军队特需药品；④ 国家食品药品监督管理局依法明令停止或者禁止生产、销售和使用的药品；⑤ 批准试生产的药品。

药品广告中有关药品功能疗效的宣传应当科学准确，不得出现下列情形：第一，含有不科学地表示功效的断言或者保证的；第二，说明治愈率或者有效率的；第三，与其他药品的功效和安全性进行比较的；第四，违反科学规律，明示或者暗示包治百病、适应所有症状的；第五，含有"安全无毒副作用"、"毒副作用小"等内容的；第六，含有明示或者暗示中成药为"天然"药品，因而安全性有保证等内容的；第七，含有明示或者暗示该药品为正常生活和治疗病症所必需等内容的；第八，含有明示或者暗示服用该药品能应付现代紧张生活和升学、考试等需要，能够帮助提高成绩，使精力旺盛、增强竞争力、增高、益智等内容的；第九，其他不科学的用语或者表示，如"最新技术"、"最高科学"、"最先进制法"等。

保证用药安全，应当引导合理用药。药品广告不得直接或间接怂恿任意、过量地购买和使用药品。不得含有的内容包括：免费治疗、免费赠送、有奖销售、以药品作为礼品或者奖品等促销，"家庭必备"或者类似内容，"无效退款""保险公司保险"等保证、评比、排序、推荐、获奖等综合性评价。

此外还规定，不得含有军队单位或者人员的名义形象，利用军队装备、设施从事药品宣传，药品广告不得以儿童为诉求对象，不得以儿童名义介绍药品，药品广告不得含有医疗机构的名称、地址、联系方法、诊疗项目、诊疗方法及有关义诊、医疗（热线）咨询、开特约门诊等医疗服务的内容。

药品广告须标明药品的通用名称、忠告语、药品广告批准文号、药品生产批准文号，以及药品生产企业或者药品经营企业名称，不能单独出现"咨询热线"、"咨询电话"等内容。处方药广告的忠告语是："本广告仅供医学、药学专业人士阅读。"非处方药广告的忠告语是："请按药品说明书或在药师的指导下购买和使用。"

处方药可以在指定的医学、药学专业刊物上发布广告，但不得在大众传播媒介发布广告或者以其他方式进行以公众为对象的广告宣传。非处方药广告必须同时标明非处方药专

用标识（OTC）。

4．对农药广告的法规管理

《广告法》规定农药广告不得出现如下内容：第一，使用无毒、无害等表明安全性的绝对化断言的；第二，含有不科学的表示功效的断言或者保证的；第三，含有违反农药安全使用规程的文字、语言或者画面的；第四，法律、行政法规规定禁止的其他内容。

5．对食品、酒类广告的法规管理

我国《广告法》对食品、酒类广告的规定主要体现在以下三个方面：第一，广告内容符合卫生许可的事项，即广告内容中涉及的广告主名称、法定代表人、经营场所等应与卫生行政部门颁发的卫生许可证记载的事项相符，广告的内容应当符合卫生行政部门或其认可的检验单位出具的产品检验合格证明中记载的事项；第二，食品、酒类广告不得使用医疗用语或易与药品混淆的用语，如"补品"、"防老抗癌"、"宫廷秘方"等；第三，广告创作、发布应当在卫生许可记载的有效期限之内。

本章小结

广告组织是对广告活动进行计划、实施和调节的经营机构，包括专业广告公司、广告媒体组织、企业广告组织、广告团体组织、广告研究机构。

广告公司是接受广告主的委托，为其提供广告设计、制作、代理相关的广告业务。专业广告公司的作用表现在：协助广告客户进行广告的规划和设计；为广告客户选择广告媒体；帮助广告客户进行市场调查和广告预测；帮助广告客户进行产品的商标设计和包装设计。专业广告公司的类型有广告调查监测公司、广告策划公司、专业媒体代理公司、广告设计制作公司。

广告公司的组织结构类型有按基本职能设置部门、按客户设置部门、按地区设置部门、按公司自身的定位设置部门。

广告媒体是广告信息传播过程中的载体，是广告信息从发出者到接收者的中介，主要有报纸、杂志、广播、电视。

企业广告组织形式按行政隶属关系有总经理直辖制、销售经理直辖制、广告部集权制、广告部分权制、附属广告公司制；按机构模式有职能组织模式、产品组织模式、市场组织模式、广告对象组织模式、广告媒体模式。

广告研究机构是从市场与民意调查机构中分离出来，专门从事广告行业服务的机构。

广告团体组织有中国广告协会、中国广告联合总公司、中国广告学会。

广告管理是指管理主体对广告活动的组织、指挥、控制、协调和监督。广告管理的意义表现在：促进市场经济的发展；保护企业权益，维护市场经济秩序；保护消费者权益；防止精神文化污染；有利于市容和环境美化；有利于加强对广告业的统一领导。

广告行政管理主要通过工商行政管理机构实施；广告行业自律管理主要由中国广告协会组织实施。广告管理中政府管理的主要内容是：对广告主的管理、对各类广告发布标准的管理、对广告内容的管理、对广告费用的管理、对广告经营资质标准的管理、对广告行业发展规划的管理、对广告经营活动的监督管理、对户外广告的管理、对进出口广告的管理和对违法违章广告的管理。

广告内容的法律规定有禁止性标准和命令性标准。

广告活动的法律规定有：关于取得合法经营资格的规定、关于经营活动的规定、关于户外广告的规定、对广告合同的规定。

几种特殊广告法律规定包括：对烟草广告的法规管理；对化妆品广告的法规管理；对药品、医疗器械广告的法规管理；对农药广告的法规管理；对食品、酒类广告的法规管理。

复习思考题

1. 概念

广告组织　　广告公司　　广告管理　　行业自律管理　　消费者监督管理

2. 选择题

（1）广告公司是独立的企业组织，为广告主提供_____相关的广告业务。

　　A. 广告设计、制作、代理　　B. 与媒体　　C. 特定领域

（2）在按基本职能设置组织机构的广告公司中，_____是企业整个广告活动的组织中心。

　　A. 客户服务部　　B. 市场调研部　　C. 媒体部

（3）我国广告行业自律管理主要是由_____组织实施的。

　　A. 中国广告协会　　B. 中国广告学会

　　C. 中国广告联合总公司

（4）政府对广告的行政管理主要是通过国家各级_____来实施的。

　　A. 政府　　B. 工商行政管理机构

C. 税务机构

（5）综合性广告公司登记应有不小于_____的经营办公场所。

  A. 100平方米   B. 200平方米   C. 300平方米

3．判断题

（1）广告经营业一般简称广告业，是为广告主代理业务的专业经营企业，其基本组织形态是广告公司。（ ）

（2）媒体自营广告业务更有利于为广告公司进行媒体服务。（ ）

（3）广告研究机构是国家投资，专门从事广告行业服务的专业性机构。（ ）

（4）国家工商行政管理总局下设的广告监督广告司，是我国广告的最高管理机关。（ ）

（5）任何广告中都不得使用中华人民共和国国旗、国徽、国歌。（ ）

4．填空题

（1）广告组织包括专业性的_____、_____、_____、_____，也包括广告研究机构。

（2）专业广告公司包括_____、_____、_____。

（3）企业广告组织的机构模式主要有_____、_____、_____、_____。

（4）我国政府广告管理机构是在国家省、市、县工商管理局下设_____、_____、_____。

（5）几种特殊广告法律规定主要是针对_____、_____、_____、_____和_____的法规管理。

5．思考题

（1）如何理解广告管理？其特点有哪些？

（2）简要说明广告公司的组织机构。

（3）试述广告内容的法律规定。

（4）试述广告活动的法律规定。

（5）对特殊广告有哪些法律规定？

实训题

黄金搭档广告全国禁播

  2006年5月26日，国家食品药品监督管理局发布消息：由于擅自篡改广告内容，药监部门已撤销无锡健特药业有限公司的黄金搭档牌组合维生素片的广告批准文号，即日起，包括苏食健广审（视）第2005080014号、苏食健广审（视）第2006040007号等在内共12

个广告在全国禁止播出。

"孩子个子长高不感冒、老人腰好腿好精神好、女人面色细腻红润有光泽、服用黄金搭档确实有效、补足钙铁锌硒维生素"这些都是已经明显带有功效性的广告用语,但在最初的审批时,药监部门只是批准了广告中可以使用祝福性的用语。

国家食品药品监督管理局介绍,针对这家公司发布的违法保健食品广告,江苏省食品药品监督管理局曾于 2006 年 3 月向该企业发出了《关于责令规范黄金搭档组合维生素片保健食品广告发布行为的通知》,要求企业整改。但该企业在事后发布的广告中,篡改经审批的广告中带有祝福性的用语,在广告中声称服用黄金搭档后,对各种人群的各种防病、健身、美容、补充维生素等需求都绝对有效果。

此外,无锡健特药业有限公司篡改的广告中还以中国营养学会的名义,为产品的功效做证明,违反了《保健食品广告审查暂行规定》,误导了消费者。

实训要点:试就这一违规广告案,结合《广告法》的有关规定,谈谈你对治理广告市场的看法。

附录 A

中外部分广告节介绍

1. 克里奥奖

克里奥奖是全球广告业界最受推崇、最富盛誉的国际性广告大奖赛。克里奥奖于1959年在美国设立，旨在表彰广告业最富创意的精英，鼓舞和奖励现代文化中最为生动有趣、最富有影响力的艺术形式，是规模最大的国际性奖项之一。

克里奥奖以拥有世界顶级评审组而著称，关注广告和设计领域尤其是电视、印刷、户外活动、广播、内容与联系方式、综合活动、创意媒体、因特网、设计及学生作品等方面的创意作品。除奖励创意作品外，克里奥奖还通过年会、节日、出版物、时事通信及在全球展示获奖作品等途径，为全球广告和设计界提供服务。

2. 戛纳广告节

戛纳广告奖（Canne Lions Advertising Campaign）。戛纳广告奖源于戛纳电影节。1954年，由电影广告媒体代理商发起了戛纳国际电影广告节，希望电影广告能同电影一样受到世人的认同和瞩目。此后，戛纳同威尼斯开始轮流举办此项大赛，1977年戛纳正式成为永久举办地。1992年组委会又增加报刊、招贴与平面的竞赛项目，这使得戛纳广告奖成为真正意义上的综合国际大奖。广告节于每年6月下旬举行，广告节期间各国广告代表来访，其他各界来宾也云集于此。客户、制作公司、策略部门、创意团队在此开设一系列的交流会，研讨专业、商洽业务。

3. 伦敦国际广告节

伦敦国际广告奖于每年的11月在英国伦敦开幕并颁奖。这项国际大奖，自1985年正式创立以来，每年有近百个国家和地区参加，近年来报名作品均在万件以上，所有的获奖者将得到一座铜像。铜像为一个展翅欲飞、企图超越自我的超现实主义的人类外形。

1998 年中国内地作品首度闯入决赛。虽然颁奖安排在每年的 11 月，但所有参赛作品在 6 月即被要求送达组委会，再由组委会送往每一个评委手中独立评审。评委也来自世界各地，不同文化，不同背景（包括创意大师、电视／电视导演、录音编导及制作专家等），但创意作为共同且唯一的评奖标准。该比赛同时也为每一媒介的作品设立了一项大奖。从获奖者中推选出的评奖主席将一票认定最终大奖的归宿。

伦敦广告奖的分类最具特色，不仅在三大媒介（平面、影视、广播）项目上分类细致，而且在设计包装、技术制作上也划分详尽，充分体现该项评奖在创意概念、设计手法、技术制作等几方面齐头并重的特色。电视／电视类别，产品类别，涵盖 28 项，包括电影预告片均被列入。

4. 美国"纽约节"

美国"纽约节"是当今世界三大广告节之一，创立于 1957 年。其宗旨是为那些在传播、广播、营销及媒体等领域深深打动并征服了全球观众的人们授予殊荣。历经 50 余年的发展，"纽约节"已成为一项包括国际影视广告、广告与营销效果、国际印刷物及电台广告、全球医疗保健、国际电视节目与推广、国际电影与电视节目推广、国际交互媒体、国际电台节目与推广、金融服务业传播九大领域专业竞赛的综合性国际传播大赛组织机构。所有参赛作品应是当年在全球范围内实施的广告活动。

每个主要的节目的全场大奖将颁发给得分最高的金奖作品，每个项目设置金、银、铜奖。所有入围决赛的作品的名单及金、银、铜奖和全场大奖获得者的作品都会被刊登在《纽约节年鉴》中，并在全球发行。

5. 莫比广告奖

莫比广告奖（The Mobius Awards）（美国）创建于 1971 年，是全球 5 项最重要的广告大奖之一（全球 5 大广告奖项还包括：纽约广告奖、戛纳广告奖、伦敦国际广告奖、克里奥奖）。其总部设在美国芝加哥。莫比广告奖的参赛者来自世界各国，每一届都有几十个国家的数千件作品参加，其中既有全球知名的跨国广告公司，也有一些地区性小型广告代理商。每年 10 月 1 日，参赛作品汇集芝加哥，12 月中旬评选工作结束，转年 2 月举行全球瞩目的盛大颁奖仪式。随后，获奖作品在世界各地巡展，作为业界观摩之用。

设立奖项的目的是要为全球的广告公司、广告制作公司、艺术指导人员及设计师、电影公司、电视台和广告主提供一个国际性的平台，使他们能够获得对各自成就的恰当评价，并从中选出最优秀的作品。获奖广告为商品创造良好声誉与形象，并促进销售，增加广告预算，还会为从业人员提供更多的晋升机会，扩大公司知名度。

6. 中国广告节

中国广告节原称"全国优秀广告作品展",始于1982年,自2000年第七届开始更名为"中国广告节"。它是经国家工商总局批准,由中国广告协会主办的中国广告业最具权威、最专业、规模最大、影响最大的国家级展会。它集国家级专业评比、媒体展会、设备展会、商务交流、高峰论坛会议等为一体,体现提高中国广告业的专业水平、知识创新和国际竞争力,增强中国广告业的凝聚力、行业道德和行业自律意识,展示中国广告业的发展成就、促进中外广告业界交流与合作的宗旨。

中国广告节的常设项目。

(1)中国广告节"中国广告大奖"参赛作品评选(又称中国广告长城奖,是国内广告的最高奖项)包括平面、影视、广播、户外4大类,产品类16单项的评比。评出年度中国广告大奖全场大奖及各类金、银、铜奖,代表中国广告业年度创意制作评比的最高奖。

(2)中国青年人广告设计大赛。

(3)广告节开幕式。

(4)全国优秀广告作品展。

(5)全国广告摄影优秀作品展。

(6)中国青年人广告设计大赛作品展。

(7)中国港、台及国外优秀获奖作品展。中国香港广告商会年度经典作品、日本电通赏年度经典作品、美国纽约广告节获奖作品、法国戛纳广告节获奖作品、中国台湾中国时报奖获奖作品。

(8)中国媒介形象汇展。

(9)中国国际广告四新展示交易会。

(10)中国广告节高峰论坛。

(11)中国广告人狂欢夜。

(12)颁奖晚会。

参考文献

[1] 赵旺，张霁. 广告人手册[M]. 北京：中国建筑工业出版社，2005.
[2] 何修猛. 现代广告学[M]. 第4版. 上海：复旦大学出版社，2002.
[3] 娄炳林，廖洪元. 广告理论与实务[M]. 北京：高等教育出版社，2003.
[4] 邱颖. 现代广告学[M]. 北京：中国财政经济出版社，2004.
[5] 宁笔. 胜在创意[M]. 北京：中国水利水电出版社，2005.
[6] 何佳讯. 广告案例教程[M]. 上海：复旦大学出版社，2002.
[7] 陈培爱. 广告原理与方法[M]. 厦门：厦门大学出版社，2001.
[8] 玛丽亚·汤斯利. 广告实务[M]. 刘安国，何大伟译. 北京：人民邮电出版社，2002.
[9] 莫凡，王成文. 广告创意案例评析[M]. 武汉：武汉大学出版社，2009.
[10] 陈培爱. 世界广告案例精解[M]. 厦门：厦门大学出版社，2008.
[11] 冯晖. 网络广告实务[M]. 北京：中国水利水电出版社，2009.
[12] 李新野. 新广告营销一本通[M]. 北京：中国经济出版社，2008.
[13] 冯章. 网络广告[M]. 北京：中国经济出版社，2008.
[14] 吴柏林. 广告策划与策略[M]. 广州：广东经济出版社，2006.
[15] 吴为善. 广告语言[M]. 上海：上海教育出版社，2007.

电子工业出版社世纪波公司好书推荐

序号	书号	书名	定价	作者	教辅
\multicolumn{6}{c}{零距离上岗·市场营销专业教材}					
1	05330	现代服务业市场营销	26	汪永太	PPT
2	03456	商品学（第2版）	29	汪永太	PPT、习题解答
3	03405	广告理论与实务（第2版）	28	段广建	PPT
4	03467	公共关系理论与实务	25	刘厚钧	PPT
5	03461	市场营销（第2版）	29	孙金霞	PPT
6	03441	营销礼仪（第2版）	25	杜明汉	PPT
7	03460	企业经营与管理	29	汪永太	PPT
8	10309	营销策划：理论与技艺（第2版）	29	张卫东	PPT
9	03463	消费心理学（第2版）	27	申纲领	PPT
10	03466	市场调查与预测	28	秦宗槐	PPT
11	03464	物流管理概论	25	郑承志	PPT
12	02310	市场营销理论与实训	27	张卫东	PPT
13	07665	网络营销理论与实践	28	张卫东	PPT、习题解答
14	04441	国际市场营销理论与实训	24	张卫东	PPT、习题解答
15	08749	市场营销学	26	申纲领	
16	09651	市场营销原理与技术	28	赵敬宜	
17		市场营销实务	31（估）	刘厚钧	
\multicolumn{6}{c}{能力导向市场营销学科规划教材}					
18	08747	营销策划实务	32	刘厚钧	
19	09211	市场营销（第3版）	35	James L. Burrow 中国市场营销课程标准开发中心（CMC）	英文教辅
20	09317	市场营销——学生活动手册	12		

序号	书号	书名	定价	作者	教辅
	零距离上岗·财会专业教材
21	07580	审计学	29	邢玉敏	PPT
22	07249	税法	28	关玉红	习题解答
23	06241	新税法教程	26	王金荣	PPT、习题解答
24	09114	财务会计模拟实训教程	24	丁宇	
25	07266	纳税业务模拟实训教程	24	冀晓伟	习题解答
26	05894	成本会计模拟实训教程	19	金玲	PPT、习题解答
27	05371	基础会计模拟实训教程	19	王满亭	PPT、习题解答
28	05402	企业会计综合模拟实训教程	25	窦洪波	PPT、习题解答
29	05145	行业会计比较	29	马昊光	PPT、习题解答
30	04408	财务管理	29	孙挥	习题解答
31	04409	投资与理财	25	魏涛	PPT、习题解答
32	04248	基础会计	28	陈岩	PPT、习题解答
33	04453	会计学基础（第3版）（国家"十一五"规划教材）	23	李贻玲	PPT、习题解答
34	04108	成本会计	27	徐哲	PPT、习题解答
35	05746	会计电算化	27	赵合喜	PPT、习题解答
36	08938	管理会计	28	范抒	
37	07011	税务筹划	29	杨惠	PPT
38	04709	旅游饭店会计	26	徐哲	PPT、习题解答
39	07105	金融企业会计	32	黄群	PPT
40	07314	财务报告编制与分析	32	丁宁	习题解答

以上图书各大新华书店均有售，或按如下地址咨询：
北京世纪波文化发展有限公司（北京市万寿路南口金家村288号华信大厦）
邮编：100036　　电话：010-88254199　　E-mail：sjb@phei.com.cn

反侵权盗版声明

电子工业出版社依法对本作品享有专有出版权。任何未经权利人书面许可，复制、销售或通过信息网络传播本作品的行为；歪曲、篡改、剽窃本作品的行为，均违反《中华人民共和国著作权法》，其行为人应承担相应的民事责任和行政责任，构成犯罪的，将被依法追究刑事责任。

为了维护市场秩序，保护权利人的合法权益，我社将依法查处和打击侵权盗版的单位和个人。欢迎社会各界人士积极举报侵权盗版行为，本社将奖励举报有功人员，并保证举报人的信息不被泄露。

举报电话：（010）88254396；（010）88258888

传　　真：（010）88254397

E-mail：　dbqq@phei.com.cn

通信地址：北京市万寿路173信箱

　　　　　电子工业出版社总编办公室

邮　　编：100036